古代ギリシア教父の霊性

東方キリスト教修道制と神秘思想の成立

久松英二

教文館

序

現在、全世界のキリスト教は「西方キリスト教」（西方教会）と「東方キリスト教」（東方教会）に大別され、前者はカトリック、プロテスタント諸派及び聖公会が属し、後者はギリシア正教会、非カルケドン派正教会、アッシリア東方教会、東方典礼カトリック教会などから成っている。しかしながら、そのすべてのキリスト教諸宗派は、使徒に遡る教会の誕生期から四世紀末までの初代キリスト教の信仰内容、信仰行為の伝統を共有財産としている。

そもそも教会の伝統の形成を中心的に担ったのは、主として聖職者や修道者といった教会のリーダー的活動に従事した「教父」と呼ばれる人々であるが、初代キリスト教の諸伝統形成に最も貢献したのは「古代ギリシア教父」である。彼らは時代順に「使徒教父」、「護教的教父」、「アンティオケイア派」と「アレクサンドレイア派」の教父及び「カッパドキア教父」というカテゴリーに分類される。西方教会でもこの初代教会のギリシア教父の教えは受け入れられてはいるものの、カッパドキア教父の直後に活躍したアウグスティヌス（三五四－四三〇）の神学が西方神学の流れを決定づけるほどの権威を獲得していくにしたがって、つまり「西方教会化」が強まっていくにしたがって、彼らの影響は次第に影を薄めていった。対照的に、これら初期のギリシア教父の教えを忠実かつ永続的に継承し続けているのが、すなわち「東方キリスト教」である。

では、東方キリスト教においてその権威を堅固に保ち続けている古代ギリシア教父たちの信仰と教えの遺産とは何であろうか。五世紀の中頃までに、教会はすでに聖書の正典化、五大総主教区（ペンタルキア）を骨格とする教会管轄権の設定、教会位階制と典礼の確立、公会議の開催手続きとその決議の権威づけ、三位一体論やキリスト論を柱とする教義の確定といった制度面での整備はほぼ整っていた。

しかし、彼らの貢献の最大のものは、そのような制度の確立よりも、キリスト教神学と人間学の思想的基礎付けにあった。ニカイア公会議における御子に関する「ホモウーシオス」（同本質）概念の設定もコンスタンティノポリス公会議における三位一体論の確立もすべては教父たちの思想の結晶であるが、そのような「神論」に対応した「人間論」、すなわち三位一体の神に向かう人間のあり方、生き方についても、教父たちは真剣に模索し検討した。この人間論的思索の結晶こそ「キリスト教霊性」に他ならない。しかも、この神論と人間論の結びつき、神学と霊性の結びつきは本質的一体性をなしている。したがって、神に関する教えの深まりは、霊性の深まりに直結した。神を正しく信仰すること、すなわち信仰内容の正統性は、そのまま信仰の生き方の正しさを規定した。

そもそも、東方教会の多くが使用している「正統信仰」を表す「正教」Orthodoxという呼称は「正しい」を意味するギリシア語「オルソス」と「讃美すること」を意味するギリシア語「ドクサ」が結合したもので、「正しく神を讃美すること」が本来の意味である。したがって、正統信仰と言っても、それは理解する、信じ込むといった「頭」に関わる「信」よりも、讃美や礼拝といった行為も含め、人間の存在全体を総動員した「信」を意味する。教義と実践の一体性、それが「正教」の言う正統信仰である。

本書は、古代ギリシア教父たちが思索をめぐらしたこの神に対する「人間の存在全体を総動員した『信』」のあり方に関する思想、すなわち「霊性思想」に注目する。それは、この初代霊性思想が、西方教会では過去の遺物と化してはいても、現在の全東方教会においては、各派の霊性思想の貴重な共有財産として今もなおたくましく生き続けており、したがって、現代東方霊性の理解の鍵となっているからである。

さて、我々は、先に「キリスト教霊性[2]」とは「三位一体の神に向かう人間のあり方」と記したが、そもそも「霊性」と訳される英語の spirituality の語源は、ラテン語名詞 spiritualitas であり、これは名詞 spiritus（霊）およびその形容詞形 sprituralis（霊の）の派生語である。これらに相当するギリシア語 pneuma（霊）と pneumatikos（霊の）は、新約聖書のパウロ書簡にも出てくる。ギリシア語の pneuma はもともと息、風、空気といった具象的なものから、生命、力、エネルギーという抽象概念まで幅広い意味を持っているが、「精神」ないし「霊」という意味で用いられることが一般的となり、新約においてはほとんどの場合その意味で使用されている。ただ、ここでの「霊」とは「体」（ギリシア語 soma, ラテン語 corpus）の反意語としてではなく、「神の御霊に逆らうすべてのもの[3]」という意味での「肉」（ギ sarx, ラ caro）の反意語として機能している。そして、この場合の「霊的」（ギ pneumatikos, ラ spiritualis）とは、神の御霊のうちにある、その影響下に生きるといった意味で、つまり「霊的生活」に係る、という意味で使用されていた。

ところで、名詞 spiritualitas という語が、「霊的生活」との関連で意味を確立したのは一七世紀のフランスであったが、学問領域で「霊性」としての spirituality が云々されるのは二〇世紀からで、とくに一九六〇年代の第二ヴァティカン公会議後から「キリスト教生活に係る諸学問を説明するのに好ましい用語[4]」として使用されはじめ、霊的生活に係る思想という意味で「霊性思想」という言い方が通用し始めるようになった。

このように、キリスト教において「霊性」が神学用語として積極的な意味で用いられるようになったのは二〇世紀からであるが、「霊性」の「定義」について一般的に承認されるようなものは存在しない[5]。ブイエは、「主観側から見た人間の宗教性[6]」と定義し、生活における宗教性の具体的実現の仕方とそれに関する理論を指す、としている。そこで扱われる中心的主題は、キリスト教における「祈り・瞑想などの宗教的行為と、その発展の諸段階および指導理念、そして超越に向かう人間の方法的努力（修徳修行）およびその経験（神秘体験）である[7]」。

このキリスト教的宗教行為を通じての「修徳修行」と「神秘体験」が主題化され、追求された場こそ、東方キリスト教に始まった「修道制」であり、そこから東方固有の「神秘思想」が成立した。本書では、この修道的生き方と神秘思想の伝統を生み出した初代教会のギリシア教父たちの著作を取り上げ、いかなる動機によって、またいかなるプロセスを通じて、東方霊性なるものが成立したのかを検討したい。

注

1　イエズス会士でありかつ東方神学者であるジョージ・A・マローニィの次の言葉は、このことを平易な言葉で表している。「東方教父の神学は、霊的で神秘的な生活についてのかれらの教説と親密に結びついている。神学は神についての知であり、人間の究極目的としての神へと具体的に努力する霊的生活なのである」。G・A・マローニィ著、大森正樹訳『東方キリスト教神学入門』（新世社、一九八八年）一二一頁。

2　初代教会から現代までの霊性の通史的研究として最近発表された邦語文献としてA・E・マクグラス著、稲垣久和・岩田三枝子・豊川慎訳『キリスト教の霊性』（教文館、二〇〇六年）及びP・シェルドレイク著、木寺廉太訳『キリスト教霊性の歴史』（教文館、二〇一〇年）が参考になる。両者とも、コンパクトにまとめられた通史で、霊性史全体の概要を知るには便利である。また、金子晴勇『キリスト教霊性思想史』（教文館、二〇一二年）は専門洋書の訳ではなく、日本人による初の通史で、本文総頁数五六四頁に加え、膨大な量の参考文献のリストと索引が加わった大変な労作である。さらにまた、カトリックの霊性に特化した研究としては、小高毅『霊性神学入門』（教文館、二〇一五年）が参考になる。東方教会霊性史の初期に焦点を当てたものとしては、M. Viller / K. Rahner, Aszese und Mystik in der Väterzeit. Freiburg im Bresgau 1939およびL・ブイエ著、上智大学中世思想研究所翻訳・監修『キリスト教神秘思想史1　教父と東方の霊性』（平凡社、一九九六年）（以下、「ブイエ」と略記）を参考にした。前者は、初期キリスト教霊性思想史の要点をすべて網羅した古典的名著である。後者は、L. Bouyer / J. Leclercq / F. Vandenbroucke / L. Cognet, Histoire de la spiritualité. t. 1-3. Paris 1960-65のうち、ブイエによる第一巻第一部「教父の霊性」と第二巻補遺「ビザンツの霊性」および第三巻第一部「ロシア正教の霊性」の翻訳である。全三巻からなる原著は、キリスト教霊性史研究において当代最高の水準を誇るものである。以上、二つの古典的研究のほかに挙げるべき東方キリスト教霊性思想研究の成果は、ごく最近刊行されたDavid T. Bradford, "The spiritual tradition in eastern Christianity: ascetic psychology, mystical experience, and physical practices (Studies in Spirituality Supplements Series 26)" Peeters Pub & Booksellers 2016である。本書は、東方キリスト教の霊性伝承における多様な概念を網羅的に扱った貴重な研究である。

3 シェルドレイク、前掲書一八頁。

4 同右、一九頁。

5 荒井献は、この語の辞書的、宗教学的、キリスト教的諸定義のいくつかの例を参考しつつ「イエス・キリストを介して働きかける神の霊に応答し、人間の身体的・精神的・社会的領域をダイナミックに根底的に支える次元（スピリチュアリティ）に即して形成される生のあり方」という彼自身による定義を試みている。荒井献『初期キリスト教の霊性』（岩波書店、二〇〇九年）四頁。

6 ブイエ、四三頁。

7 同右、同頁。

古代ギリシア教父の霊性
――東方キリスト教修道制と神秘思想の成立

目次

略　号

とくに断りがない限り、本書で使用した辞典、学術雑誌等の略号は以下のとおり。

BAB	Bulletins de l'Académie royale de Belgique
CSEL	Corpus scriptorium ecclesiasticorum latinorum
DSp	Dictionnaire de spiritualité ascétique et mystique
DThC	Dictionnaire de théologie catholique
ECR	Eastern Churches Review
Eor	Échos d'Orient
EuA	Erbe und Auftrag. Benedittinische Monatsschrift
GCS	Die griechischen christlichen Schriftsteller der ersten drei Jahrhunderte
GuL	Geist und Leben
HarvTR	Harvard Theological Review
JTS	The Journal of theological Studies
OrChr	Oriens Christianus
OrChrA	Orientalia Christiana Analecta
OrChrP	Orientalia Christiana periodica
OrChr［R］	Orientalia Christiana (Roma)
PG	Patrologia Graeca
PL	Patrologia Latinae
PO	Patrologia orientalis
RAC	Reallexikon für Antike und Christentum
RAM	Revue d'ascétique et de mystique
RevSR	Revue de Sciences Religieuses
RSR	Recherches de science religieuse
SC	Sources chrétiennes
SSL	Spicilegium sacrum Lovaniense
StT	Studi e Testi
TaS	Texts and Studies. Contributions to Biblical and Ptristic Literature
TRE	Theologische Realenzyklopädie
TU	Texte und Untersuchungen zur Geschichite der altchristlichen Literatur
VS	La Vie Spirituelle
ZNW	Zeitschrift für die Neutestamentliche Wissenschaft

凡例

・人物名の日本語表記は、『キリスト教人名辞典』（日本基督教団出版局）にあげられているものについては、原則として同書の表記法にしたがった。
・聖書の書名表記及び略号は、日本聖書協会発行『聖書　新共同訳』に従った。

第一部　キリスト教霊性思想の源泉

シェルドレイクが「ある意味で、あらゆるキリスト教の霊的伝統は聖書に基づく」[1]と言明しているように、キリスト教の霊性思想の源泉は、それがキリスト教的である限り、聖書にあることは言を俟たない。では、聖書のどんなメッセージが霊性思想を生んだのであろうか。それは端的に言えば、イエスによる「キリスト者としての完全性」への招きである。

第一章ではまずこの点を確認したのち、聖書時代に直接連なる教会形成期に活躍した使徒教父らの考えを見たい。ここには新約聖書におけるイエスの直接的な招きが「教会」という文脈によって再解釈されていることが確認される。

次に、第二章ではキリスト教迫害期に芽生えた「殉教」と「純潔」の霊性を見たい。聖書のメッセージ、すなわちキリスト者の「完全性」への招きが殉教と純潔において成就されるという思想が現れる。その次第を詳しく見ていく。

注

1　シェルドレイク『キリスト教霊性の歴史』三〇頁。

第一章　新約聖書および使徒教父における霊性

本章では、キリスト教霊性の聖書的動機づけを確認した後、使徒教父時代の霊性の特徴を概観したい。その際、新約聖書の背景となっているユダヤ教の聖書（旧約聖書）もキリスト教の霊性形成の一翼を担っているが、中でも『詩編』は典礼の重要な要素として使用されているし、『雅歌』は教父による神秘主義的・観想的著作のなかで大いに引き合いに出されている。しかし、これら旧約文書はあくまでキリスト教的再解釈を経て利用されているという点を指摘するにとどまり、ここでは新約聖書のみを検討の対象とする。

本書は、すでに述べたように、キリスト教における宗教的行為の発展の諸段階および指導理念や神に向かう人間の方法的努力とその経験の内実は何であったかを問うところから出発している。以上の各要素の萌芽はすでに新約聖書及び使徒教父に見られる。もちろん、そこでは体系的なことは何も述べられてはいないが、ある程度の整理は可能である。

第一節　共観福音書

福音書における霊性の根本モチーフは「キリスト者としての完全性」である。共観福音書（マタイ、マルコ、ルカによる各福音書）では、この完全性は、以下に見るように、倫理的実践的側面から強調されるが、ヨハネによる福音書では、神秘的側面から強調される。まず、共観福音書について概観してみたい。そこでは、キリスト者としての完全性はすべてキリストの招きの言葉に基づいている。この招きは「放棄」と「キリストの模倣」を含んでいる。

①放棄

完全性と放棄の関連でとくに有名な箇所は、金持ちの青年に対するイエスの言葉である。「もし完全になりたいのなら、行って持ち物を売り払い、貧しい人々に施しなさい。そうすれば、天に富を積むことになる。それから、わたしに従いなさい」（マタ一九・二一）。共観福音書記者は、しばしばイエスの言葉を、何の個人的省察や説明も加えずに書き留めているため、ある種のイエスの要求がキリスト者全員に課せられた義務なのか、あるいは一部の者たちに留保される種類のものなのか判断しがたい場合があるが、少なくとも、この招きの言葉に限ってみれば、それは意図としてはすべての信徒に向けられていたとしても、その招きに応ずるか否かは個人の自由意志に委ねられている事柄であって、原則的には義務ではないと考えられる。

また、神の国のために結婚しないという条件も「これを受け入れることのできる人は受け入れなさい」（マタ一九・一二）という言葉で締めくくられているように、やはり自由な選択に任せられる。さらにまた、確かにキリストへの愛と家族への愛の二者択一（マタ一〇・三七－三九、ルカ一四・二六）に関して、後者を選ぶ者は「わたしにふさわしくない」と断言され、また家族や財産を捨てる者に永遠の報酬が与えられる（マタ一九・二九、マコ一〇・二九－三〇）と約束されるが、いずれの場合も明確な命令として要求されているわけではない。したがって、キリスト者としての完全性に向かう手段としての「放棄」は、人間の主体性に一任された事柄であることが分かる。

②キリストの模倣

このキリストが招く完全性は「あなたがたの天の父が完全であられるように、あなたがたも完全な者となりなさい」（マタ五・四八）と言われるように、父なる神が範型として提示されている。その範型の一つに敵をも含めた隣人愛がある。「敵を愛し、自分を迫害する者のために祈りなさい。あなたがたの天の父の子となるためである。父は悪人にも善人にも太陽を昇らせ、正しい者にも正しくない者にも雨を降らせてくださるからである」（マタ五・四四－四五）。このような愛は隣人に対する奉仕において具体化される。そして、この具体化こそキリストの模倣として捉えられている。「あなたがたの中で偉くなりたい者は、皆に仕える者になり、いちばん上になりたい者は、皆の僕になりなさい。人の子が、仕えられるためではなく仕えるために、また、多くの人の身代金として自分の命を献げるために来たのと同じように」（マタ二〇・二六－二八）。

ここでは「偉い」人間が完全性の比喩として用いられているが、別の箇所ではそのような人間が「子供のような者」として描かれる。天の国で誰が最も偉いかという弟子の質問に対し、イエスは「心を入れ替えて子供のようにならなければ、決して天の国に入ることはできない。自分を低くして、この子供のようになる人が、天の国でいちばん偉いのだ」（マタ一八・三－四）と答える。子供のような者とは、すなわち、完全な透明性、単純性、裏表のない率直さを言う。子供のような者とは、さらに父なる神に対する従順さを象徴する。福音書は、人間に対する神の父性を旧約から受け継ぎ、それを深化させた。それは人間が神に対して、その真の子供であることを示し、その意志を行い（マタ七・二一、マコ三・三五参照）、おのれ自身を神にしたがって形づくるよう教えるためである。

福音書はまた、イエスを人間の完全性に必要な試練と苦しみを受容する者として描いている。確かに、彼は洗礼者ヨハネのようにことさら苦行者の振る舞いをしたわけではないが、しかし、砂漠における四〇日間の断食（マタ四・二参照）を実行し、また「人の子には枕する所もない」（マタ八・二〇）と語るほどの貧しさを味わい、究極的には十字架という恥に満ちた死を受け入れた。福音書はこのようなイエスの姿を自己放棄のモデルとして捉え、それをキリスト者に求める。「わたしについて来たい者は、自分を捨て、自分の十字架を背負って、わたしに従いなさい」（マタ一六・二四。さらにマコ八・三四、ルカ九・二三参照）。

③倫理的側面

以上の概観によると、共観福音書は、キリスト者としての完全性を、イエスのまたは神自身の模倣という側面から強調していることが分かる。イエスや神自身の振る舞いに見倣うことで、キリストと似た者となるというところに力点が置かれている。そこから際立つことは、霊性における「倫理的側面」である。後代のキリスト教霊性の中心的な場となる修道世界は、この側面を重視し、徳の獲得のための必須条件としての「心身修行」（プラクシス）の理念を発展させることになる。

第二節　ヨハネによる福音書

この福音書は共観福音書によってイエスの生涯がすでに周知のものとなっていた一世紀末に書かれた。ヨハネは共観福音書に描かれたイエスの物語をただ受け継いで再現したのではなく、一つの明確な視点のもとに描きなおした。その視点は福音書の締めくくりにはっきりと表明されている。「これらのことが書かれたのは、あなたがたが、イエスは神の子メシアであると信じるためであり、また、信じてイエスの名により命を受けるためである」（ヨハ二〇・三一）。共観福音書ではキリストはより人間として描かれているが、ヨハネではより神として描かれている。とはいえ、彼はイエスの地上における生をおろそかに扱ったわけではない。ヨハネはこの世の生をしっかりと見据えた上で、キリストの神性を語る「神秘家」である。[1]

① キリストとの一致

共観福音書はキリスト者の完全性に向かうためのイエスの模倣に重点を置くが、ヨハネによる福音書ではこうした段階を越えて、人間のイエスとの、そして父なる神との一致に力点を置く。こうした意味でオリゲネス（一八五頃－二五四頃）はこの第四福音書を「福音書のなかでの開花」と呼ぶ。[2]

この一致の根拠となるのがイエスの「受肉」である。ヨハネはその福音書全体に渡ってイエスの受肉がわれわれを神の本性と神の生命に与らせるものであることを強調する（ヨハ一・四、一二－一三、三・一四－一六、三五、四・一三－一四、五・二四、四〇、六・二七、三三、四〇、四七、五三、一〇・二八、一一・二五、五一参照）。この神の生命への参与が、のちの東方教会固有の救済観を集約した概念、すなわち「神化」、ギリシア語の「テオーシス」の思想を生んだ。この概念については今後たびたび言及されるし、別に章を設けて詳述することとする。

ヨハネはイエスがもたらす神の生命を前面に打ち出す。「言の内に命があった。命は人間を照らす光であった」（ヨハ一・四）。「わたしが来たのは、羊が命を受けるため、しかも豊かに受けるためである」（ヨハ一〇・一〇）。「神のパンは、天から降って来て、世に命を与えるものである」（ヨハ六・三三）。「わたしが与える水はその人の内で泉となり、永遠の命に至る水がわき出る」（ヨハ四・一四）。ヨハネが記すこのような言葉が根拠となって、後に詳述するように、ギリシア教父の「神化思想」の枠組みとなる「交換思想」が生まれた。それは、アレクサンドレイアのアタナシオス（二五九頃－三七三頃）の有名な言葉を借りれば、「キリストが人となったのは、われわれを神がみとするためである」[3]。アレクサンドレイアのキュリロス（三七六－四四四）によれば、「父なる神から生まれたみことばは肉にしたがってわれわれと共に生まれた。それはわれわれも霊によってわれわれの最高の富として神からの誕生をいただくためであった。もはや肉の子供ではなく、むしろ超自然へと移されて、恵みのうちに神の子供となるためである」[4]。

しかし、神的生命はイエスとの一致、キリストの肢体となることが前提とされている。「ぶどうの木のたとえ」（ヨハ一五章参照）はこのことを明確に打ち出している。「わたしにつながっていなさい。わたしもあなたがたにつながっている。ぶどうの枝が、木につながっていなければ、自分では実を結ぶことができないように、あなたがたも、わたしにつながっていなければ、実を結ぶことができない」（ヨハ一五・四）。

②神秘的側面

以上の概観から、ヨハネでは、キリスト者の完成の意味はキリストとの神秘的一致に置かれていることがわかる。この一致の可能性はみことばの受肉によって開かれた。受肉の神秘は人間の神との一致へと導く。このように、ヨハネによる福音書においては、人間の完全性は、人間自身のキリストないし神への模倣という倫理的側面を越えて、神からもたらされた神自身への人間の一致という神秘的側面が強調されていることがわかる。このような側面は後の霊性における「神化」（テオーシス）や「観想」（テオリア）の理想へとつながっていくことになる。この両概念は、東方神秘思想のキーワードであり、これからたびたび出会うこととなる。

第三節　パウロ

パウロ書簡は先にあげた共観福音書やヨハネによる福音書よりも成立は前だが、結果的には、両者に現れた霊性の側面が共に見いだされる。前者における、キリストの模倣によってキリストと似た者となるという倫理的側面について、パウロはたとえば、キリストと同じようにへりくだって互いを思いやることの必要性（フィリ二・一―一一参照）を説いている。さらにパウロ自身おのれを「キリストに倣う者」（一コリ一一・一）また信徒を「主に倣う者」（一テサ一・六）と呼んでいる。他方、ヨハネの霊性については、パウロに特徴的な「キリストの神秘体」の教えのなかに凝縮されている。ヨハネは信徒のキリストとの一致を様々な側面から生き生きと描写しているが、パウロはそれを信徒のキリストの体のいわば「肢体化」という点に集中させている。この肢体化は同時に神自身への関係付けおよび信徒相互の関係付けの基礎となるものである。

①キリストの神秘体

キリスト者間に存し、かつ彼らをキリストへと結びつける一致を表現するのに、パウロは、同じ一つの人間の体を構成する肢体同士間に存する密接な一致というシンボルを好んで用いている（ロマ一二・四―五、一コリ一〇・一七、一二・一二―三一、エフェ一・二二―二三、二・一六、四・一―一六、五・二二―三三、コロ一・一八、一九、二四参照）。教会は一つの体であり、その頭はキリストである。キリストと信徒は一緒になって唯一の有機体を構成する。その個々の部分はきわめて多種多様であるが、それらが体全体に留まる限り、同じ一つの生命を内に持っている。だから、人はキリストとより密に結びつけられるほど、より豊かな命を生きる。なぜなら、キリスト自身はかかる教会という体全体の一致の源であり、生命の泉だからである。パウロによれば、キリスト者はキリストと共に生き（ガラ二・二〇、コロ三・三－四参照）、彼と共に苦しみ（二コリ一・五、四・一〇－一一、コロ一・二四、ロマ八・一七参照）、彼と共に十字架につけられ（ロマ六・六、ガラ二・一九参照）、彼と共に死に（二テモ二・一一、ロマ六・五、八参照）、彼と共に復活する（ロマ六・四、コロ二・一二、三・一、エフェ二・六参照）。また彼と共に変容し（ロマ八・一七参照）、彼と共に支配する（二テモ二・一二、エフェ二・六参照）。このようなキリストとの一致の強調はパウロの次の言葉において頂点に達する。「生きているのは、もはやわたしではありません。キリストがわたしの内に生きておられるのです」（ガラ二・二〇）。

②キリストの模倣

パウロは、しかし一方で、こうしたヨハネ的なキリストとの深い神秘的一致は、キリストへの模倣という共観福音書的な倫理的努力を要請するものであることを強調する。もし、キリストにおける肢体化が洗礼によって始まるのであるならば、その全生涯はこのキリストとの結びつきをますます強める過程となすべきである。すなわち、キリスト者はキリストをその死の神秘性において模倣するために、この世的なもの、肉的なもの、つまり古い人間を脱ぎ捨てなければならない（ロマ六・一－一三、コロ三・一－一〇参照）。また、彼はキリストとの一致を深めるなかで、主に喜ばれる生き方を通して、主にふさわしい生活を送らねばならない（ロマ八・五、ガラ五・二二－二五、コロ三・一－一〇参照）。しかし、そうやっておのれが成長する一方で、兄弟の成長のために助けてあげねばならない。すなわち、キリストと神へ向かう愛はすべての人々にも延長されねばならないのである。換言すれば、自分の兄弟の中にイエスを見、彼を愛さねばならないということだ。この兄弟愛はへりくだりを前提とする。他人を自分よりも優れていると見なし、互いに思いやることは、キリストのへりくだりの模倣であることが強調される（フィリ二・一－四、エフェ四・二五－五・二、ガラ六・二、一〇、一コリ一三・一－一三、一テモ二・一－二参照）。

③ 神秘体験

さて、パウロには福音書に見られない要素が見いだされる。それは彼が自分自身の神秘体験について証言していることである。最も典型的な証言は彼の回心の出来事である。パウロはダマスコの途上で、キリストからの啓示を受け、主に命じられたとおりにダマスコでアナニアに会い、彼から洗礼を受ける（使九・一－一九、二二・三－一六、二六・九－一八参照）。エルサレムに戻った彼は「神殿で祈っていたとき、我を忘れた状態になり」、キリストに「お会いした」と語る。そして、そこで宣教の派遣命令を主から授かるのである（使二二・一七－二一参照）。こうした不思議な出来事によってパウロは迫害者からキリストの使徒へと身を転じることになった、と報告されている。さらに、パウロはもう一つの神秘体験を報告している。

「わたしは誇らずにいられません。誇っても無益ですが、主が見せてくださった事と啓示してくださった事について語りましょう。わたしは、キリストに結ばれていた一人の人を知っていますが、その人は十四年前、第三の天にまで引き上げられたのです。体のままか、体を離れてかは知りません。神がご存知です。わたしはそのような人を知っています。体のままか、体を離れてかは知りません。神がご存知です。彼は楽園にまで引き上げられ、人が口にするのを許さない、言い表しえない言葉を耳にしたのです。このような人のことをわたしは誇りましょう」（二コリ一二・一－五）

この報告における「キリストに結ばれていた一人の人」とはパウロ自身のことを指す。つまり彼は自己の神秘体験を第三者的に語っているのである。「十四年前」という記述は、彼がシリアとキリキアにいたころ（ガラ一・二一参照）、あるいはアンティオケイアで一年間過ごしていたころ（使一一・二六参照）を指していると思われる。また「第三の天」は当時の考え方では「最も高い天」をさし、これは「楽園」と同一であると思われる。

彼はこうした天の高みへの幻視をおのれの能力や努力で得られたのではなく、それは「主が見せてくださった事と啓示してくださった事」であり、これが命と力の源であるキリストとの一致に由来するものであることを示そうとしている。この幻視という神秘体験はまさに「言い表しえない」出来事であるが、アウグスティヌス（三五四―四三〇）以来、[5]パウロのこの体験は注目されはじめ、トマス・アクィナス（一二二四―一二七四）によれば、パウロは地上においてすでに神の本性を見たのだと注解している。[6]

第四節　使徒教父

いわゆる使徒教父たちは、[7]使徒たちによって創設された教会が自己理解へ向けて成長していく初期段階において活躍したが、彼らはその教会が直面する内的問題に取り組まざるをえない状況にあった。その問題とは教会が組織として発展するにつれて生じたもので、それは信徒たちのうちに生じた知的、カリスマ的および倫理的側面の欠乏感であった。端的に言えば、彼らは教会制度そのものを不十分にしか「霊的」とは見なさなくなったのである。[8]逆に、制度がまだ不十分にしか整っていない所では、信徒はその不足をユダヤ教の伝統的慣習によって補おうとしたり、[9]占い師のところへ行ってアドバイスを聞くといった状況が見られた。[10]したがって、使徒教父たちの中心課題は、こうした不満と問題を抱えた教会制度の本来の意義を再確認することにあった。

①教会への一致

ローマのクレメンス（三〇頃―一〇一頃）のコリントのキリスト者へ宛てた二つの書簡の執筆はコリントの教会に生じた分裂がその動機となっているため、当然のことながら教会一致を強調している。この一致は、使徒継承によってキリストに源を発する権威を有する教会の公的指導者への従順によって実現されると説かれる。[11] またすべての霊性は神の意志への従順に基づくものであることも強調される。この神の望みとは、コスモスの調和が示すように、端的には平和であって、[12] 教会の位階制度はこの平和を維持し、表現するために存在するものである。つまり、教会の一致は、神の平和の希求に基礎を置くものであって、そのためには神に由来する教会位階制度の尊重が叫ばれているのである。

しかし、使徒教父のなかで、教会位階制度を信徒の霊性と深く結びつけたのは、アンティオケイアのイグナティオス（三五頃―一〇七または一一七）である。「一致のために立てられた人」[13] と自称する彼にとって、なによりもまず人と神との一致が基本的課題であった。神と一つになること、それは霊魂の内奥において起こる。なぜなら神であるキリストはキリスト者の霊魂のうちに住んでいるからである。このキリストが住む霊魂をイグナティオスは「神をにない、神殿をになない、キリストをにない、聖をになうもの」[14]、そしてキリストの「宮」[15] と呼ぶ。だが、この神聖な宮を築くために、キリスト者はおのれをあらゆる汚れから清く保つ義務がある。これが神との一致のために与えられた個人の義務である。[16]

しかし、神との一致は教会という場以外には成就できない。つまり、それはキリストを頭とする教会という体の肢体として留まる限り、信徒がキリストにおいて互いに結ばれている限りで成就されるものである。教会の位階的性格を重要視するイグナティオスは、[17] 信徒の神との一致は、彼らが信仰と従順を通して、教会の礼拝式を通して、監督（主教、司教）と結ばれていないと不可能であるとまで力説する。[18] したがって、キリストと密接につながった生活と彼との恵み深い一致は、外に現れるキリスト教信仰告白と典礼儀式、すなわち教会生活にまったく依存しているのである。

イグナティオスには、キリストにおける生命というヨハネ的な考えとキリストの体の肢体というパウロ的な考えの合流が見られる。その両者を結んでいるのが、共観福音書的なキリストの模倣である。[19] 信徒は、もしキリストの生命に生きようとするなら、教会の頭なるキリストの思いに従わねばならない。信徒はもはやおのれ自身ではなく、神に帰属するものであるから、神のために生きねばならない。キリスト教とはイグナティオスにとって、単にキリストの教えに忠実に従う生なのではなく、それ以上にキリストの生命そのものを生きる生である。キリストが御父を模倣したように、信徒はキリストを模倣しなければならず、さらにキリストが御父と一つであったように、信徒は監督（主教、司教）と一つに結ばれていなければならない[20]。教会位階制度への従順はイグナティオスにとってキリストへの従順と等しい。「あなた方がイエス・キリストに対するように監督に従うとき、あなた方は人に従って生きるのではなく、イエス・キリストに従って生きていることが私には明らかなのです[21]」。

②殉教の霊性

イグナティオスは、一一〇年にローマにおいてトラヤヌス皇帝（在位九八－一一七）のもとで、猛獣の餌食となって殉教した。彼が書いた種々の書簡、とりわけローマの信徒へ宛てた書簡にも明らかなように、彼は殉教への強い憧れを常日頃から抱いていた。彼は全生涯の目的であるキリストにまみえる瞬間が来るのを心待ちにしていた。そのすべての思いがアンティオケイアからローマに向かう旅行の最終目的である殉教に向けられていたのは、彼がキリスト者の完全性を殉教のうちに見出したからである。それはキリストの受難と死の模倣であり、キリストの模倣の最高形態だったからである[22]。キリストの真の弟子、彼に最も近い存在とは、彼のために命を投げ出す者である[23]。イグナティオス自身、殉教を通して初めて真の弟子となることを期待し[24]、そのためローマの信徒兄弟たちに自分の殉教の機会を取り除くことのないよう懇願している。後に見るように、殉教は初代教会の霊性の最初の中心的要素となってくる。

③聖餐の霊性

上に見たイグナティオスの考え方すべては、彼の聖餐（ユーカリスティア）に関する教えの中にも色濃く反映している。[25] 聖餐は彼にとって、第一には一致の秘跡である。この一致とはすでに触れたように、信徒とキリストとの一致および信徒相互の一致の秘跡である。[26] しかし、聖餐は同時に命の秘跡でもあり、この秘跡を通して信徒はキリストによって生かされるものとなる。つまり、殉教と同じように、聖餐もキリストの受難と復活に参与させるものであることが強調される。[27] イグナティオスはこのように聖餐を殉教と対比させて解釈する最初の教父の一人である。[28]

④神秘体験

イグナティオスは、パウロと同じようにやはり神秘体験の保持者でもある。彼は自分が「天上のこと、天使の地位や宰たちの連盟、眼に見えるもの見えぬもののことをさとりうる」[29] 体験をしたと証言する。さらに、彼はその弟子であり、スミュルナの司教であったポリュカルポス（六九頃－一五五または一五六）にも、受けた様々な恩恵を完成に至らせる見えざる現実に関する啓示を神が与えてくださるように祈ることを勧めている。[30] ちなみに、『教会史』で有名なカエサレイアのエウセビオス（二六〇または二六五－三三九）の伝えるところによれば、歴史著述家のソクラテス（三八〇頃－四五〇頃）は、教会の典礼賛歌を、二つ以上のコーラスグループに分かれて交互に歌うという習慣がイグナティオスのある幻視に由来するのだと証言したと記録されている。[31] しかし、この証言の根拠となるものがいかなるものかは不明である。いずれにしろ、この証言が事実であるならば、この伝統的な歌唱法を実践している全世界の教会は、そのことによって、イグナティオスの神秘体験の記憶を大切に保持しているということができよう。

⑤『ヘルマスの牧者』

他の使徒教父文書はイグナティオスの書簡とは思想的にかなり異なっているが、ここでは後の霊性に大きな影響を与えた『ヘルマスの牧者』（一二〇頃－一四〇頃、以下『牧者』と略記）を取り上げてみたい。『牧者』は終末接近の緊張感に促されて、罪の悔い改めと神のために生きることの必要性が全面に打ち出され、教会では本書は長い間洗礼志願者の倫理指導書として尊重されていた。しかし、その中にはそうした外的生活の規律ばかりではなく、心のあり方に関する輪郭的な指南も見られる。『牧者』は全体として楽観的で均整のとれた宗教心を教えているが、とりわけ、義務として課された善行と義務以上の善行との区別を重視している。[32] 同時にまた、後の修道霊性で重要な概念となる「霊の識別」の重要性も見られる。[33]『牧者』は、一人のキリスト教信徒によって書かれたことは確かであるが、かなり前からユダヤ教の外典の一つ『一二人の太祖の遺訓』と何らかの依存関係にあることが推測されている。この書物は二世紀のキリスト者によってキリスト教的な思想の書き加えがなされたため、キリスト教世界でも広く普及したものであるが、[34] とりわけ「霊の識別」に関する思想の歴史研究では重要な史料となっている。[35]『牧者』はこの文書に触発されて、人の心に分け入る霊を観察する鋭い感性をきわめて顕著に描き出している。[36]

第五節　総　括

聖書および使徒教父においては、神に向かう人間の努力や神秘体験に関する思想は体系化しておらず、素朴なかたちでしか表明されていない。そこで明らかになった点は、第一に、キリスト教霊性の根本動機はキリスト自身による「完全性」への招きにあるということである。この招きに応じるための課題は、倫理的実践を内容とする「キリストの模倣」であった。これが共観福音書のテーマである。だが、第四福音書は「完全性」に「キリストとの一致」というより深い神秘的意味を付与した。ヨハネによる福音書はこの一致を、とくに同書一五章の「ぶどうの木のたとえ」のように、やはりキリスト自身の招きとして強調するが、一方で、この一致の神学的根拠を「受肉思想」に基づいて展開する。キリストとの神秘的一致とは、神の人間化によって可能となった人間の神的生命への参与であり、後のギリシア教父の「神化思想」の出発点となった。パウロは、共観福音書的なキリストへの模倣と同時に、ヨハネ福音書的なキリストとの一致の思想を彼特有の「キリストの神秘体」の思想において展開させ、キリストとの一致と同時に信徒同士の一致を強調した。

使徒教父は以上の要素を、制度として確立し始めた「教会」というコンテキストの中で説き、教会の頭なるキリストとの一致とその模倣は、教会位階制度の尊重と監督（主教、司教）への従順によって遂行されるとした。しかし、使徒教父は、もう一つ「迫害」という歴史的事情を背景にして、聖書にすでに散見できるキリストの「受難と死」への模倣に注目し始めた。これが「殉教」の霊性の発生である。殉教は、キリストの模倣の最高形態、キリスト者の完全性と見なされ始めるようになったのである。イグナティオスはこの殉教の霊性を教会生活の中心である聖餐と結びつけた。さらにもう一つ、『ヘルマスの牧者』には終末接近の緊張感に促されて、悔い改めと「霊の識別」の重要性が強調されていることが指摘された。この霊の識別は後の修道世界においてさらに厳密に深められる。

この霊の識別も含め、本章で検討した倫理的実践による「キリストの模倣」及びキリストとの神秘的一致といった事柄は後に成立した修道制のなかで重要な意味を帯びてくるとはいえ、修道制成立の直接的な動機とはならなかった。というより、それらが直接動機となるまでにはまだ「熟成」される必要があった。この熟成期間とは、すなわち四世紀初めまで数百年続いたキリスト教迫害の時代である。迫害という歴史的状況を経過して、ようやく修道制が正式に誕生するのである。

では、この期間に熟成されてきた霊性的契機は何であったのか。それは、すなわち、「殉教」の霊性であり、それと合流することになった「純潔」の霊性である。この二つの霊性的契機は、主として民衆の間で培われたものである。だが、一方で、前記の聖書にさかのぼる霊的使信は、アレクサンドレイア学派を中心とするキリスト教の知識人によって、思弁的な体系として理論化されるという新たな局面を迎える。まさに、この霊性の理論的、哲学的構築の成果が、先に触れた民衆の霊性運動と直結したところに修道制成立の直接動機が見いだされる。この殉教と純潔の霊性およびアレクサンドレイア学派の貢献について、これから詳しく見ていくことにする。

注

1　Cf. A. Puech, *Histoire de la littérature grecque chrétiene* I, Paris 1928, 140.

2　これはカエサレイアのエウセビオスがその主著『教会史』にオリゲネスの言葉として引用したものである。Cf. Eusebius Caes., Historia. Ecclesiae. VI, 14, 7 = GCS 9, 2, 550 (vv. 27-28). なお、『教会史』の邦訳に、エウセビオス著、秦剛平訳『教会史』（山本書店、一九八六－一九八八年）がある。

3　Athanasius Alex., Oratio I. Adv. Arianos 39; De incar. Verbi 54, 3 = PG 26, 92C; SC 199, 458. なお、最後に挙げたDe incarnatione Verbisの全文にはSC 199を底本とする邦訳がある。すなわち、アタナシオス著、小高毅訳「言の受肉」上智大学中世思想研究所編『中世思想原典集成２　盛期ギリシア教父』（平凡社、一九九二年。以下、「集成２」と略記）七〇－一四〇頁である。

4　Cyrillus. Alex., Adv. Nestorium 3, 2 = PG 76, 125C-D.

5　Cf. E. Hendrikx, *Augustins Verhältnis zur Mystik*, Würzburg 1936, 178-181.

6　Cf. S. Th. II, 2, 175 a. 3.

7　使徒時代あるいはその直後に活躍した教父のことを言い、彼らの残した文書は一括して「使徒教父文書」と呼ばれている。時代的には九〇年代から一五〇年代の間に成立した。使徒教父文書には『十二使徒の教訓』（ディダケー）、『バルナバの手紙』、『クレメンスの手紙（コリントのキリスト者へ）Ⅰ』、『クレメンスの手紙（コリントのキリスト者へ）Ⅱ』、『イグナティオスの手紙』、『ポリュカルポスの手紙』、『ポリュカルポスの殉教』、『パピアスの断片』、『ディオグネートスへの手紙』および『ヘルマスの牧者』の計一〇の文書が含まれる。邦訳は荒井献編『聖書の世界　別巻四・新約Ⅱ　使徒教父文書』（講談社、第二版、一九七八年。以下、「荒井」と略記）に収められている。このうち、『ヘルマスの牧者』を除く九つの文書についてはFunk-Bihlmeyer (ed.), *Die Apostolischen Väter* I, Tübingen [2]1956を、『ヘルマスの牧者』については、M. Whittaker (ed.), *Der Hirte des Hermas*, Berlin 1956を底本としている。以下の注において『使徒教父文書』の典拠を示す場合は、「荒井」の頁数を用いる。なお、『イグナティオスの手紙』の邦訳には、他にアルベール・コルベジェ著、渡辺高明編訳『アンティオキアのイグナチオ──七つの手紙とその足跡』（風響社、一九九四年）およびG・ネラン、川添利秋共訳『アンチオケのイグナチオ書簡』（みすず書房、第二版、一九七五年）がある。さらに、『ディオグネートスへの手紙』の他の邦訳には、平沢忠雄訳『ディオグネトスへ』（中央出版社、一九六五年）が、また『ヘルマスの牧者』の他の邦訳には、佐藤清太郎訳『ヘルマスの牧者』（中央出版社、一九六七年）がある。

8　Cf. Ignatius Ant., Epist. ad Eph. 8, 2. ＝ 荒井、一一〇頁。

9　Cf. Didache. 8 ＝ 荒井、二三頁。

10　Cf. Pastor Hermae. Mand. 11 ＝ 荒井、二三六－二三九頁。これについてはJ. Reiling, *Hermas and Christian Prophecy*, Leiden 1973, 58-96.

11　とくに1 Epist. Clemens. Rom. 42-65 ＝ 荒井、七九－九一参照。

12　Cf. ibid., 60-62 ＝ 荒井、八九－九〇頁。

13　Ignatius Ant., Epist. ad Phil. 8, 1 ＝ 荒井、一三二頁。

14　Id., Epist. ad Eph. 9, 2 ＝ 荒井、一一〇頁。

15　Ibid. 15, 3 ＝ 荒井、一一二頁。

16　この神とキリストとの一致のために要求される個人的義務について詳しくはL. Bauer, *Untersuchungen über die Vergöttlichungslehre in der Theologie der griechischen Väter*, TQ 99 (1918), 248-250.

17　彼にとって、教会の位階制度は天的現実をシンボル化したものである。すなわち、監督（主教、司教）は御父を、執事（輔祭、助祭）はキリストを、そして長老は使徒たちを代表するものである。Cf. Ignatius, Epist. ad Mag. 6, 1 ＝ 荒井、一一六頁。

18 Cf. L. Bauer, op. cit., 243-245.
19 Cf. Ignatius., Epist. ad Phil. 7, 2; Epist. ad Eph. 10,3= 荒井、一三二、一一一頁。
20 Cf. id. Epist. ad Eph. 4, 1; Epist. ad Mag. 7, 1; 13, 2; Epist. ad Trall. 2, 1; Epist. ad Phil. 7, 1-2 = 荒井、一〇八、一一七、一一九、一二〇、一三二頁。
21 Ignatius Ant., Epist. ad Trall. 2, 1 = 荒井、一二〇頁。
22 Cf. id. Epist. ad Rom. 6, 1-3 = 荒井、一二八頁。
23 Cf. id. Epist. ad Smyr. 4, 2; Epist. ad Polyc. 7, 1; Epist. ad Eph. 12, 2 = 荒井、一三六、一四二、一一一頁。
24 Cf. id. Epist. ad Rom. 4, 2; 5, 3 = 荒井、一二七頁。
25 Cf. L. Bauer, op. cit., 246-248.
26 Cf. Ignatius Ant., Epist. ad Phil. 4 = 荒井、一三一頁。
27 Cf. id. Epist. ad Eph. 20, 2; Epist. ad Smyr. 7, 1; Epist. ad Rom. 7, 3 = 荒井、一一四、一三七、一二八頁。
28 イグナティオスにおける聖餐と殉教の対比について詳しくは H. Ichise, Eucharistie und Martyrium. Untersuchung zur Eucharistie bei Ignatius von Antiochien im Licht des Martyriums, Nanzan Journal of Theological Studies. Supplement 5 (1986), 239-351参照。
29 Ignatius., Epist. ad Trall. 5, 2 = 荒井、一二二頁。
30 Cf. id., Epist. ad Polyc. 2. 2 = 荒井、一四〇頁。
31 Cf. Eusebius Caes., Hist. Eccl. VI, 8 = PG 67, 689-692.
32 Cf. Pastor. Hermae. Simil. V 3, 2-3 = 荒井、二五二－二六三頁。
33 「霊の識別」という言葉そのものは本書には見いだされないが、「義の天使」と「悪の天使」の見分け方に関する詳しいアドバイス（Pastor Hermae. Mand. 6 = 荒井、二二六－二二八頁）がある。
34 Cf. St. Szekely, Bibliotheca Apocrypha I, Freiburg im Bresgau 1913, 382-442.
35 とくに詳しく「霊の識別」に言及する箇所は本書の「ルベンの遺訓」2, 1-3, 7である。これに関してはF. Schlagenhaufen, Der geistige Charakter der jüdischen "Reichs"-Erwartung, ZKT 51 (1927), 523-524. 参照。
36 たとえば Pastor Hermae, Mandat. V; X = 荒井、二二四－二二六、二三四－二三六頁。

第二章　殉教と純潔の霊性

キリスト教霊性の根本動機は、前章で検討したように、「キリストの模倣」と「キリストとの一致」によって実現されるキリストによる「完全性」への招きにあった。使徒教父は当時すでに制度として確立しつつある「教会」というコンテキストのなかで、キリストとの一致とその模倣は、教会位階制度の尊重と監督（主教、司教）への従順によって遂行されると考えた。

しかし、さらに「完全性」という福音的勧告は使徒教父時代においてすでに新しい意味合いを帯びるようになった。それは「殉教」の霊性である。これは言うまでもなくローマ帝国によるキリスト教に対する迫害という歴史的事情を背景にして生まれたものである。われわれはすでにイグナティオスが殉教をキリスト者の究極的完全性のしるしであると見なしていたことについて触れた。この見方は迫害時代の霊性全体に浸透し、普及した思想である。とはいえ、この殉教にも福音書やパウロにおいて説かれた「キリストの模倣」および「キリストとの一致」という根本モチーフで貫かれている。迫害時代において両モチーフは殉教という形に収斂されていったというのが事実に即している。そして殉教をキリスト者の完全性と見る考え方は四世紀初めまで続いたキリスト教迫害という時代状況だけに限られたのではなく、教会に平和が戻った後でさえも存続した。

一方、初代教会には殉教と並んで「純潔」の生き方が一つの大衆的霊性運動として発展していった。純潔とは、ここでは自分の意志で選択した独身生活における貞潔の生き方を指す。新約聖書および使徒教父において純潔性あるいはそのような生き方を守る人々の存在はことさら注目されるということはなかったが、護教的教父以来それは殉教と並んでキリスト者の完全性のしるしとして称揚され、それに追従する男女が急増するようになった。

以下、このような殉教と純潔の霊性が初代教会においてどのように理解されていたかを概観してみたい。

第一節　殉教の霊性

キリスト教はコンスタンティヌス大帝（在位三〇六－三三七）による「ミラノ勅令」（三一三）に至るまでの二世紀半にわたり、ローマ当局によって迫害された。もっとも初期においては単発的であり、使徒ペトロとパウロが殉教したと伝えられているネロ帝（在位五四－六八）による最初の迫害（六四年）も、同年に起こったローマ市の大火がネロによる遊興のための放火のせいであるとの疑惑をもみ消すために、キリスト教徒に放火罪を転嫁して起こったと言われており、その迫害は組織的なものではなかった。迫害が組織化されたのは教会そのものが強力な組織体をなすようになった三世紀後半以後で、デキウス帝（在位二四九－二五一）がその最初の組織的迫害者、ディオクレティアヌス帝（在位二八四－三〇五）が最後のそして最大の迫害者であった。

ローマ帝国による迫害は多くの殉教者を生み出した。殉教の動機は、言うまでもなくキリスト教信仰の真実なる告白を証することであったが、それ以外にも、たとえば、キリストの受難の模倣、迫害の火付け役と見なされた悪魔に対する勝利、肉の蘇りへの確信の証明、最後の裁きにおいて罪に定められることがないという終末的期待など様々であった。[2]

このような動機に促された殉教の時代に、それにまつわる文学が豊富に生み出された。まず、挙げられねばならないのは、殉教者にまつわる報告文書であるいわゆる「殉教者伝」である[3]。その一つは「行伝」（Acta）と呼ばれるもので、これは殉教者に対する公式裁判の記録を内容としており、始めと終わりの部分でその殉教者にまつわる出来事に関する短い注記があるが、中心部分は裁く側の質問とそれに対する殉教者の応答という形で報告されている。ただ、このやりとりがどこまで史実に忠実であるかについては確かなことは言えない。「行伝」の最古の例としては一六五年にローマで処刑されたユスティノスの殉教を報告する『聖ユスティノスとその仲間の行伝』（Acta sanctorum Justini et sociorum）[4]が伝わっている。もう一つの文学形式は「殉教録」（Martyrium）ないし「受難録」（Passio）と呼ばれるもので、裁判記録については重要な部分のみを再録し、大部分は殉教者の物語で占められている。この物語報告は本来信者の信仰を鼓舞する目的で書かれており、多くは書簡という形式で編纂されている。この部類に入るもので最古の例はスミュルナ主教ポリュカルポスの殉教（一五六年）の直後にフィロメリウムの教会宛てに書かれた作者不詳の『ポリュカルポスの殉教』である[5]。本書は、すでに見たように『使徒教父文書』の一つに数えられている。迫害時代を過ぎた四世紀以降には、殉教者にまつわる「伝説」が多く生み出されるが、これらは部分的にあるいはほとんどすべての内容が民衆の信心を刺激するような作り話である例が多く、歴史資料としてはあまり価値がない。

一方、殉教の霊性を知る上で欠かすことのできない重要な資料は教父文献にも多く見いだされる。先に引き合いに出したアンティオケイアのイグナティオスの『書簡』は、殉教を神学・霊性の中心テーマとしてとりあげた最初の教父である。次いで、迫害のさなかにある信徒に対して殉教の徳を称揚しつつ、信仰の励ましを与えることを目的として書かれたものとしてはオリゲネスの『殉教の勧め』（Exhortatio ad Martyrium）[6]およびカルタゴの司教キュプリアーヌス（二〇〇または二一〇－二五八）による『フォルトゥナートゥスに宛てた殉教の勧めについて』（Ad Fortunatum de exhortatione martyrii）[7]が最も有名である。以下、こうした文書に現れる殉教の思想を抽出してみたい。

①キリストの模倣

使徒教父

イグナティオス同様、初期のキリスト者は殉教をキリストの模倣と解した。[8] たとえば、彼はマグネシア人たちへ宛てた書簡のなかで「もし私達がイエス・キリストを通して、彼の受難に合わせられる死を進んでえらばないとしたら、彼の生は私達の中にはない」[9] と教え、さらにローマのクレメンスは、コリントの教会の分裂騒動について批判、勧告するなかで、殉教した人々を人間のために低められたキリストの模倣として説いているが、[10] このことからも明らかなように、殉教とキリストの模倣とのつながりは使徒教父時代には広く受け容れられていた。四世紀の初めにディオクレティアヌス帝による大迫害が勃発したとき、トゥムイスの司教フィレアス（不詳―三〇六）は共に処刑場へ連れてこられた仲間たちに「これまで我々は苦難を体験しなかったが、いまや苦難を体験し始めたのだ。いまや我々は、ようやくイエスの弟子になったのだ」[11] と語って、彼らを励ましたと伝えられている。

キリストの模倣はまた愛の模倣でもある。ポリュカルポスにとって「真実の愛の模範」とは殉教者のことを指す。[12] 実際、彼自身その模範となったが、その事実を報告している『ポリュカルポスの殉教』では、彼がそうした愛の模範においていかにキリストと似た者であったかということを訴えている。[13] そして、同書の著者は、次のように殉教者たちを讃える。「キリスト様を神様の御子として私たちは拝み申し上げているのですし、それに対して殉教者の方々は主（キリスト様）の御弟子として（キリスト様）にならう者となった方々であり、自分たちの王であり教師であり給う（キリスト様）に対するうち越え難い思いをお示しになった方々でありますから、そのことにふさわしい仕方で私たちは尊敬いたしておるのです[14]」。

使徒教父以後

殉教に関わる以上の捉え方は使徒教父以後の教父たちにも受け継がれる。テルトゥリアーヌス（一五〇または一六〇－二二〇頃）はカルタゴの信徒たちにたびたび、信徒の栄光は、主であり師であるキリストの受難におのれを同化させることであることを指摘している。[15] だからオリゲネスが殉教者を「神とキリストの模倣者」[16]と呼んでいるのも何ら不思議なことではない。カルタゴの司教キュプリアーヌスは信徒たちへの手紙のなかで、信徒は「平和のときだけのためにキリスト者であるのではなく、謙遜、忍耐そして受難の師であるキリストを模倣すべきである」[17]と説き、また、もし信徒が毎日キリストの血の杯を飲むとするなら、彼ら自身がキリストのためにおのれの血を捧げることができるからそうするのだとして、[18]聖餐を殉教の覚悟に結びつけている。

迫害時代以後

殉教の時代が終わった後にも、殉教をキリストへの最も崇高な信従と見なす考え方は消えることはなかった。たとえば、ナジアンゾスのグレゴリオス（三二五または三三〇－三八九または三九〇頃）にとって、キリストは最初の殉教者であって、後の殉教者たちはそのキリストの模倣者であった。[19] 教皇レオ一世（在位四四〇－四六一）はこの模倣を次のように表現する。「殉教者たちはすべての人のために死なれたわれらの主に似ている。それは彼らが彼の愛を真似ているからだけではなく、彼らの受難において彼と似ているからでもある」[20]。

②キリストとの一致

殉教者への助け

デルガーは、殉教とはキリストとの一致に向かう最も確実な方法であり、具体的にはキリストが殉教者と共に、殉教者のうちにこの世において戦っている、つまり受難する人々のなかに現存する主という独特な考え方が、殉教時代において広がっていた、と論じている。[21] 実際、キリストが彼らの苦しみを和らげ、その魂を強めようとする奇跡話は殉教者伝によく見られる。エウセビオスは、カイサレイアの輔祭（助祭）ロマーヌス（不詳－三〇四頃）が刑吏から舌を抜き取られるときの苦痛に耐える姿を目撃した人々に「神的な力が、信仰心ゆえに苦しまねばならないすべての人々を助け、苦痛を和らげ、不屈の精神を与える」ものであることを痛感させた、と記録している。[22] このイエスの現存による殉教者の驚くべき不屈の精神は『ポリュカルポスの殉教』[23]、テルトゥリアーヌス[24]、キュプリアーヌス[25]、オリゲネス[26]らも証言している。

真の一致

しかし、キリストとの真の一致は死によって実現される。殉教者の伝記には、拷問の戦慄すべき苦痛や残虐性と同時に、殉教者の歓喜も強調されている。ペルペトゥア（不詳－二〇三）はその拷問のさなかで「神に感謝します。私は地上で幸せでしたが、今ここで、もっと幸せです」[27]と語った、と伝えられている。アンブロシウス（三三九頃－三九七）は聖ペラギア（不詳－三〇〇頃）について、「彼女は死に急いだのではなく、婚姻に急いだのだと言えよう」[28]と書いているが、「婚姻」とはキリストとの一致以外の何物でもない。キュプリアーヌスが殉教による死を「この世との別離の後にわれわれを神と直接一致させる洗礼」[29]と呼んだのはその意味である。

そもそも教会で聖人として認められた最初の人間は殉教者たちであった。なぜなら、彼らこそ、天において最初にキリストとの真の一致を体験した人間であったと考えられたからである。実際、殉教者はまっすぐに天国へ向かうものと見なされていた。アウグスティヌスの時代には、殉教者は他のすべての死者とは違い、その死後ただちに天の至福に入るために、煉獄の死者のためにやるような祈りは必要ではなく、逆に、祈りを取り継ぐ者と見なされていた。[30]

③キリスト者の完全性としての殉教

最も崇高な模倣

もし、殉教がキリストへの最も崇高な模倣であり、それがキリストとの一致に導くものであるならば、殉教がキリスト者の完全性を意味し、最高の理想と見なされても当然である。右に見たように、それは実際アンティオケイアのイグナティオスの考えであった。この殉教の比類なき価値についてはアレクサンドレイアのクレメンス（一五〇頃－二一五頃）も明確に証言している。その著『ストロマテイス』の第四章で、彼は殉教を「完全性」（teleiōsis）と同一のものと考える。それは「おのれの信仰のために死ぬ者は、完全なる愛の業を果たしたことになるからである[31]」。完全性とはここでは愛の完全性であり、既述したように、すでにポリュカルポスが殉教者を「真実の愛の模範[32]」と呼んだことと呼応する。いや、すでにそれはイエスにさかのぼる。「友のために自分の命を捨てること、これ以上に大きな愛はない」（ヨハ一五・一三）。殉教者をキリストの受難に倣おうと努めさせたものは、キリスト自身が人間という友のために命を明け渡したそのたぐいまれな愛だったのである。クレメンスの弟子オリゲネスも殉教への熱意があった者として知られているが、彼は友人であるアンブロシウスに、神から受けたものを神に返す最高の手段、その恩に報いる最高の手段は、殉教に耐え、苦しみの杯を飲むことである、と自らの確信を表明している[33]。

迫害時代の信仰

このような確信がなければ、確かに三世紀のキリスト者はあの激しい迫害時代を乗り越えることはできなかったであろう。いやそれどころか、迫害こそ信徒の信仰を強固ならしめる機会でありえた。だから、教父たちはこの試練の時代をむしろ積極視している。逆に、平和な時代は信徒の信仰を弛緩させる危険があった。絶えず襲ってくる死の危険はそれだけ信徒の熱意を呼び起こすものであっただけに、オリゲネスはセプティミウス・セウェールス帝（在位一九三－二一一）の迫害が終わった後の「大衆的キリスト教時代」について批判し、真の信仰者の時代とは、そもそも殉教者の時代である、と断言した。[34] さらに、コンスタンティノポリスの総主教ヨアンネス・クリュソストモス（三四七頃－四〇七）も『使徒言行録』に関する講解説教のなかで、オリゲネスと同様の考えを次のように述べる。「私は教父たちがこう言っているのを聞いた。以前には、つまり迫害時代には真のキリスト者がいたものだ、と[35]」。

④殉教の代用

殉教への覚悟

だが、殉教の機会がなくなったという事実は、即、キリスト者としての完全性に到達する可能性ももはや失われたことを意味するのであろうか。初代教会はこの疑問に対し、「殉教の代用」という考え方をもって答えた。すなわち、たとえ実際に殉教しなくとも殉教する「覚悟」ができているならば、それ自体、殉教と同じ価値を有するというものである。オリゲネスは『民数記』の注解のなかで次のように述べる。

「この共同体には、その良心の証によって神の前にすでに殉教者であるような、つまり、もし要求されたら、キリストのために血を流す覚悟があるキリスト者が多数いる――神のみぞ知る――ということを私は疑わない。われわれのなかに、自分の十字架を引き受けて、彼に従う者たちがいることを私は疑わない[36]」

キュプリアーヌスの場合は、殉教せずに死んだ者について同様のことを述べている。「たとえ、誰かが殉教以前にすでに神に召されたとしても、殉教への覚悟ができていた信仰は報いを受けないまま留まることはない。正義の神は遅滞なく勝利の代価を与える。彼は、迫害の時代には闘士に冠を与え、平和の時代には良心に冠を授ける」[37]。

完全性の基準としての殉教

だが、殉教への覚悟はさらに敷衍されて解釈されるようになる。カエサレイアのエウセビオスの報告によると、キュプリアーヌスより少し後の時代のアレクサンドレイアのディオニュシオス（一九〇頃―二六四頃）は、ペスト患者のために献身したキリスト者たちの死を殉教とほぼ同一視していた、と報告している[38]。それより少し前にメトディオス（不詳―三一一）はその著『シュンポシオン（饗宴）あるいは純潔性について』（Symposium vel de virginitate あるいは Convivium decem virginum）のなかで、「おとめ」を殉教者と同一視して、次のように言った。「おとめたちは殉教者である。それは、彼らが少しの間だけの肉体的苦痛を耐えたからではなく、その全生涯を通して貞潔のために真に高雅な闘いを忍耐強く続ける勇気を持っていたからである」[39]。この「おとめ」については、次節で詳しく扱うことにする。

こうして、最初の三世紀の間に、完全性の度合いはすべて殉教をものさしにして計る習慣が成立し、一つの行いが殉教に近ければ近いほど、完全性に近いとされた。とりわけ純潔性、修道生活、禁欲、善行の功徳は長い歴史を通じて殉教のそれと類比されてきた[40]。そのなかで、とりわけ早くから殉教と密接な関わりを持つようになった「純潔」の霊性について、次に検討したい。

第二節　純潔の霊性

純潔はすでに二世紀のキリスト教諸文書で完全性のしるしとして称揚されている。われわれはここで「純潔」

（ギ partheneia, ラ virginitas）という語を、もっぱら「処女性」ないし「童貞性」、しかも独身の身分での完全な性的禁欲を意味するものとして使用する。このような生活様式を実践する女性が「おとめ、処女」（ラ virgo）と呼ばれる。男性の場合の独身的禁欲生活実践者の存在は、初代教会初期にはおとめほどには知られていなかった。

ところで、身体的、生理的な欲求の抑制、つまり「禁欲」のことをギリシア語で「アスケーシス」[41]と呼ぶが、それはキリスト教世界ではキリスト教的人間完成の一手段としての精神的、肉体的鍛錬、つまり徳を修めるための行を意味するから、アスケーシスは「修徳」とも訳される。したがって、厳密には「修徳」という訳は「アスケーシス」の目的を、「禁欲」という訳は「アスケーシス」の方法をクローズアップさせる訳語といえよう。純潔というのはそのアスケーシスの一方法である。だが、まさにこの結婚を控えての性的禁欲が制度化されたのが、四世紀に始まる「修道生活」であった。

一方、キリストに捧げられた純潔に生きる女性の存在は、修道生活が誕生するずっと以前から注目されていた。もちろん、修道生活の始まりと共に、独身的禁欲はそのなかに吸収されていくが、「修道女」という形をとらずに、世俗に留まったまま生きるおとめもまたかなり長い間存在していたことが分かっている。

① 四世紀以前の純潔

男性の場合

キリスト教信徒のおとめに関する情報はかなり多いが、独身的純潔に生きる男性の存在については、わずかなことしか知られていない。すでに一世紀の終わりには、ローマのクレメンスの書簡のなかに彼らの存在をほのめかす記事が見られる。しかしそこでは「肉体の聖い者」は、「彼に節制への力を与えているのは自分とは別の者だと知って、自慢することのないように」[42]とだけ言われていて具体的なことは分からない。それよりも以前に成立したと思われる『十二使徒の教訓』通称『ディダケー』（一世紀末－二世紀）[43]には、シリアとパレスティナにおける禁欲男性の特異な生活形態について触れられている箇所がある。彼らは「使徒」または「預言者」と呼ばれており、一つの共同体から他の共同体へ、福音伝道のために絶えず歩き回り、決して一か所に長く留まることなく、また食料以外の報酬は決して受け取らなかった巡回伝道師であった。[44]もっとも、このような男性信徒の存在はすぐに消え失せる。

だが、三世紀の護教的教父の時代になると、キリスト教の倫理的卓越性を弁護する際に、しばしば男性禁欲者の存在が引き合いに出される。同時代の異教徒の医学者ガレノスでさえ、女性のみならず、生涯、結婚生活を控える男性信徒の存在を証言しており、三世紀にはすでにこうした生活形態はかなり一般化していたようである。[45]しかも、オリゲネスの証言によれば、こうした男性信徒はある独自の階級を形成していたようであり、[46]これが後の男子修道制の直接の源泉となったと思われる。修道者の祖と言われるエジプトのアントニオス（二五一頃－三五六頃）もこのようなグループに属していた。[47]

おとめの場合

おとめに関しては、数多くの文書が存在するが、そこから分かることは、彼らのなかには、世俗から自らを隔離することなく、世間のただなかで、多くは家族と共に自発的に処女の生き方を送った者もいれば、アンティオケイアのイグナティオスの書簡[48]や『牧者』[49]のなかに暗示されているように、一つのグループとして共同生活を営む者たちもいたということである。三世紀になると、処女の生き方を選ぶ女性が爆発的に増大し、彼らに関する論文が数多く書かれるようになる。たとえば、テルトゥリアーヌスは彼らの数の多さを称え、また民衆の彼らに対する絶大なる尊敬について証言しているが、一方で、まさにその尊敬ゆえに自惚れの危険がありうることを指摘して、おとめのしるしとしてのヴェールをかぶるのは、人目を引くためではなく、まさに隠れたところでの生活を維持するためなのだということを『おとめのヴェールについて』（De virginibus velandis）[50]という論文全体で強調している。この書に刺激されたキュプリアーヌスも『おとめの身だしなみについて』(De habitu virginum)を著し、おとめを「教会の幹の花」であり「キリストの群れの高貴な部分」と見なしつつ[51]、彼らに対する具体的で細かい忠告を与えている。東方でもおとめは、アレクサンドレイアのクレメンス[52]やオリゲネス[53]やメトディオス[54]らによって絶賛されている。

自発的純潔

そもそも純潔は二世紀以来、キリストやマリアの模倣として、いかなる権威からの強制もなく、自発的にキリスト者のなかに生まれ、やがてキリスト教社会のあらゆる階層に普及した。彼らは純潔を守るためには、単に肉体の貞操のみならず、魂のそれをも求めたので、必然的に欲の断念と結びつき、こうして、たとえば肉や葡萄酒の摂取が控えられ、また断食が奨励された。財産を全面喜捨する必要はなかったが、富に対して執着すること、たとえば、真珠や宝石等の装飾品所持あるいは髪や服装の過度の手入れは控えられた。しかしながら、これらは決して強要されたものではなく、生まれた生活環境に留まることに何の差し支えもなかった。しかも、キュプリアーヌスが、カルタゴのおとめたちに結婚の祝宴に参加することや公衆の混浴風呂に入ることを控えるように忠告していることから察すると[55]、逆にこういう世俗の習慣とのつきあいに関する明確な禁止規定もなかったことが窺われる。

殉教に準ずる純潔

二〜三世紀に書かれたおとめに関するキリスト教著作のほとんどに共通するのは、すでに先に触れたように、純潔は殉教に準ずる完全性のしるしだという発想である。既述したように、純潔は欲の断念や贅沢の放棄の精神を伴うものと考えられたが、これはすでに殉教への準備と見なされた。それは、迫害時代のキリスト者が絶えず覚悟しておかねばならなかった完全なる自己奉献へのある種の準備なのであった。[56] いわゆる「種を蒔く人の譬え」（マタ一三・一－八、マコ四・一三－二〇、ルカ八・一一－一五参照）において、「百倍の実を結ぶ」とは伝統的に殉教者に、また「六〇倍の実を結ぶ」とはおとめに当てはめられて解釈されたように、[57] 彼女たちは教会のなかのエリート集団と見なされ、純潔はキリスト教の最も名誉ある立場にあった。おとめたちは、人間が持ちうる最高のいけにえを神に捧げていると考えられていたので、たとえばオリゲネスは「最も無垢な身体は、とりわけ生きた、聖なる、神に喜ばれるいけにえ[58]」だとして、おとめのいけにえ性を称え、またメトディオスはおとめを「無血の祭壇」と呼び、そこから「愛の香がたちのぼる」と称揚した。[59]

純潔の誓願

ところで、とくにテルトゥリアーヌス以来、[60] おとめは頻繁に「キリストの花嫁」という表現が適用されており、キリストとの婚姻というイメージで捉えられているが、この場合、婚姻の誓いに相当するような誓願があったと考えても不思議ではなかろう。事実、おとめの生活形態は原初のキリスト教時代にまでさかのぼるが、そこに誓願が導入されたのが明確に証言されるのは三世紀以後の諸文書である。ただし、その場合キュプリアーヌスやメトディオスあるいは擬クレメンスなどは、純粋「私的な」誓願の存在を証言しているが、[61] 教会において公式になされる誓願も同じ頃存在していたかどうかは推測の域を出ない。[62] しかし、この後すぐに触れるように、四世紀には公式誓願が導入され、実施されていたことが明白に証言されている。

② 四世紀以後のおとめ

修道生活は四世紀にエジプトの砂漠に誕生したが、男性の独身的禁欲はほとんどの場合この修道制に吸収された。しかし、おとめはその埒外でその後もかなり長い間存続したのである。彼らは、従来からの生活タイプ、すなわち家族のなかであるいは共同体のなかで好みに応じた生き方を営んでいた[63]。教皇グレゴリウス一世（在位五九〇―六〇四）の文書[64]からも分かるように、七世紀もこの両者のタイプはまだ併存していたようであるが、すでにそのころ急速に発展していた修道生活に押さえられ、もはや少数派となっていた。そして九世紀以後は、おとめについては公にはまったく言及されることはなくなった。

絶大なる評価

四世紀に入って、おとめに関する著作や言及は枚挙にいとまがないほど豊富に見いだされるが、いずれにも共通することは、彼らに対する評価の大きさである。例えば「種を蒔く人のたとえ」は、以前には「六〇倍」の実りとしての評価であったが、殉教の時代が遠のけば遠のくほど、人々の尊敬はおとめに集中し、ついに彼らの地位は殉教者と同じく「百倍の実り」に匹敵するものと見なされるようになった[65]。また、クリュソストモスは彼らの生活を天使のそれと同様のものと見なし、諸徳の最高峰だと断言するし[66]、ヒエロニュムスはそれを「キリストに捧げられたまったきいけにえ[67]」と呼んだ。おとめの名誉ある地位はまた『使徒教憲』（Constitutiones apostolicae, 四世紀後半）のなかで、彼らが聖職者に次ぐ者として数えられていることや[68]、教会堂において彼らのために柵で囲まれた特別席が与えられていた事実[69]からも窺われる。おとめの純潔性は、とくにアンブロシウスにおいて聖母マリアの永遠なる純潔と匹敵するものと見なされ[70]、こうして、東方ではパウロの弟子聖テクラ（一世紀）が、西方では聖アグネス（不詳―三〇四頃）が、マリアと並んで、おとめの保護の聖人として尊崇されるようになった[71]。

純潔の公式誓願

私的誓願は、既述したように三世紀には実施されていたが、典礼儀式化された公式の誓願は四世紀には確実に成立していた[72]。誓願は洗礼の際の悪の放棄宣言文を真似た形式を用いたようである[73]。誓願式はしかしながら復活祭、降誕祭（あるいは公現祭）およびペトロとパウロの記念日という三大祝日にのみ[74]、聖餐式中、祭壇の前で司教によって荘厳に執り行われ、その際おとめのしるしとしてのヴェールをかぶる着衣式も伴った[75]。東方では、おとめ用の特別な衣服についてはとくに規定はなかったが[76]、公式誓願そのものは、カエサレイアのバシレイオス（三三〇頃－三七九）が証言しているように、カッパドキアの教会では存在していた[77]。しかも資格があるのは一六～一七歳以上の女性であった[78]。一方、西方では時代や地方によって公式誓願資格年齢は二五歳から四〇歳の範囲内で変動しており、一定していない[79]。

いったん、おとめの誓願を立てた女性は、その後の結婚禁止と貞操が義務づけられるが、もちろんこれだけでこと足れりというわけではなかった。おとめに要求される事柄は、霊的生活全般に関わる様々な行であり、それは祈り、聖書を読むこと、断食、静寂さに引きこもること、そして労働などを含んでいた[80]。おとめたちは、また、儀式的な行列[81]や典礼歌唱[82]に参加するなど、典礼にも積極的な役割を果たした。こうして見ると、おとめの生活は、修道誓願を除いては、修道生活とほとんど変わらないものであったことが窺われる。

第三節　総　括

ブイエは「古代教会の霊性における殉教の重要性はどれほど強調しても強調しすぎることはないであろう[83]」と述べ、さらに「重ねて強調するが、キリスト教霊性の発展に殉教ほど重要な働き、それも永続的な働きをなしたものはない[84]」と念を押している。実際、この歴史的事実が存在していなかったら、後のキリスト教霊性は違った様相を帯びたものになっていたであろう。キリスト教霊性発展の中心的担い手となった修道制の起こりは、この迫害と殉教という歴史が決定的要因となった。キリストの模倣とキリストへの一致という福音的霊性の理想をまさに生死をかけてラディカルに追求しようとした殉教の歴史は、キリスト教霊性の普及と深化の起爆剤となったわけである。

一方、純潔の霊性は本来殉教とは無関係に民衆の間に成立していた。そもそも純潔は二世紀以来、キリストやマリアの純潔の模倣として自発的にキリスト者のなかに生まれたものである。男性の場合は、使徒教父文書が示唆しているように、巡回伝道師が独身者のグループを形成していた。これは神の国のために独身を選ぶ者もあるとのイエスの言葉（マタ一九・一二参照）に直接の動機があったのかも知れない。もとより宗教的献身の手段としての独身生活は、その動機が何であれ、キリスト教以外の宗教にも見られる現象である。

だが、キリスト教における独身的純潔のモチーフの特異性は、それがやがて殉教の霊性と合流したという点である。これも歴史のなせる業であろう。もし殉教の歴史がなかったならば、このような合流はありえなかったであろうから。純潔と殉教の間に論理的な結びつきはない。が、しかし、初代のキリスト者は早くから純潔を殉教に準ずる完全性のしるしと見なすようになった。純潔に伴う欲の断念や贅沢の放棄の精神がすでに殉教への準備という新しい意味合いを帯びるようになった。それどころか、殉教時代が過去のものとなった四世紀には、その地位は殉教者と同等のもの、殉教と同じく「キリストに捧げられたまったきいけにえ」と見なされ、絶大な評価を享受するようになったのである。ここで、明らかなように、純潔は、一般に想像されるような「清らかさ」とか「貞操」それ自体に目的があるのではなく、殉教と同じくキリストへの自己献身の徹底化に意味が存しているのである。

殉教時代が終焉を迎えた頃、新しい霊性運動が発生し始めた。それが「修道制」である。霊性の一つの形態である殉教は終わっても、その精神は修道生活のなかに受け継がれた。純潔の霊性も同じく修道世界へ吸収されるようになった。殉教、純潔そして修道生活には現象面からすれば、一つの共通する特徴が見いだされる。それはいずれも「民衆」のなかから生まれた運動だということである。いずれも民衆の信仰心に鼓舞された霊的運動であり、実践的霊性であった。修道制も民衆のなかから生まれたのである。修道者の祖、エジプトのアントニオスは一介のコプト人農夫であった。

だが、修道制には実践的霊性だけが受け継がれたのではない。そこには、初代から受け継がれたもう一つの霊的遺産が運び込まれたのである。それは「神秘思想」である。神秘思想はすでに修道制成立以前に、いわゆるアレクサンドレイア派と呼ばれるキリスト教教養人たちによって基礎づけられていたのである。殉教と純潔を民衆霊性と呼ぶならば、神秘思想は少なくも初代教会においては知的エリートの霊性であった。この後者の遺産が盛り込まれることによって、キリスト教修道制の霊性は、後世の霊性史に絶えることのない影響力を及ぼしうるだけの内的生命力を獲得するようになったのである。次の部では、このキリスト教神秘思想の基礎づけに貢献したアレクサンドレイア派の霊性思想を検討してみたい。

注

1　本書二九頁参照。

2　Cf. TRE 22, 208.

3　「殉教者伝」の編纂史について詳しくは土岐正策・土岐健治共訳『キリスト教教父著作集二二　殉教者行伝』（教文館、一九九〇年）の解説部分（三〇七-三一〇頁）を参照。なお、本書は、二世紀中葉から四世紀初頭にかけての殉教者たちの伝記のうちから収集された二八の「殉教者伝」の校訂本 H. Musurillo, *The Acts of the Christian Martyrs*, Oxford 1972のテクスト部分を翻訳したものである。

4　正確には『聖なるユスティノス、カリトン、カリト、エウエルピストス、ヒエラクス、パイオン、リベリアノス、および彼らの仲間の殉教』。Musurillo 版にはA版（Cf. H. Musurillo, op. cit., 42-46）、B版（ibid., 46-52）およびC版（ibid., 54-

60）という異なる版のテクストが掲載されている。邦訳は土岐正策・土岐健治、前掲書三三－四七頁。

5　テキストは H. Musurillo, op. cit., 2-20. 本テキストは K. Bihlmeyer, Die apostlichen Väter, Tübingen 1924, 120-132のものを再録している。邦訳は土岐正策・土岐健治、上掲書七－一八頁。なお、本稿では『ポリュカルポスの殉教』を含めた『使徒教父文書』全体（ただし『ヘルマスの牧者』は除く）の校訂本としてビールマイヤーによるフンク版の第三改訂版 K. Bihlmeyer, Die Apostolischen Väter, Tübingen ^{3}1970を使用する。

6　GCS 2, 3-47. 邦訳は、小高毅訳『オリゲネス　祈りについて・殉教の勧め』（創文社、一九八五年）一五九－二〇七頁。

7　CSEL 3/1, 182-216.

8　この捉え方の典拠はたとえば、ヨハ一二・一八－一九、エフェ五・二、一ペト四・一－一九など、すでに聖書に見いだすことができる。

9　Ignatius., Epist. ad Magn. 5, 2 = Ibid., 89-90.

10　Cf. 1 Epsit. Clem. 2, 1; 6, 1-2; 16, 17 = K. Bihlmeyer, op.cit., 36; 38; 44.

11　Acta Phileas 9, 1-2 = H. Musurillo, op. cit., 352. 邦訳は、土岐正策・土岐健治、前掲書二五二頁。

12　Cf. Polycarpus, Epist. 1 = K. Bihlmeyer, op.cit., 114.

13　特に Martyr. Polyc. 19, 1-2 = 130.

14　Ibid. 17, 3 = 129-130.

15　Cf. Tertullianus, Scorpiace 9 = CSEL 20, 163 (vv. 26-27).

16　Origenes, In Ioan. 2, 34, 209 = GCS 10, 93 (vv. 5-6). なお、本書全体の邦訳として、小高毅訳『オリゲネス　ヨハネによる福音注解』（創文社、一九八四年）がある。

17　Cyprianus, Epist. 58, 3 = CSEL 3, 659 (vv. 6-7).

18　Cf. ibid. 58, 1 = CSEL 3, 657 (vv. 2-4).

19　Gregorius Naz., Oratio 24, 4 = PG 35, 1173C.

20　Leo Magnus. Sermo 85, 1 = PL 54, 435A. なお、レオ一世の説教集の邦訳として、熊谷賢二訳『レオ一世　キリストの神秘――説教全集』（創文社、一九六五年）がある。

21　Cf. F.J.Dölger, *Christophoros als Ehrentitel für Martyrer und Heilige im christlichen Altertum, AC 4* (1934), 73-76.

22　Cf. Eusebius Caes., De martyribus Palaestinae 2, 3 = GCS 9, 2, 209 (vv. 20-22).

23　Cf. Martyr. Polyc. 2, 2 = K. Bihlmeyer, op.cit., 121.

24　Cf. Tertullianus, De pudicitia 22 = CSEL 20, 272 (v. 10).
25　Cf. Cyprianus, Ad Fortunatum 11 = CSEL 3, 339 (vv. 9-10).
26　Cf. Origenes, Exhort. ad Martyr. 36 = GCS 2, 33-34; In Ierem. hom. 14, 7.17 = GCS 6, 112 (vv. 14-16); 124 (v. 3).
27　Passio Sanctorum Perpetua et Felicitatis 12 = H. Musurillo, op. cit., 120. 邦訳は土岐正策・土岐健治、前掲書八八頁。
28　Ambrosius, De virginibus 3, 7, 34 = PL 16, 230B.
29　Cyprianus, Ad Fortunatum, prae. 4 = CSEL 3, 319 (vv. 9-10).
30　Cf. M. Viller / K. Rahner, op. cit., 35.
31　Clemens Alex., Stromata IV, 4, 14, 3 = GCS 15, 255 (vv. 1-3). なお、『ストロマテイス』全巻の邦訳は秋山学訳『キリスト教教父著作集第四巻Ⅰ　アレクサンドリアのクレメンス一　ストロマテイス（綴織）Ⅰ』（教文館、二〇一八年）及び同訳『キリスト教教父著作集第四巻Ⅱ　アレクサンドリアのクレメンス二　ストロマテイス（綴織）Ⅱ』（教文館、二〇一八年）がある。
32　Cf. Polycarpus, Epist. 1 = K. Bihlmeyer, op. cit., 114.
33　Cf. Origenes, Exhort. ad Martyr. 28 = GCS 2, 24.
34　Cf. Origenes, Hom. In Ierem. 4, 3 = GCS 6, 25 (vv. 16-18).
35　Johannes Chrys., Hom. In Act. apos. 24, 3 = PG 60, 188.
36　Origenes, Hom. In Num. 10, 2 = GCS 30, 72 (vv. 21-24).
37　Cyprianus, Ad Fortunatum 13 = CSEL 3, 347 (vv. 14-16).
38　Cf. Eusebius Caes., Hist. eccl. VII, 22, 7-9 = GCS 9, 2, 680 (vv. 21-23).
39　Methodius, Symp. VII, 3, 156 = SC 95, 184-186. なおSC 95を底本とする邦訳として出村和彦・出村みや子共訳「オリュンポスのメトディオス　シュンポシオン（饗宴）あるいは純潔性について」上智大学中世思想研究所編『中世思想原典集成Ⅰ　初期ギリシア教父』（平凡社、一九九五年）（以下「集成1」と略記）六六四－六九三頁にその「第三演説」と「第八演説」が収録されている。
40　ケルト諸国では、後に殉教を色分けして区別するという興味深い習慣ができた。実際の殉教は「赤」の殉教であるが、これに加えて「白」の殉教とは、神への愛ゆえに好ましいものを断念する場合を言い、また「緑」（ないし「灰」）の殉教とは、罪の償いと改悛に専念するため、あらゆる情欲を放棄する場合を言う。これについては、L. Gougaud, Les conceptions du martyre chez les Irladais, Rben 24 (1907), 360-373参照。

41　この概念をめぐる詳しい解説については、TRE 4, 195-259参照。また、朝倉文市『修道院——禁欲と観想の中世』講談社現代新書一二五一（講談社、一九九五年）一六－二七頁も参照。
42　Cf. 1 Epist. Clemens, Rom. 38, 2 = K. Bihlmeyer, op. cit., 56.
43　邦訳は荒井、一九－二七頁における佐竹明訳および集成1、二八－四五頁の杉崎直子訳の二つがある。
44　Cf. Didache 11-12 = K. Bihlmeyer, op. cit., 6-7.
45　Cf. A. Harnack, *Mission und Ausbreitung des Christentums in den ersten drei Jahrhunderten I*, Tübungen 1924, 232-233.
46　Cf. Origenes, Contra Celsum 5, 49 = SC 147, 140-142; In Ierem. Hom. 20 = GCS 6, 188 (vv. 23-25); In libr. Iudicum hom. 9, 1 = GCS 30, 518 (vv. 15-17). なお、冒頭の『ケルソス駁論』は全部で八巻からなるが（SC 132〈I, II〉: SC 136〈II, IV〉: SC 147〈V, VI〉: SC 150〈VII, VIII〉）、現在第五巻までの邦訳がある。第一巻と第二巻は、出村みや子訳『キリスト教教父著作集八　オリゲネス三　ケルソス駁論1』（教文館、一九八七年）、第三巻から第五巻までは同訳『キリスト教教父著作集九　オリゲネス四　ケルソス駁論2』（教文館、一九九七年）である。
47　Cf. M. Viller / K. Rahner, op. cit. 44.
48　Cf. Ignatius Ant., Epist. ad Smyr. 13, 1; Epist. ad Polyc. 5, 2 = K. Bihlmeyer, op. cit., 110; 112-113.
49　Cf. Pastor Harmae, Simil. IX, 2-4; X, 3; Vis. I, 2, 4 = M. Whittaker (ed.), Der Hirte des Hermas, Berlin 1956, 77-80; 3.
50　Cf. Tertullianus, De virginibus velandis = CChrSL II, 1207-1226.
51　Cf. Cyprianus, De habitu virginum 3 = CSEL 3, 189 (vv. 11-13). なお、本書全体の邦語訳と注解については、吉田聖「ラテン教父の総合研究（七）キュプリアヌス著『おとめの身だしなみについて』——翻訳と注解」『南山神学』第二〇号（一九九七年）一四五－一八一頁参照。
52　Clemens Alex., Strom. III, 15, 974-98, 1 = GCS 15, 241 (vv. 3-11); IV, 23, 149, 1-2 = GCS 15, 314 (vv. 5-7); VII, 12, 70, 8 = GCS 17, 51 (v. 12)
53　Cf. Origenes, Contra Cels. 8, 48 = SC 150, 278-280; In Num. Hom. 2, 1 = GCS 30, 10 (vv. 14-16); In Jesu Nave hom. 2, 1 = GCS 30, 297 (v. 5); In Ioannem 1, 1 = GCS 10, 5 (v. 1-2).
54　その著『シュンポシオン（饗宴）あるいは純潔性について』はまさに純潔性の称揚のために著された。
55　Cf. Cyprianus, De habitu virginum 18-19 = CSEL 3, 200-201.
56　Cf. M. Viller, Le martyre et l'ascèse, RAM 6 (1925), 107-109.
57　Cf. ibid., 109; 112; 131-133.

58 Origenes, In epsit. ad Rom. 10, 1 = PG 14, 1205A. なお、本書全体の邦訳として小高毅訳『オリゲネス　ローマの信徒への手紙注解』（創文社、一九九〇年）がある。底本はPG 14, 831-1294である。

59 Cf. Methodius, Symp. V, 5, 125-127 = SC 95, 156-158.

60 Cf. Tertullianus, De oratione 22 = CSEL 20, 196 (vv. 5-6).

61 Cf. H. Koch, *Virgines Christi. Die Gelübde der gottgeweihten Jungfrauen in den ersten drei Jahrhunderten (TU 31)*, Leipzig 1907, 59-112.

62 これを示唆するものとして、スペインの地方教会会議であるエルヴィラ会議（三〇〇年頃）での決議が挙げられる。決議条項の第一三条に、おとめが「誓願」（votum）を破った場合、永久に破門状態となるという旨の条文があるが、内容から見て、この「誓願」は私的なものではなく、公式誓願と思われる。Cf. M. Viller / K. Rahner, op. cit. 47-48.

63 これは、たとえばナジアンゾスのグレゴリオスがおとめを賞賛する詩のなかで、おとめの生活について共同体のなかで送る者と家族のなかで送る者とに区別して述べていることから窺われるし（Cf. Gregorius Naz., Praecepta ad virgines 5, 241-243 = PG 37, 1470）、また、いわゆる「テオドシオス法典」（四三五年）（Cf. Codex Theods. V, 3, 1;IX, 25, 1-3）にもこの区別が指摘されている。

64 Cf. Gregorius Mag., Dialog IV, 15, 16 = PL 77, 344B-C; 348A; Hom. In Evang. 38, 15 = PL 76, 1290-1291.

65 Cf. M. Viller, op. cit., 132-135.

66 Cf. Johannes Chrys., De virginitate 11; 21 = PG 48, 540; 548.

67 Hieronymus, In Iesaiam lib. 15, 56 = PL 24, 542C.

68 Cf. Const. apost. VII, 19-24 = F.X. Funk (ed.), Die apostolischen Konstitutionen, 1891, 524-526.『使徒教憲』とは、正式には『ローマの主教で市民であるクレメンスによる聖なる使徒たちの戒め』と題されているが、実際は四世紀後半シリア付近で編纂された教会法の集成である。『使徒戒規』（Didascalia Apostorolum, 三世紀初期）や『ディダケー』が下地になっている。

69 Cf. J. Wilpert, *Die gottgeweihten Jungfrauen in den ersten Jahrhunderten der Kirche*, Freiburg im Bresgau 1892, 40.

70 Cf. Ambrosius, De virginibus 2, 2, 15 = FlorPatr 31, 50 (22-23).

71 Cf. Niceta (Remesiana), De lapsu virginis consecratae 3, 10 = PG 16, 369D: "Quid facies coram Maria, Thecla et Agne et immaculato choro puritatis".

72 これについて詳しくは、R. Melz, *La consécration des vierges dans l'Église romaine*, Paris 1954参照。

73　Cf. Hieronymus, Epist. 130, 7 = CSEL 56, 186 (vv. 14-16).

74　Cf. Ambrosius, Exhortatio virginitatis 7 = PL 16, 348D; Niceta (Remesiana), De lapsu virginis consecratae 5, 19 = PG 16, 372A.

75　Cf. J. Wilpert, op. cit., 15-16.

76　ただし、アタナシオスに帰される文書の一つに、トゥニカ（寛衣）、黒のヴェール、長袖、短髪などという規定があったことが述べられているが（De virginitate 11 = PG 28, 264B）、これは単に一例であって、原則的には自由であった。

77　Cf. Basilius, Epist. 199 (Canonica 2), 18 = PG 32, 717A-B.

78　Cf. ibid., 19 = 720B.

79　Cf. J. Wilpert, op. cit. 24-26. 一方、私的誓願については、特殊な例として、まだ本人が幼児のときに、両親が本人に代わっておとめの誓願を立てるというケースも見られた。これについては、Sulpicius Sevrus, Vita Sancti Martini 19 = CSEL 1, 128参照。

80　Cf. J. Wilpert, op. cit. 30-40.

81　Cf. Gregorius Mag., Regist. Epist. 13, 2 = MGH. Ep 2, 365-367.

82　Cf. J. Quasten, *Musik und Gesang in den Kulten der heidnischen Antike und der christlichen Frühzeit*, Münster 1930, 116-120; 229.

83　ブイエ、四五頁。

84　同書、四六頁。

第二部　キリスト教神秘思想の源泉

われわれは先に、四世紀までの初期キリスト教社会の中で起きた霊性運動すなわち「殉教と純潔の霊性」について概観した。そして、この霊性は現象面からすれば、主として「民衆」の霊性の実践的側面として特徴づけられた。しかし、四世紀までのキリスト教霊性は、民衆の霊性運動と並行して、もう一つ別の側面が台頭していた。それはキリスト教教養人の間に起こった霊性の思弁的側面である。

その成立に貢献したのが、いわゆる「アレクサンドレイア派」の神学者である。この学派は北アフリカの古代国際都市アレクサンドレイアに始まり、三世紀から五世紀にかけて隆盛を誇ったキリスト教神学学派であり、後代の思弁神学に大きな財産を残した。が、同時に後のキリスト教霊性史にも極めて深い影響を与えた。とくに「キリスト教神秘思想」の理論的枠組みは、この学派によって基礎づけられた。そこで、第二部ではアレクサンドレイア派に始まる神秘思想の起源に注目してみたい。

さて、そもそも「神秘思想」（英 mysticism; 仏 mysticisme; 独 Mystik）とは何であろうか。まずこれについてはっきりさせておきたい。[1] 神秘思想あるいはキリスト教でよく「神秘神学」（ラ theologia mystica）と呼ばれるものは、端的に言うならば「神との直接的接触を探求し、これを経験すること」[2]に関する思想として特徴づけられる。神についてのみ語る思想ではなく、「神との合一」（ラ unio mystica）への渇望に促された思想である。神との合一と言っても、自己意識が完全に失せて、神にまったく吸収されるという感覚や、自己意識は保ちながらも、これ以上はありえないと思われるほどの神との親しみといった経験など、その内容は様々である。さらに、この合一への道筋をいかに解釈するかということも、合一の相手たる神ないし究極者をいかなるものと考えるかにかかっており、また逆にその神概念そのものが個々の人間の経験に影響を受けて形成されるため、すべての神秘思想を同じものと見なすのは誤りである。

しかしながら、いずれの神秘思想にも共通して認められる点は、「神ないし究極者をそれ自体として探求するということ、神以下のいかなるものにも満足しないということ、魂が自ら慕い求める対象と直接一つになろうと願望するということ」[3]を核としている点である。

注

1 以下の考察はA・ラウス、水落健治訳『キリスト教神秘思想の源流――プラトンからディオニシオスまで』(教文館、一九八八年)九－一八頁を参照した。

2 同右、一三頁。

3 同右、一四頁。

第三章　聖書、プラトン、フィロンおよびクレメンスにおける神秘思想

神秘思想の定義は一応前記のようにまとめることができる。そこで、いよいよ本題に入ることにする。先に、我々はキリスト教神秘主義の基礎付けはアレクサンドレイア派に溯ると述べたが、この派は通常アレクサンドレイアのクレメンス（一五〇頃－二一五頃）によってその路線が敷かれたというのが一般説である。しかし、ラウスも指摘しているように「固有な意味でのキリスト教神秘神学の議論」が始まるのはその弟子にあたるオリゲネス（一八五頃－二五四頃）である。[1]したがって、キリスト教神秘思想の基礎付けのために主要な素材ないし起源となった思想的背景の理解のためには、クレメンスまでを概観しなければならない。

だが、アレクサンドレイア派の神学そのものは、新約聖書は言うまでもなく、それ以前の異教哲学、具体的にはプラトン（前四二七－三四七）の影響を抜きにしては考えられない。プラトンのキリスト教思想に与えた影響の大きさについては今さら繰り返すまでもないが、[2]とりわけ、キリスト教神秘思想におけるプラトン主義の影響は、これからの我々の検討のなかでも再三にわたって確認するところのものである。

なお、プラトンの哲学は紀元前一世紀以降、ストア学派成立にも影響を与え、ストア化されたプラトン主義、すなわち「中期プラトン主義」へと移行したが、何と言ってもプロティノス（二〇五頃－二六九または二七

〇）に代表される「新プラトン主義」として新たな隆盛を誇った。ストア哲学はどちらかと言えば倫理的側面の強調が特徴的だが、新プラトン主義は、プラトン主義そのものよりも神秘主義的色彩が一層濃い哲学として特徴づけられる。だが、キリスト教の神秘思想にいち早く影響を与えたのは中期プラトン主義であり、とりわけヘレニズム・ユダヤ教の代表的知識人アレクサンドレイア出身のユダヤ人フィロン（前二五または二〇頃－後四五または五〇頃）の思想であった。彼はキリスト教思想の聖書解釈や神秘思想において先駆的役割を果たした人物である。したがって、彼の神秘思想もキリスト教のそれの源泉として検討の対象にしなければならない。

本稿では、以上に挙げた聖書、プラトン、フィロンおよびクレメンスにおける神秘思想の系譜をたどってみたい。

第一節　新約聖書

キリスト教神秘思想は、それが「キリスト教的」である限り「新約聖書」に溯る素材がなくてはならない。事実、伝統的にはヨハネとパウロの神学が、キリスト教神秘思想の起源と見なされている。[3]そこに見出される神秘思想は決して体系的なものではないが、この思想に触れる個々の言及を拾い上げてみると、そこには極めて教会論的、秘跡的な側面が強調されていることが分かる。つまり、神との合一は教会の中で経験され、洗礼と聖餐の秘跡を通して実現される、と考えられている。したがって、そこではパウロの神秘体験の報告を例外として、[4]純粋個人的体験なるものはテーマとはならず、もっぱら共同体的であり、キリストによる神との一致は、キリストへの信仰のうちにある兄弟姉妹との一致へと結びつく。その際、パウロは「与り」（コイノニア）、ヨハネは「留まり」（メネイン）という概念を各々重視して秘跡におけるキリストとの一致を強調する。聖餐はキリストの体と血への「与り」（一コリ一〇・一六参照）であり、そのなかで信徒はキリストの肉を食し、その血を飲むことを通してキリストのうちに、またキリストが信徒のうちに「留まる」（ヨハ六・五六参照）。そのような意味で聖餐は信徒とキリストとの合一のための基本的な意義を有するのである。

ところで、後のキリスト教神秘思想では、神を「見る」という概念、いわゆる「観想」が中心的役割を果たすようになる。これは、次に見るように、プラトンによる影響が決定的であるが、ヨハネやパウロも、この神を「見る」ことについて断片的ではあるが言及している。ヨハネでは、キリストの再臨のとき、人はキリストと似た者となるが、それは人が「御子をありのままに見る」からであるとされ、そのとき人は浄化されると説明されている（一ヨハ三・二－三参照）。ここでは「神を見ること」は終末的出来事として述べられているが、その際人は「御子に似た者となる」と言われている。ギリシア教父の言う「神化」である。この神を見ることと人間の神化の結びつきは、後のギリシア教父の神秘思想に受け継がれる。

パウロも人間の終末的変容と見神について語る。「わたしたちは皆、顔の覆いを除かれて、鏡のように主の栄光を映し出しながら、栄光から栄光へと、主と同じ姿に造りかえられていきます」（二コリ三・一八）。そのとき人は神を「顔と顔とを合わせて見ることになる」（一コリ一三・一二）。いずれにせよ、神との合一は秘跡論的文脈、神観想と神化は終末論的文脈において論じられているのが、新約聖書の神秘思想の特徴である。

なお、我々は、先に新約聖書後の「殉教の霊性」について主に使徒教父文書の中で検討したが、確かに方法的にはラディカルであるが、そこで求められる究極目的は、死および来世におけるキリストとの一致なのであるから、殉教の霊性は広い意味で神秘思想に含まれうる。[5] いわば、個人の終末における神秘思想と呼んでもよかろう。

第二節　プラトン

　プラトン自身が[6]、言葉の厳密な意味において「神秘家」であったかどうかは、よく議論されてきた[7]。しかし、フェステュジエールの研究以来[8]、神秘家としてプラトンを捉えるのが一般的である。ラウスも指摘しているように、「神秘思想」なるものは、プラトン哲学の単なる一要素なのではなく、むしろプラトンの世界理解の全体に浸透しているものである[9]。プラトンの哲学は、もちろん、キリスト教的な意味での「神」観念を持たないが、プラトンの考える「絶対者」との合一を目論むという点において構造的に神秘思想と言える。以下、このプラトンの哲学の営みやその目的について明らかにしたい。

① 真実在との合一知としての「観想」（テオリア）

　プラトンにとって、「哲学」の目的とは、真実で永遠かつ唯一の実在（「存在」「善」「美」あるいは「一者」といった言葉で表現されるもの）の知の獲得である。ここで言う「知」とは、単なる「～について知る」という純粋に知的客体的認識を指すのではなく、自らが知の対象と「合一」すること、言い換えれば、真実在の本性を「分有」するということによって成り立つものである。我々は、このことを「真実在との合一知」という言葉で表現したい。

　しかし、その合一知の対象たる真実在は生成流転するこの世にはないからして、そこではかかる知の獲得は不可能である。真実在はこの世ではなく、神の世界、聖なる領域たる「イデア界」という実相界に存する。そして、もともと人間の魂はこの世での存在以前、つまり前世ではこのイデア界に存し、魂とイデアとは「同族」（ギ syggeneia）であり、同じ本性を有していた。つまり、『ティマイオス』で主張されているように、魂は起源としてすでに神的本性を有しているのである。[10] しかし、魂はこの世にあって肉体の束縛を受け、真実在を「忘却」してしまった。だが、かつて有していた聖なる本性は保持されているがゆえに、もし何らかの方法でこの忘れていた前世の記憶を取り戻すならば、人間は再びかつての聖なる領域に戻ろうと願望する。つまり、実相との合一知を探求する魂の運動はある意味で「帰郷」への願望である。この帰郷の具体的実現が「観想」（テオリア）と呼ばれるものである。

「テオリア」とは、したがって単なる知性的理解ではなく、真の知の対象との合一あるいは分有である。それはある種の感覚、フェステュジエールの言う un sentiment de présence、何かが現存し、それに直に触れているという感覚である。[11] このように、魂はかつて前世にあって、真実在のテオリアを有していた。このかつてあったテオリアに再び立ち返るのがプラトンにおける哲学の目的である。究極的なものとの合一を目的とするプラトン哲学は、そういう意味で「神秘思想」なのである。

もちろん、この観想の回復は、本来、魂の肉体からの解放、つまり死によってしか実現できない。だから、哲学はいわば「死にきることの備え」[12] であり、本来死後にのみ可能な生を、この世で営もうとする試みに他ならない。だが、このような営みをわざわざ実践しなくとも、いずれ人間は死ぬのであるから、肉体を離れた魂は自動的に観想に帰郷するのではないか、という疑問が起こる。しかし、プラトンはそう考えない。やはり営みは必要である。「神々の一族に到るという定めは、知を追い求める営み（哲学）に徹し、一点のくもりもなしに清浄となってこの世を立ち去る者でなければ、かなうことではなく、それの定めはまさにひたすらな者にのみ許されたことなのである[13]」。

②観想に向かう営み

では、この営みとは、具体的には何から構成されるのであろうか。まず、第一の課題は、「覚醒」である。すなわち、人間は、今生きている現実世界を真実在と「思いこんでいる」ことに気づくことである。真実在は、本来魂が生前に属していたイデア界、実相界にしかないのだということへの覚醒、これが第一段階である。

次に来るのが「教育」（パイデイア）である。魂は五感で把握されるこの世界に縛られているがゆえに、真実在の方へ「向きを変える」ように教育されねばならない。魂がこの世から真実在へ向きを変えたならば、さらにそれに向かって上昇する必要がある。それはつまり、魂が感覚と肉体から離れることを意味する。この離脱が「浄化」と呼ばれる。現実には肉体からの分離は死を意味するが、生において死を体現すること、これが浄化である。

この浄化には「倫理的段階」と「知性的段階」がある。最初の浄化である倫理的段階とは、徳の実践である。それは正義、思慮、自制、勇気といった徳を実践することであり、こうして魂を肉体との結合の影響から浄化するのである。とりわけ、自制と勇気は、一切の欲望の根源たる魂の「欲望的部分」（ギ epithymētikon）と衝動や激情、とくに怒りの根源たる「激情的部分」（ギ thymikon）を制御するための徳として重要視される。

この倫理的段階より一層重要なものが、「知性」（ヌース）の浄化である。ここで「ヌース」について一言触れておこう。ヌースはプラトン以来、魂における「欲望的部分」と「激情的部分」の上位にある最高能力で、[14]「知性」あるいは「精神」と訳されているが、古代ギリシアそしてギリシア教父たちの理解においては、現代的意味における「知性」や「精神」とは違ったニュアンスを持っていた。それは単に「思う」「推量する」「思惟する」働きのみを指すのではない。それ以上の働きをも含む。それは真実の世界に実在するものをほとんど直観的に把握する能力でもある。ここでいう実在把握は、思惟の積み重ねを前提としながらも、それを超越した、実在への「直接的接触」、それへの「触れあい」、それとの「合一」を意味する。[15]つまり、ヌースこそ観想の主体であり、器官である。

プラトンにおけるヌースの浄化は、感覚対象を感覚から切り離して純粋な実在として取り扱うことに習熟する知性の訓練でもある。しかし、これは無味乾燥な抽象化ではなく、それを促すものは「愛」である。愛は、感覚対象から出発し、感覚から独立した、ただヌースのみが知覚できるものへと突き進む。物体的なものから霊的なものへ、多なるものから一なるものへと突き進む。これが知性の浄化である。

③ 観想（テオリア）

このような二つの浄化を経て、最終的に魂がたどり着くところ、これが観想である。そこで発見されるものを「本性驚嘆すべきある美[16]」とプラトンは表現しているが、それは美それ自体、ないし美のイデアの陶酔的直視に他ならない。このような美の究極的直視はしかも「突如として」起こる。[17]哲学探求の究極目標として究極の知は、問答法など通じて議論を重ねた末におのずから達せられるのではなく、「突如として、いわば飛び火によって点ぜられた燈火のように、魂のうちに生じる[18]」のである。

プラトン的霊性は、哲学者が自力で己を目標に向けて高めるという、いわば自力救済的な思想をなしているという点ではキリスト教とは対照的である。確かに、堕罪以後の人間にとって恩恵の不可欠性を説くキリスト教の考えとプラトンの思想との間には大きな距離が存する。しかし、両者には極めて類似する点があることも見過ごされてはならない。つまり、多くの学者が認めているように、プラトンの著作、とくに『饗宴』において、浄化のプロセスの終局に位置する超越的なゴールは「突如として」現れるということが主張されており、それはつまり、人間の努力のみではゴールに到達できないということを示すものである。観想は「人間が到達し発見するのではなく、魂にふりかかるもの、魂に開示されるものである[19]」。それは魂の能力の外にあって、与えられるものである。観想は人間能力の範囲外にあって、外からやって来るものであり、たとえそのための備えはできても、自らの手でそれを引き出すことはできない種類のものだということである。[20]この考えは、恩恵として与えられる観想という後のキリスト教的理解と一脈通じるものがあると言えよう。ただ、与えられる可能性の根拠が、魂の本性にあるという考え方は、後に触れるようにキリスト教と異なっている。

ところで、倫理的、知的努力という準備を通して与えられる直視の対象としての「美そのもの」ないし「善そのもの」あるいは「一者」と呼ばれる究極的実在は、後のキリスト教神秘主義と同様、言語を絶する存在であり、いかなる理解も言表をも超越するものであることを、プラトンは主張する。[21] これは、後のキリスト教神学の基底をなす考えであるが、ガーシュはギリシア哲学における不可知論的神観を二つに分類している。すなわち、それには「主観的」なものと「客観的」なものがあり、前者によれば、神ないし第一原理は人間の知覚様式や表現様式にとっては、不可知であり言表不可であると捉えるもの、後者によれば、神や第一原理は、人間の思考様式とは無関係に端的に否定論的に記述されるものである。[22] マッギンは、この区別を受け継いで、「主観的」な否定神論をさらに二つに細分化している。すなわち、神はすべての人間にとって、いかなる方法をもってしても不可知で言表不可であるとする絶対的な主観的否定神論と、人によって、時によって、あるいは知識のあり方によって必ずしも不可知で言表不可であるわけではないとする相対的な主観的否定神論の二つである。プラトンの否定神論は明確な形では展開されていないが、第一義的には、この相対的主観的否定神論に位置づけられる、とマッギンは考えている。[23]

つまり、絶対者は、たとえ言語と存在そのものを凌駕しているとはいえ、先に見たように、ある人に、ある状況で、「突如として」自己を啓示する、そのようなイメージで捉えられるものである。ラウスは、この「与えられる」究極的直視は、本来認識不可能なものを知ることであるから、魂は日常的な知の限界を突破した知の活動のうちにあるからして、意識的には、人は「忘我状態」にあるといっても差し支えないだろうと述べている。[24]

④神化

いずれにせよ、善そのもの、真実在としての絶対者は、魂の最高能力であるヌースに対して自己を開き示すが、先にも触れたように、魂にしてみれば、これは真実在との「直接的接触」として経験される。観想において「魂は真の実在に接し、これと交わる」[25]とプラトンははっきり述べている。しかも、これが可能なのは、先にも指摘しておいたように、人間の魂が、いや厳密には、魂の最高能力としてのヌースが、起源として本来神的本性を有しているという前提に存する。

ここには、紀元前五世紀に生きたエンペドクレスに溯る「類似のものは類似のものによって知られる」[26]という公理が基盤をなしており、事実、プラトンもこれに言及している。[27]つまり、魂は起源において神的であるからして、神的なものとの接触が可能なのである。そして、さらに重要なことは、真実在との接触により、魂は「神に似たもの」となるとプラトンは考えていることである。真実在への接触はプロセスとして、この世的なものからの離脱を経るのであるが、プラトンは実際「『世を逃れる』というのは、できるだけ神に似るということなのです（ギ homoios theō kata to dynaton）[28]」とはっきり述べている。この「神に似たものとなる」こと、言い換えれば「神との類似性」を獲得することが、プラトンにおける「神化」（ラ divinisatio, ギ theōsis）である。

プラトンにとって、哲学の究極目的は真・善・美の極致である「神との類似性」に到達することであった。[29]そして、「神との類似性」は人間本性に固有の静止的素質にあるのではなく、その自己実現を力動的に方向づけるような目標であり、正しさや敬虔という価値を追求することによって人間はその目標に近づく。他方、「神との類似性」はいわば外部から人間の自己実現の前方に置かれた倫理的目標にとどまるものでもない。それはむしろ人間の渇望を内部から呼び起こす存在論的な規範（ギ eidos）であって、人間はいつもすでに神聖なるものを「知っている」がゆえに、それに類似したものになろうとする願望を宿しているのである。なぜなら、魂は本来真実在の世界、イデア界、この世を超越した神的領域に属していたものであるからである。そして、観想において、魂はこの世界の住民たるイデアとの同族性を再び自覚するに至る。したがって、「神化」は、プラトンの場合、本来魂に備わっていた神性を再び回復することを意味するのであるから、それは「内的な神性を再活性化させること、恐らくはむしろそれを徹底化させること」[30]に他ならない。

ところで、神化には「不死性」（ギ aphtharsia）の理念が密接に結びついている。すなわち神は不死であり、人がますます神に類似したものになるのであれば、神的原型がますます人間のうちに具象化されることを意味し、人間が不死性という神的要素を共有することにもなる。[31]こうした考えはとりわけギリシア教父神学にきわめて大きな影響を及ぼすことになった。[32]確かに、プラトンの説く神化説は、とくに魂が本性的に神的であって、非神的なものが単に神化されるという意味ではないという点で、後のキリスト教神秘思想とは異なるが、「神化がプラトンの哲学的営みの究極点であるという事実は、プラトン的観想の理想の諸相が、キリスト教神秘思想に役立つよう適応させられ、調整させられるのを促進させた」[33]のも事実である。

第三節　アレクサンドレイアのフィロン

フィロン[34]はアレクサンドレイアのユダヤ人思想家であり、ユダヤ教の真理を、知的に洗練されたヘレニズム・ユダヤ人に示すために、ギリシア哲学を用いたので、いわばヘブライ思想とギリシア思想の折衷的思想体系を構築した。彼は、モーセ五書を「比喩的」に解釈する際に、感性界と英知界というプラトンの二元論を採用したり、またストアのロゴス概念を用いて絶対超越者としての神と世界や人間との関わりを考えている。旧約聖書の比喩的解釈とヘブライ思想とギリシア哲学の総合という点で、またギリシア哲学の真理を聖書の真理の予備的段階と考える点で、後のアレクサンドレイア派に大きな影響を残した。

プラトンと同様に、フィロンは「神秘家」と呼べるか否かで議論が分かれているが、今日では一般に、このユダヤ人哲学者は後期ヘレニズム世界に流行していた「中期プラトン主義」の神秘思想の代表的人物として理解されている[35]。フィロンの重要性は、神的な第一原理の超越性をますます強調するようになった中期プラトン主義の観想概念と、聖書およびユダヤ教徒としての実践と掟に基づく信仰を合併調和させたことにある。この両伝承の和解は、聖書のより深い普遍的な意味を探求することによるばかりではなく、プラトン的観想理解をより人格化されたものに変容させることでもって成し遂げられた。

① 神の本質と力の区別

フィロンの神は言うまでもなく「聖書の神」である。そして、聖書の神は創造神であり、かつご自身を「啓示する神」である。この神は「超越者」ないし「一者」といった当時の神概念に類似してはいるが、決して哲学的原理としての神ではない。とりわけ、哲学者の神と決定的に異なる点とは、聖書の神の絶対的な「不可知性」である。すなわち神は「ご自身としては」決して知りえない方である。創造神と被造物との間には人間側からは突破できない断絶がある。フィロンは言う。「第一原因について、それは非身体的であるとか身体的であるとか、あるいは、それは質量的だとか非質量的であるなどと誰が断言できようか。あるいは、彼の本質や性質や状態や動きについて誰が確固としたことを語れようか[36]」。

プラトンの神概念においては、神は究極の真実在である限りで「神的なもの」であり、人間の魂は本来この神的なものと「同族」であったという点で、同じ本性を有していた。つまり、神と人間とは本性上の断絶はない。したがって、神認識に到る観想は、人間の本来の本性への立ち返りとして、人間自身からのアプローチが原則的に可能である。しかし、フィロンが考える神は、あくまで人間を質的に超越する存在である。神が本質においていかなるものなのかは人間にとって解明不可能である。このような神本質の知解不可能性は後にギリシア教父の「否定神学」（ラ theologia negativa）の根本主張として根づくことなるが、この思想を明確に表明した最初の人物はユダヤ教神学者フィロンである。したがって彼が「否定神学の父」と呼ばれることは妥当である[37]。

しかしながら、その知解不可能な神は同時に「啓示する神」でもある。つまり、人間は神を知りうる。一方で、神は不可知であると言いながら、他方で知りうるという矛盾するこの議論は、神における「本質」（ウーシア）と「力」（デュナメイス＝dymanisの複数形）の区別によって解決される。フィロンはしばしば『出エジプト記』において「私は有る」（出三・一四）と啓示された神と、そのもろもろの「力」とを区別しており、神は「有るもの」（ギho ōn）として、つまり「本質」としては知りえないが、「力」によって神を知ることができる、と考えている。この「力」によって神は人間と関わる。神が「力」を通して人間と関わる限りにおいてのみ、人間は神を知りうるのである。換言するならば、人間の神への知の可能性は人間にではなく神の啓示、神からの「関わりかけ」にあるのであり、神認識のイニシアティヴは神にのみ存する。つまり、神の知はすべて「恩恵」に由来する。この点において、フィロンはプラトンと一線を画す。プラトンにおいて、神へ到る可能性は人間の本性自身のうちに見いだされるからである。そして、フィロンに見られる神の本質と力の区別は、後のギリシア教父の、そして、東方神秘思想に通底する神の「本質」と「働き」（ギenergeia）の区別の先駆けとなった。

②仲介者としての「ロゴス」

ところで、フィロンにおいては神の力はしばしば「ロゴス」と結びつけられて考えられている。このロゴスの概念はストアに由来するもので、ストアにおいてはロゴスとは万物の根底にあって万物を形作る「理法」ないし宇宙万物を統制し、秩序づけるある種の存在者であると考えられているが、フィロンはストアのようにロゴスが単に万物に内在する原理とは捉えず、超越神と被造界との媒介者と捉え、したがって、超越的側面と内在的側面の双方を併せ持つものと再解釈した[38]。フィロンがストアのロゴス論を採用した理由は、超越の神と物質世界とは絶対的断絶があるにもかかわらず、いかに神が世界に力を及ぼしうるのかというその根拠を理論的に説明するためであった。つまり、両者の隔たりを媒介する中間物としてのロゴスがあるからだということである。このロゴスは神自身ではなく、その働きを指す。しばしば「第二の神」（ギ deuteros theos）、「神の映像」あるいは「神のことば」あるいはまた「神の子」とも呼ばれているが[39]、いずれにせよ、神の様々な力のうちの最上位に位置するものであることには変わりない。なぜなら、神の最高の力は創造し、支配する力であり、ロゴスは事実「創造する力」（ギ poietikē dynamis）および「支配する力」（ギ basilikē dynamis）としての役割を果たすことで、神自身を啓示しているからである[40]。そして、この創造は『創世記』第一章にあるように「語る者」（ギ ho legōn）としての神がなさる業である。ロゴスを「語る者」の力の表現として捉える考え方はギリシア哲学には見られないフィロン独自の解釈である[41]。いずれにせよ、ロゴスの媒介によって、神は世界を創造し、同時に世界にご自身を啓示する。この啓示の具体的現れが「聖書」である。神の自己啓示は人間にとって可感的なものでなければならない。この可感的なものとなった自己啓示とは具体的には聖書であるから、フィロンにとって聖書の重要性は計り知れないものとなる。彼の全著作が聖書の解釈で占められているのもこのような理由による。

③ロゴスの映像としての人間の「知性」

フィロンによれば、仲介者としてのロゴスは、人間の創造に際して特別な役割を果たす。フィロンは『創世記』一章二六－二七節の記事について、『世界の始源について』という著作の中で、以下のような解釈を展開している。

「他のすべてのものの後で、……人間は神の映像にしたがって、また（神との）類似性にしたがって造られた、と（モーセは）言う。それは適切である。なぜなら、人間よりも神に似ている被造物はないからである。この相似を体の面で考えていただきたい。というのは、神は人間の姿を持ってはいないし、また人間の体も神的要素を帯びてはいないからである。この映像という表現が言わんとしていることは、魂の指導原理としての知性についてである。それというのも、唯一のロゴスの映像にかたどって、原型に近似的にではあるが、知性が各自に造られているのだ。それは、それを所有し、その映像を自己のうちに保つ者にとっては、ある意味で神的なものと言える。なぜなら、偉大な指導者たるロゴスが宇宙万物の中で持つのと同じ役割を人間の知性は人間の内に持っているからである。自らは不可視的であるが、すべてを見ており、また、自ら不可知的な存在でありながら、他のものの全存在を把握するのである」[42]

フィロンはこの中で、とくに「神の映像にしたがって」という表現に関心を示している。彼は、神の「映像」（ギ eikôn）とは人間の「体」（ギ sōma）にではなく、プラトンの魂論にしたがって、その「魂」（ギ psychē）に内在する「指導原理としての知性」（ギ hegemonē nous）にあると考えた[43]。さらに、「にしたがって」（ギ kata）という限定的な表現が示唆しているように、人間の「指導原理としての知性」は神の直接な映像ではなく、「ロゴス」の映像である。それゆえ、このロゴスは人間理性の「原型」と考えるべきである。ただし、知性は自己の原型に部分的にのみ合体するとはいえ、それは神自身の存在領域に由来するものであるから、フィロンの言うように「ある意味で神的なもの」と言える。だが、これはプラトンのように、知性が起源としてすでに神性を有していたという考えとはまったく異なる。プラトンでは、知性は本性的、直接的に神的であるのに対し、フィロンの場合は、知性はあくまで無から創造されたものであり、しかも神性そのものは魂のうちに吹き込まれたわけではなく、ロゴスの神性に、その映像として造られた限りで参与しているのである[44]。

④ 堕落と観想への上昇

しかし、人祖アダムの堕罪により、この魂の秩序が乱されてしまった。『創世記』に描かれたエデンの園で繰り広げられる堕罪物語（創二・一―二四参照）は、フィロンにとってただの神話の寄せ集めなのではなく、「思想を目に見えるようにさせるタイプであり、それは我々に比喩的解釈をとるよう指示するものである。比喩的解釈とは、我々の表現形態の中にある表層の下に存するものの解釈である」[45]。そこで、フィロンは堕罪物語を文字どおりの意味から、人間の内部に生起する葛藤と堕落についての時空を超えた普遍的メッセージとして比喩的に解釈する。そこでは、エヴァは「感覚」（ギ aisthēsis）に、ヘビは感覚的享楽を象徴するものとして描かれ、後者が前者を誘惑して、人間の「指導原理としての知性」を天的リアリティーからこの世の事物へと引き摺り降ろすプロセスとして解釈されたのである[46]。

フィロンにとって、堕罪物語が、地上の人間の魂について、その秩序が狂わされ、ロゴスの映像としての自己本来の真のあり方を忘れてしまうというプロセスを描くものであるとするならば、モーセ五書の他の書物に展開されるアブラハムやモーセといった父祖たちの物語は、そのような魂が自己の本来のあり方を再び取り戻す過程、しかも神秘的観想という道筋を通ってそれが成就されるという思想を教えるものとして解釈される[47]。プラトンと同様に、フィロンは「観想」、すなわち神を見ることないし「真に存在する方の知」（ギ epistēmē tou ontōs）[48]を人間の至福と考えている[49]。「なぜなら、幸福の始めも終わりも神を見ることができるということだからである[50]」とフィロンは言う。

では、観想に至るために、人は何をすればよいか。ラウスは、フィロンにおいては神観想に至るために三つの段階、すなわち「宗教への回心」、「自己認識」および「ロゴスの探求」が提唱されているとして、次のように説明している[51]。第一の「宗教への回心」とは、この世界が創造されたものであり、そこを超えたところに創造者なる神がおられるということを知る段階である。この背景には、当時の宇宙信仰が横たわっている。ヘレニズム世界に支配的であった教養人は天体そのものが人事も神事も支配するという占星術的信仰に慣れ親しんでいたが、フィロンはこれを拒否し、宇宙を超えた創造者へと心を向け変えることを要請しているのである。

これを経た後、人は第二の「自己認識」に入らねばならない。つまり、自己の魂が自己自身を知る段階であるが、この知の達成のためには、プラトンと同様禁欲生活や倫理生活を通しての「浄化」が要請される。なぜなら、魂が肉体の影響に支配されているうちは真の自己認識はありえないが、この支配から独立し、逆に肉体に対する魂の主権を認めるときに、真の自己認識が現出するとフィロンは考えているからである。しかしながら、ここで言う自己認識は、決してプラトンのように自己の本性が神的な本性であることに目覚めることではない。魂は本質的に神的な存在であるがゆえに、神の領域にあった原初状態に帰郷するというような願望がそこで生じるというようなものではない。フィロンにおける自己認識とは、第一の「宗教への回心」、すなわち万物は神から創造されたという認識の延長上にあり、すなわち、己の魂も創造されたものであるという認識である。これは逆にいえば魂はそれ自体としては何ものでもないという認識であり、フィロンはこれを「絶望」という言葉で表現する。[52]フィロンにとって魂はそれ自体として無に等しいのであるから、プラトンのように魂の自然的能力で、つまり独力で神認識に至ることは不可能である。しかし、フィロンは言う。「造り主は、独力で創造者を見るにふさわしいいかなる魂をも肉体に備えなかった。だが造り主は、もし被造物が制作者の観念を捉えるとするなら」、それは神が人間に「ご自身の型を刻印した」からだと言う。[53]つまり、魂が神を思い描くことができるのは、神から神自身のものを分与されたからである。つまり、フィロンはこのような霊的能力を、自然的なものではなく、神から与えられたもの、すなわち純粋に恩恵の事柄に属すると考えているのである。

真の自己認識を経ると、魂はいよいよ神ご自身を観たいという願望が生ずる。しかし、そのために有効な手段として「ロゴスの探求」がある。これは、神の働きのうちで最上のものである「ロゴス」を瞑想することを指す。フィロンにとってロゴスとは神の自己啓示そのものを指すのであるが、先に指摘したように、この神の自己啓示は「聖書」というかたちで人間に可感的なものとった。ロゴスの探求とは、したがって聖書の言葉に示されたロゴスに耳を傾け、瞑想することで、この神の言葉（ロゴス）に養われることを言う。こうした意味で、ロゴスは「魂の食物」と呼ばれる。[54]神のロゴス（言葉・聖書）の瞑想は、神認識への途上で魂に与えられる糧なのである。このように、神の自己啓示としてのロゴスの理解を神探求の中心に据えるというやり方は、当時の哲学的環境にはないまったく新しい方法であるが、後のキリスト教教父たちによって取り入れられることになった。

⑤神探求のプロセス中心主義的神秘思想

それでは、こうしたロゴス探求を通して、人間は究極的な観想、神との合一に至るのであろうか。これについて、次の点に留意すべきであろう。すなわち、フィロンは「忘我状態」（エクスタシス）の役割をプラトンよりはるかに強調していることである。「エクスタシス」とは文字どおり「（自己の）外側に立つ」ことを意味するが、これはプラトンでは真実在との合一が実現したときのある種の陶酔であることを先に指摘しておいた。しかし、フィロンはこの境地を観想ないし合一の達成のしるしとして捉えているのであろうか。答えは否である。フィロンは、エクスタシスを様々な意味合いで用いているが[55]、観想との関連で述べられる場合、この術語は決して観想状態そのものに付随する現象としてではなく、観想へ「向かう途中」の人間の神への熱情的心理状態を指すもので、しばしば「エロース」、すなわち激しい憧憬を伴なったものとして理解されている。典型的な例は以下の通りである。

「あなたは、あなた自身より逃れ、自らの外に立たねばならない。神懸かりの者、キュベレ祭の熱狂に捉えられたコリュバント僧たち（キュベレ祭を司る者たち）、何らかの預言者的霊感に我を忘れてしまった者のように。なぜなら、神的なものに満たされ、もはや自己の内に止まることなく、天上的な憧憬によって掻き立てられて、狂気となった知性は、真に有る者（神）に導かれ、それに向かって引き上げられるからである[56]」

これで分かるとおり、「自らの外に立つこと」（エクスタシス）は「憧憬」（エロース）と共に、神へ到達したいとの激しい思いに自らを完全に委ねる知性の状態を指しているのであって、決して到達した状態を言うのではない。

フィロンはさらに「醒めた酩酊」（ギ nephalios mēthē）というパラドクシカルな表現を用いている。フィロンのこの概念は、後にキリスト教神秘思想に取り入れられるようになった。しかし、この言葉もエクスタシスと同様に、神に向かって上昇する過程で精神が自己の外側へと引き出される状態を指すものである[57]。そうすると、エクスタシスもエロースも、さらに「醒めた酩酊」も上昇過程におけるいわば推進力だとするならば、その到達地点である観想ないし究極的神認識は人間にとって可能なものなのだろうか。これについての彼の明確な立場の表明は以下の通りである。

「精神よ、もし汝が神を求めるなら、汝はおのれの外に出て求めなければならない。汝は、肉の塊りや精神の間に留まるなら、たとえ神を探求しているかのごとく装っても、神を探求してはいないのだ。しかし、探求の結果神を見いだすかどうかは、定かではない。神は多くの者にご自身をあらわしたまわず、彼らの探求は実を結ばなかったからである。だが、善きものを所有するには、ただ探求しさえすればよい。麗しいものの欲求は、たとえ終局に至らずとも、それを慕い求める者を悦ばせるのだからである[58]」

ここで、語られていることは明らかである。つまり、神探求が成功する保証はないということである。人間は「おのれの外に出て求めなければならない」、つまり肉体的なものからの離脱、浄化が必要だが、それはあくまで備えでしかない。すべては神次第である。しかし、フィロンは断言する。たとえ成功せずともよい。なぜなら、神への探求それ自体が十分な満足を与えるからである。探求それ自体が素晴らしいものであり、神探求を続けることこそが重要だと言う。人は、神探求の結果として「神をご自身として捉えることは何人にも不可能であるということの認識と、神は見られないということの観想[59]」。つまり、行き着くところは神の不可知性の認識であり、ある意味で、神探求には終わりがないということであるが、たとえ終わりがなくとも、ひたすら神を探求し続けるならば「それ自体で悦びの前味たるに十分である[60]」とフィロンは考えるのである。

結論からすると、神の最高の力であり、超越界と内在界の媒介たるロゴスによって神に近づきうるとしても、神自身との合一ないし、プラトンに見られる合一知は不可能だということである。なぜなら、神は絶対的に被造界とは隔絶しているというフィロンの根本主張が堅持されているからである。このような「合一なき神探求」はしばしば「机上の神秘思想」（独 Schreibtischmystik）と称されるが[61]、確かなことは、フィロンの眼目は、神の合一知は不可能であるにもかかわらず、なおその神への愛、神を知りたいという情熱の中に自らをゆだね、生涯を神探求に捧げ続けるそのプロセスそのものにあるということである。つまり、フィロンの思想は「神探求のプロセス中心主義的神秘思想」と呼ぶことができよう。

第四節　アレクサンドレイアのクレメンス

クレメンスは一五〇年頃アテネにおいて異教の家庭に生まれ、ギリシア哲学など世俗の学問を習った後、キリスト教思想に触れ、同教に改宗。その後アレクサンドレイアに赴いて、当地のキリスト教学校の校長パンタイノス（不詳 ‐ 一九〇）のもとに学び、やがて、同校の校長職を引き継いだが、セプティミウス・セウェールス帝の迫害により校長職を剝奪され、アンティオケイアに赴いて、二一五年頃没した。

クレメンスはキリスト教の教えをギリシア哲学のシステムの中で表現しなおした最初の神学者である。それは、一つには、当時の教養人に対して、キリスト教の教えがギリシア哲学にひけをとらないものであることを納得させようとする護教的関心事、他方では、哲学を濫用してキリスト教を間違った方向に導く「グノーシス主義」とはっきり区別させる反異端的動機に由来する不可避の手続きであった。したがって、彼の霊性神学もまた、大幅にギリシア哲学に根ざして展開する。

クレメンスは「キリスト教神秘思想の創設者[62]」とまで呼ばれることもあるが、確かに、彼は「観想」、「神化」、「合一」などいった本来プラトンの神秘思想に由来する概念をキリスト教に導入し、それを聖書の啓示に基づいて再解釈してキリスト教化させ、キリスト教神秘思想のキーワードとさせるのに貢献した最初のキリスト教著作家であり、また「神秘的な」という形容詞（ギ mystikos）あるいはその副詞形をキリスト教著作に導入した最初の人物でもあった[63]。クレメンスは、表現こそギリシア哲学の用語をふんだんに使用しているが、そこに意図されている自己の主要な概念の基礎は聖書に見出されるとしている。

さらに、どれほどプラトン的神秘哲学に近いとはいえ、彼の思想は、同じプラトン主義から影響されているグノーシス主義とは決定的に異なる。すなわち、彼はグノーシス主義のように、魂は本性的に神的であるという発想や「知識」（グノーシス）がいかに重要であっても、それが救いのための唯一の前提であるという主張を明確に拒否しているのである。これは、同時代の穏健なグノーシス主義者ヴァレンティノス（一〇〇頃－不詳）の考えに言及するクレメンスの次の言葉に表明されている。

「選ばれた種子がロゴスによって点火された火花であり、瞳孔であり、一粒のからし種とパン種であり、分割されたように見える種々のものどもを信仰において結び合わせるものであることを、我々は認める。しかし、ヴァレンティノスの追随者は、次のように主張している。すなわち、動物的身体が形作られたとき、男の種はロゴスによって、魂のなかに、それが眠っている間に植え付けられた。……だから、救い主が到来したとき、彼は魂を目覚めさせ、火花を点火させた。……そして復活後、使徒たちに聖霊を吹きかけることによって、彼はほこりを灰のように吹き飛ばして払いのけ、火花を点火させ、命を与えた、と[64]」

クレメンスもグノーシス主義者も魂という内的現実について同じ用語を使いながら、その理解の仕方は異なっている。グノーシス主義者は魂の中に本来的に神的な性格が植え付けられたが、肉を取ることにより忘れ去られ、復活のときに再度その神性が発揮されるようになると考えた。しかし、クレメンスによれば「種子」はすべての魂に現存する「神化」のための「可能性」を表現するものであり、その神化が現実となるのは、キリスト教共同体への参与を通して、魂が「信仰において一致する」（ギ henopoiousa eis pistin）ときであるとされる[65]。つまり、クレメンスにとって、救いは教会や秘跡の伝統抜きにはありえないのである。したがって、この考え方が先に見た新約聖書の神秘思想を基盤にしていることは言うまでもない。

クレメンスにとって、キリスト者の完全性とは「善の知識と神との類似性[66]」にあった。「神との類似性」は、聖書からの発想（創一・二六参照）を既述したプラトンの思想と結びつけたものであるが、最高善としての神の「知識」（ギ gnōsis）をもキリスト者の理想と結びつけているところから、クレメンスにとっての完全なキリスト者は「真の覚知者」（ギ gnōstikos）」と呼ばれる[68]。この「覚知者」という概念こそ、クレメンスの神秘思想の基底をなしている。以下、この真の覚知者の資質について概観したい。

① 知識（グノーシス）

「真の覚知者」の「知識」（グノーシス）の特性は、クレメンスによって様々に提示されている。それは「理に適ったすべての行動原理[69]」であり、「魂の指導原理（ヘゲモニコン）を浄化する力[70]」であると定義されている。さらにクレメンスは「私の見解によれば、覚知者の生活は主の伝統に合致する働きと言葉である[71]」と述べている。ここで、明らかなように、覚知者の「グノーシス」とは何らかの学的知識ではなく、行動や心を律するものとして、どちらかといえば「智恵」と訳した方がよい意味内容を持っている。

「知識」は、しかし、さらに「聖書の知識」を指し、「知識の恵みは子を通して神から来る」[72]とクレメンスが語っているように、それは魂の本性的に神的な核なのではなく、純粋神の賜物、とりわけキリストによる賜物であり、[73]「知識」のキリスト中心主義が強調されている。賜物としての聖書の知識について、より具体的に言うならば、キリスト自身が聖書を我々の中で読み、そして、キリスト自身の言葉でそれを解明することによって、我々に知識を与えるのだ、とクレメンスは説明している。[74]

さらに「信仰のない知識もなければ、知識のない信仰もない」[75]と、クレメンスが語るように、知識と「信仰」は決して切り離されては存立しない。ここでいう「信仰」とは「主がその現存と預言者の両方を通して我々に教えたもの」、すなわち「確実な知識、神的現実と人間的現実に関する確かで強固な知識、現在・過去・未来に対する理解」[76]の受容を意味している。まさにこの信仰が知識の基礎となっている。[77]

アレクサンドレイアのクレメンス

一方、クレメンスは知識と密接に関わるものとして「愛」（ギ agapē）の重要性を強調する。だが、知識と信仰の関係は明白であるとしても、「愛」との関係についてはそうではない。というのは、ある場合には「愛」の方が知識よりもより高次に位置しているように述べられるが、[78]多くの場合は、愛は知識において完成する、[79]あるいは逆に、知識は愛においてその完成に至るというように、[80]両者は相互に依存する関係として考えられている。クレメンスは、この知識とアガペーとの関係の問題について『ストロマテイス』のある箇所で集中的に議論しており、[81]確かにそこでも十分な解決には至っていないが、彼の問題提起は、後のキリスト教神秘思想で扱われる「理性」と「信仰」との相互関係および「知識」と「愛」との相互関係をどう考えるかという重要なテーマの先駆けとなった。

ところで、クレメンスの知識論には一点に関して解釈の問題を引き起こしている。それは、クレメンスが知識を「秘教的」なものとして理解しているのをほのめかすようなテキストが散見されるという点である。[82] その最も明確な箇所は次の通りである。「知識は、使徒以来、書かれた物によってではなく、師たちの継承によって、少数者に伝えられてきた」[83]。このような発言は、たとえばルブルトン[84]やカムロ[85]によれば、ヴァレンティノスなどの異端的グノーシス主義者たちに見られる秘儀的伝統と同様な意味で、クレメンスが「知識」を教会の一般的伝統に対立する秘教的な伝統として捉えていることの証拠だとされる。しかし、ブイエは、バルディ[86]やフェルカー[87]に従い、言葉の厳密な意味において秘教的な意味合いはないと論じて、前記テキストは「信仰を真剣に深めるために、いかなるときにも教会の欠けることのない師たちの指導を受けようとする人たちは、キリスト教徒といえども少ないということ[88]」以上のことは何も言っていないとしている。ともあれ、クレメンスがいう覚知者の「知識」が教会の伝統とは異なるものだということは決してありえず、また実際、「知識」を教えるにしても学ぶにしても、それにふさわしい有能なキリスト者はそう多くはないであろうが、そのような知識を受けるに足らない多くのキリスト者も、それぞれ固有の仕方で、キリストの救いに与ることをクレメンスはしっかりと認めているである[89]。

②観想（テオリア）

真の覚知者とは、クレメンスによれば「神を見ること」すなわち「観想」（テオリア）に達した者である。彼は『ストロマテイス』の第一巻で、「思うに、現世で掟にしたがって生きることの目的は、観想（テオリア）である」[90]と言明しているが、ここで「テオリア」の語源について、一言触れておこう。

一般に「観想」と訳される「テオリア」の動詞形 theōrein は元来、「見ること」を意味する thea という語とやはり同じく「見る」を意味する horaō が結びついたもので、つまり、「見る」という動作を表す言葉の強意形であり、一般には「見る」「眺める」あるいは何かを「見に行く」という意味以外に、それが内的知的領域にも拡大されて、「熟考する」「黙想する」「哲学する」という意味でも使用された。一方、紀元一、二世紀頃の偽プルタルコスにはもう一つ別の、しかし誤った語源説が見られる。すなわち、テオリアとは theos と horaō、すなわち「神」と「見る」が結び合わさったものという説である。[91] ところがキリスト教にこの概念が導入されたときには、この間違った語源説が一般に受け入れられていたため、テオリアという語はキリスト教的世界では単に「見る」とか「熟考する」というのでなく、神ないし神的なものを見る、というふうにその見られる対象がほとんど神に限定されるときに使われる語となった。[92] そして、まさにこのような意味での「テオリア」概念をキリスト教にもたらしたのが、クレメンスその人であった。

なお、『ストロマテイス』第七巻三章で、この概念に関して、クレメンスは次のように述べている。すなわち、覚知者の魂は「より高い領域へと絶えず運動し続け、ついに神を見るに至る。それは鏡の中の、あるいは鏡を介する見神ではなく、（魂は）愛の心で、決して飽きることも絶えることもない光景を永遠に享受する。……これは心の清さが知覚することのできる観想（ギ kataleptikē theōria）である」[93]。ここで語られる「観想」は明らかに、天における「至福直観」（ラ visio beatifica）を意味しているが、他のテクストでは、このような見神はすでに地上において始まっていることが主張されている。

われわれにとって問題なのは、この地上において可能な「観想」である。ここで、まず注目すべきことは、「知識」と「観想」との関係である。クレメンスは、ある場合は観想はグノーシスの実りないし目的と見なしているが、[94] 一方では、クレメンスが「神を知ること、それは秘義伝授的な最も偉大な観想である」[95] と述べているように、グノーシスとテオリアはほとんど同義的に扱われている。要するに、クレメンスにおいては、グノーシスとテオリアの関係には優劣や前後関係について明確な判断が下されていないのである。換言すれば、クレメンスにおいては、神の「知識」は神の「観想」と同じ事態を意味するものである。もちろん、「観ること」（ギ theōrein）と「知識すること」（ギ gnōnai）とはまったく同義であるわけではない。前者はより哲学的であるが、後者はより宗教的で、かつ前者よりも意味が包括的である。[96] しかしながら、クレメンスにおいては「神を見る」ことと「神を知る」という表現は、その微妙なニュアンスの違いは別としても、どちらも地上の生において実現される神との最も親密な交わり、全人格的体験的把握という意味においては同じ現実を指すものとして、互換性を持つ。

この神の観想へと導く道を、クレメンスは「神秘の道程」（ギ tas prokopas tas mystikas）と呼んでいるが[97]、この道程は、さらに魂の「不動心」へ至る道として、また「神化」の恩恵として特徴づけられている。「覚知者」について、クレメンスは以下のようにまとめている。

「単純な信徒は指摘した点のあるものかあるいは他のものについて成功するかも知れないが、覚えておくべきことは、彼は覚知者のようにそれら全部を行うことは、たとえ完全なる学知（ギ epistēmē）をもってしてもできないということだ。さらに、我々の覚知者の不動心（ギ apatheia）についてだが、――もしこういう用語を使用することが許されるならば――それによれば、信徒が完全性に向かって前進するのは愛（ギ agapē）を通じてであり、ついに完全なる人間に至る。彼はその背丈に応じて、神に似た者とさせられ（ギ exomoioumenē theō）、真に天使らに等しいものとなってしまうのである。そのような意味での不動心について、聖書からの多くの証拠を私は見出している[98]」

ここには、覚知者が「愛」における前進の果てに「不動心」（アパテイア）に到達し、「神に似た者」へと変容させられる、つまり「神化」されると主張されている。この「不動心」と「神化」はどう考えられているのだろうか。

③不動心（アパテイア）と愛（アガペー）

クレメンスはこの概念をストアの倫理学から受け入れた。「アパテイア」[99]とは、本来あらゆる種類の気持的・心情的運動が存しない状態を言うが、このような魂の状態は古代ギリシア哲学においては一般的に望ましいあり方として捉えられており、とりわけアパテイアが哲学史上、理想的人間のあり方を表現するものとして不動の地位を得るのはストア哲学以来である。ただし、ストアにおいてアパテイアは、感情や衝動の欠如を意味するのではなく、人間としての行動に害を及ぼす無分別な「情念」（ギ pathē）から自由になった状態を言う。このような状態はストアにおいては、「賢者」の追い求める「幸福」と結びき、その幸福の本質的基盤をなす。

この思想は後にキリスト教世界に受け継がれたのであるが、その導入者がクレメンスなのであった。彼は「覚知者」のモデルをストアの「賢者」に見いだし、その特性であるアパテイアに注目したのである[100]。このアパテイアの境地に達するために人はどうすべきか。これがすなわち禁欲の存在目的である。アパテイアはただ、絶えず繰り返される行、すなわち情念の抑制のためのあらゆる心身的修行によってのみ達成されるのである。禁欲、苦行の課題は、人間のなかに本来的調和を取り戻すこと、魂の下位に属するあらゆる欲情を知性に従わせ、決してその逆の状態にもたらさないようにすることである[101]。

しかし、禁欲的生活の末に達せられたアパテイアの境地は、一点に関してストアとは一線を画す。すなわち、同時代のストア哲学者、たとえば皇帝マルクス・アウレリウス（在位一六一―一八〇）は、アパテイアを共同体への奉仕とは相容れないものとして捉えていたのに対し、クレメンスは、アパテイアにキリストの模倣という意味づけを与えることで、奉仕の精神を不可欠のものとして強調した。すなわち、彼は、キリストとその復活後には弟子たちをも、奉仕と愛から決して放免されず、情念に邪魔されることなく他者に対してこの愛を実践することのできる覚知者のモデルと見なした[102]。

したがって、アパテイアと「愛」は決して切り離されてはいない。クレメンスによれば、愛はキリスト教的徳そのものであり[103]、愛の完成は神との一致である[104]。つまり、愛は完全なる平和を「覚知者」に与え、知識の最高峰に向かって前進させるものである。クレメンスは、覚知者は純粋に愛にのみに促されて行為するのだということを、再三繰り返して述べる[105]。さらに、神への愛は隣人への愛にも敷衍される[106]。すべてのキリスト者は同じみことばから再生した者であるがゆえに、互いを「兄弟」と呼ぶ。愛は人間の自然の傾きにではなく、神の掟に向けられている。覚知者が神の望みを果たすなかで求めているものは、隣人をよい方へと仕向け、おのれが享受しているより高価な宝に参与せしめることである。覚知者は、他者に仕えるとき、それは同時におのれの救いになるということを確信する。

クレメンスは、ある箇所で「殉教」について論じているが、そこでは、殉教者を完全なキリスト者と見なしつつ、しかし「殉教」を文字どおりのそれと覚知者としての殉教とに分類している[107]。後者は、実際の死ではなく「完全な愛の業」によって実現されるもので[108]、具体的には神に全面的に己を捧げ、殉教者と同じく神に近い者であり、他者のために神に取り次ぐことのできる能力を持つ者と考えられた[109]。

④ 神化

クレメンスは「覚知者が、観想の目的地に達するのは、掟の遵守のうちに、ヌースの活動を通してである。……彼はついに聖なる報酬としての変容（ギ metathēsis）を先取り的に受け取るのである[110]」。ここで、観想に達した覚知者は「変容を先取り的に受け取る」と発言している。つまり、人間は、聖書に約束されている終末における「神化」をすでにこの世において享受すると考えているのである。

クレメンスは人間の完全性を表現するものとして「神化」という概念を自己の思索の中心テーマとして扱っ

た最初のキリスト教著述家でもあった。ヨハネによる福音書は「救いの営み」について次のようにまとめている。「父のふところにいる独り子」（ヨハ一・一八）を「受け入れた人、その名を信じる人々には神の子となる資格を与えた」（同一・一二）。共観福音書も救いに選ばれた者を「神の子ら」と呼ぶことがある（マタ五・九、ルカ二〇・三六参照）。書簡文学のなかでもこの表現は頻繁に用いられている（たとえばロマ八・一四–二一、九・八、ガラ三・二六、フィリ二・一五、一ヨハ三・一–二、一〇、五・二参照）。ヨハネによる福音書の受肉論（ヨハ一・一四参照）は、「神の子」の思想に関して、いわゆる「聖なる交換」と後に呼ばれる思想の発端となっている。

この思想を明確に打ち出した最初の教父はエイレナイオス（Irenaeus, 一三〇頃–二〇〇頃）である。彼はその主著『異端駁論』の中で『ヨハネによる福音書』一章一二節「言は、自分を受け入れた人、その名を信じる人々には神の子となる資格を与えた」に関連して次のように語っている。「神の子である方が人の子となった。それは人間が神のことばと混ぜ合わせられ、（神の）子とする恵みを受けて神の子となるためであった」[111]。つまり、神の子がへりくだって人間となったのは、人間を高く上げて神の子とするためであった、と言われている。言い換えれば、受肉の目的は人間の「神化」にある、ということを意味する。これを「聖なる交換」と言う。すなわち、「交換」とは神が下へ降ること（受肉）で、人が上へ上がること（神化）を意味する。

クレメンスはこの交換思想を受け継ぎながらも、キリストの受肉の目的を神化のための「教育」と考えて、次のように語っている。「私は言う。神のロゴスは人となった。それは、あなたが人間はどのようにして神になるかを、人（となったロゴス）から学ぶためである」[112]。さらに彼は、キリストの教えを通して人間が神になることについて、theiopoiein「神化させる」というギリシア語をキリスト教文学に導入した[113]。クレメンスの神化思想に関する言及は『ストロマテイス』の中に数多く見出されるが、ある場合は「神に似た者」となる[114]、ある場合は神性への「参与」という概念を用いているが[115]、最も中心的言述は次の通りである。「主に従い、彼が与えた預言に従う者は、その師への類似性にしたがってまったく完全な者となり、こうしていまだ肉のうちに動き回りながらも、彼は神（ギ theos：冠詞なし）となるのである」[116]。「肉のうちに動きながらも神となること」あるいは先に引用した「変容を先取り的に受け取ること」とは、この世での神化を言おうとしているのであるが、しかし、現世で神化された人間の状態が具体的には、つまり心理学的、人間学的状況としてどのように理解したらいいのかは不明である。

ただ、はっきりしていることは、彼は人間の神化について語る場合、「いまだかつて、神を見た者はいない。父のふところにいる独り子である神、この方が神を示されたのである」（ヨハ一・一八）というヨハネの言葉を根拠にして、まず創造者である神と被造物にすぎない人間との間の無限の質的差違を強調している。両者の間に関係があるとすれば、それは何らかの共通の「本性」によるのではなく、もっぱら「恩恵」によるものである、とクレメンスは言う[117]。つまり、神化の可能性を人間の神的起源としての本性に基づかせるといったプラトンやストアの考えとは、明確に異なっているのである。

これは、言うまでもなくフィロンの考えを受け継いだものである。すなわち、クレメンスは、神と人の絶対的差違を強調しつつも、フィロンのロゴス概念を用いて、両者の橋渡しを目論んでいる。神化の要件としての神認識の可能性に言及する際、クレメンスは「われわれは自分自身を認識すると同時に、われわれに内在する神聖なるものによって創造的根拠をも認識する」[118]と言う。なぜなら、すべての人間には「何らかの神的なものが注ぎこまれているからである」[119]。それは人間を人間たらしめる「知性」（ヌース）にほかならない。そして、フィロンと同じく、知性の所有によってすべての人間はロゴスの映像であり、またロゴス自身も神の映像であるために、すべての人間はこのロゴスの媒介によって神自身の「共有」に開かれたものと考えた[120]。したがって、ロゴスに則した生活の目標は人が自ら「神になる」ことである[121]。これはストア学派の神化思想によく似ているが、クレメンスが人間は「自力で」ロゴスに則した生活ができるとは考えていない点で、ストアとは一線を画す。人間はロゴスに則した生活ができるように、まずロゴス自らによって教育されねばならない。クレメンスによれば、異教の哲学思想、とりわけプラトン思想もそのようなロゴスの教育によって生まれたものの一つであるが、聖書に見られる「天からの教え」が神化への最も確実な道を開いたとされる。[122] ここでいう「天からの教え」は言うまでもなく、神のロゴスたるキリストによってもたらされた教えであるから、クレメンスは「主に従い、彼が与えた預言に従う者」が「いまだ肉のうちに動き回りながらも、彼は神となるのである[123]」と論じた。

だが、ロゴスは聖書を用いて人類を教育するばかりではなかった。ロゴスは自ら人となって神化への道を目に見える形で示したのである。先に引用したように、ロゴスの受肉は、人が「どのようにして神になるかを、人（となったロゴス）から学ぶためである[124]」。いわばロゴスの聖書への受肉のみならず、人間への受肉により、神化へのより大きく、確実な可能性をもたらしたという主張において、明らかにフィロンとは異なっている。キリスト者は受肉したロゴスのうちに自己の原型を認め、それを模倣することによってより容易に神化の目標に向かって前進できるようになったのである。

ところで、クレメンスは神化のために、「秘跡」への参加も重視している。なぜなら、とくに「ユーカリスティア」（聖餐、ミサ）の秘跡によって、人間は存在論的にも神のロゴスに結びつけられてくるからである。「イエスの血を飲むことは、主の不滅性にあずかることを意味する。ユーカリスティアの飲み物は神のロゴスとの結合をもたらす。それを信仰のうちに受け入れる人は体と魂において神化される[125]」。

⑤霊性の二側面

以上の検討から、クレメンスが「真の覚知者」をどういうものとして呈示しているかが明らかになった。だが、根本的な問題は、一体クレメンスはそういう覚知者を実際に存在するものとして描写しているのかどうかである。完全な知識と観想の体験を有し、アパテイアの境地にあって地上での神化を開始している人間というものは具体的に存在しているのであろうか。はっきり言えば、クレメンスが描写する地上における真の覚知者の知識ないし観想は、現実性の外側にある理想郷としか思えない。この現実離れした境地を描くことは、当時の知識人たちの好奇心を満たすものであり、完全なキリスト者としての「覚知者」というイメージは、一人のキリスト教哲学者としてのクレメンスの時流にあった思索の産物だと思われる。[126]

しかしながら、いかに現実離れした理想像であるとしても、そこに描かれた真の覚知者のあり方は、後世のキリスト教神秘思想における人間の霊的完成の重要な基本型モデルを呈示していることに注目しなければならない。

すなわち、クレメンスにおける真の覚知者とは、先に見たように「善の知識と神との類似性」にあると考えた。ここで「善の知識」とは最高善としての神の知識を指した。クレメンスによれば、究極的に神を知ることは、神を観想する事態を指した。しかしながら、クレメンスにとって、キリスト者の完全性は、単に「知識」や「観想」のみに限定されているのではない。完全性のもう一方の極は「神との類似性」、換言すれば人間の「神化」である。これを獲得するためには前記引用のように「主に従い、彼が与えた預言に従う」必要があり、このキリストの模倣は極めて実践的な局面である。つまり、「観想」が知的、内的、静的次元で語られるとするならば、「神との類似性」ないし「神化」は倫理的次元の問題である。この倫理的次元を構成するものは「徳」である。クレメンスによれば、この徳のうち最も重要なものとして「アパテイア」と「愛」を強調した。なぜなら、両者こそキリストの模倣を構成する最高の徳だからである。したがって「知識」と「徳」の両方がそろって初めて人間は完成される。知識と行為、学と行は同等に重視されているのである。[127]つまり、聖書以来のキリスト教霊性の二側面、すなわち実践的側面と神秘的側面の両方がクレメンスにおいて強調されていることが理解される。実践的側面とは、徳の、とりわけアパテイアと愛の獲得のための努力であり、神秘的側面とは、神の知識ないし観想の生活である。

この観想と実践の二側面は、確かに聖書にも暗示されているが、クレメンスはこのモデルを古代ギリシアの哲学的生に見出した。古代ギリシアにおいては「テオリア」と「プラクシス」という二つの生のタイプが考えられたが、前者は語源的には「見ること」、後者は「行うこと」を意味し、言うならば前者は「哲学的追求」は「政治的追求」であった。ここで「テオリア」は初めは広い意味を持っており、それは学的理論づけを指す場合もあれば、神的世界の観想的眺めを指す場合もあった。しかし、後期のギリシア哲学、とくに新プラトン主義で、政治領域での実践生活よりも、第一原理としての神の観想的合一の生活を高く評価するようになってからは、テオリアはもっぱら観想的側面のみを強調する用語として通用するようになった。

先に指摘した通り、クレメンスも、そして後のギリシア教父たちも同様に「テオリア」を第一義的には「見神」と捉えており、さらにこのような観想的生き方を人間的諸活動の最高位に位置づけた。ただし、教父たちは、後期の世俗哲学のように「プラクシス」を拒否するという態度には同調しなかった。なぜならば、教父たちは「プラクシス」をもはや政治生活ではなく、キリストに命じられた愛の掟の実践として捉え直したからである。クレメンスは言う。「第一に観想、第二に戒めを実践すること、第三に善き人間を育成すること。これらの特性が一人の人間の中に認められたとき、彼は覚知者として完成した人である」[128]。ここで言われる第二と第三の要素は実践的なそれであることは言うまでもない。ただ、クレメンスにおいて「テオリア」と呼ばれる観想的側面と「プラクシス」と呼ばれる実践的側面がどのように関係づけられているか定かではない。が、両者とも不可欠な要素であるというクレメンスの主張は、後のキリスト教的倫理や神秘思想の要となった[129]。

第五節　総　括

以上、我々は、キリスト教神秘思想の形成上、その素材となった思想と概念を概観した。キリスト教神秘思想は、ギリシア哲学、厳密にはプラトンにおける神秘哲学およびそれをユダヤ教の枠内、具体的には旧約聖書の解釈に取り入れたアレクサンドレイアのフィロン、そして新約聖書、とりわけパウロとヨハネの神秘思想にその前史を見出すことができる。すなわち、秘跡、とくに聖餐におけるキリストとの親しい交わりという新約聖書の秘跡論的神秘思想、プラトンやフィロンの神秘思想の中心的概念である「観想」とそれに向けての「浄化」を契機とする魂の上昇に関わる構造的区分、エクスタシスや神化といった観想状態における人間学的考察は、キリスト教神秘思想の最深部にまで取り入れられ、キリスト教化されていった。このような概念史、思想史的素材をキリスト教霊性史に導入したのが、アレクサンドレイアのクレメンスであった。

だが、彼の神秘思想はまだ体系化されておらず、しばしば矛盾やあいまいさが散見される。さらに、彼の思想は、確かに浄化、観想、アパテイア、神化といった概念に彩られているが、エクスタシスや「醒めた酩酊」といった心理的、人間学的関心への跡が窺えないので、現実的な「神秘体験」そのものが、彼の叙述に反映されているとは思われない。彼の描く「真の覚知者」は神秘体験のモデルではなく、キリスト教生活全般にわたる人間の理想的あり方を提示するものであると考えた方がよさそうである。しかしながら、ブイエの言うように、この理想的人物像の叙述は、「他の誰の著作よりも直接的に、後に神秘主義的霊性と呼べることになるものへの道を切り開いたことに疑いの余地はない」[130]。いずれにせよ、クレメンスの貢献は、キリスト教以前の神秘思想からキリスト教神秘思想への橋渡しをなしたというところに存する。

ただし、クレメンスの場合は、観想や神との合一の可能性を肯定するプラトンの思想を聖書と調和させる形で再評価することとなったが、観想の可能性を人間の本性的な神的起源に置くプラトンの思想は退け、神と被造物との間の質的差違を強調して、人間自身ではなく、純粋に神の方からの関わり、換言すれば「恩恵」に観想の根拠を見ているフィロンの思想を受け継いだ。だが、フィロンの「プロセス中心主義的神秘思想」そのものは、クレメンスよりも、むしろ後期アレクサンドレイア派、とくにニュッサのグレゴリオスやそれを継承したアレオパゴスのディオニュシオスにおいて再評価されるようになった。

次章は、クレメンスによってアレクサンドレイア派にもたらされた思想的遺産を引き継ぎ、本格的なキリスト教神秘思想の基礎を固めたオリゲネスの思想を検討したい。

注

1 ラウス、一〇一頁参照。

2 これについて詳しくは上智大学中世思想研究所編『中世研究第二号　キリスト教的プラトン主義』（創文社、一九八五年）参照。

3 Cf. A. Louth, Art. Mystik II. Kirchengeschichtlich, TRE 23 (1994), 548.

4 すなわち、パウロのダマスコへの途上で起きた回心の出来事（使九・一－一九、二二・三－一六、二六・九－一八参照）、神殿での主との出会い（使二二・一七－二一参照）および「第三の天」への神秘的昇天（二コリ一二・一－五参照）である。これについては、本書二七頁参照。

5 Cf. A. Louth, op. cit., 549-550.

6 以下の考察は、ラウス、一九－四五頁および B. McGinn, *The Presence of God. History of Western Christian Mysticism I. The Foundations of Mysticism*, London 1992, 24-35に依拠している。

7 この議論については B. McGinn, op. cit., 34-35参照。

8 Cf. A. J. Festugière, *Contemplation et vie contemplative selon Platon*, Paris 1936.

9 ラウス、一九頁参照。

10 Cf. Timaeus 90b-d.

11 Cf. A. J. Festugière, op. cit., 5: 343.

12 Phaedo 64a. なお、本稿におけるプラトンの邦訳引用は「プラトン全集」（岩波書店、一九七四－七八年）全一五巻（別巻一巻）に従っている。

13 Ibid. 82b-c.

14 プラトンにおける魂の三区分についてはRespublica IV, 434d-441参照。
15 Cf. A. J. Festugière, *La révélation d'Hermès Trismégiste*, Paris 1944, 65.
16 Symposium 210d.
17 Cf. ibid.
18 Epistula 7, 341c-d.
19 ラウス、三八頁。
20 Cf. A. J. Festugière, Contemplation, op. cit., 191.
21 たとえばParmenides 142a.
22 Cf. S. Gersh, *Middle Platonism and Neoplatonism. The Latin Tradition I*, Notre Dame 1986, 266-277.
23 Cf. B. McGinn, op. cit., 31. 典拠としてSymposium 211a; Timaeus 28c; Epistulae VII, 341c-dが挙げられている。
24 ラウス、三八－三九頁参照。
25 RespublicaVI, 490b.
26 Cf. Empedocles, Fragmentum 109.
27 Cf. Timaeus 45b-46a.
28 Theaetetus 176b.
29 Cf. H. Merki, Homoiosis Theou. Von der platonischen Angleichung an Gott zur Gottähnlichkeit bei Gregor von Nyssa, Freiburg (Schw.) 1952, 1-3の指摘によれば、この考え方はピュタゴラス（前五八〇－五〇〇）によってギリシア思想に導入された。
30 B. McGinn, op. cit., 33.
31 Cf. A. J. Festugière, *L'Ideal religieux des grecs et l'évangile*, Paris 1932, 39-41.
32 Cf. H. J. Marrou, *Geschichte der Erziehung im klassischen Altertum*, München 1957, 149-150.
33 B. McGinn, op. cit., 33-34.
34 以下の考察は、ラウス、四六－七二頁およびB. McGinn, op. cit., 35-41に依拠している。
35 神秘思想家としてのフィロンを否定する見解としては、V. Nikiprowetzky, Art. Philon d'Alexandrie I, La personne et l'œuvre, DS 12, 1352-1366. 肯定する研究としては、E. Goodenough, *By Light, Light. The Mystik Gospel of Hellenistic Judaism*, New Haven 1935; D. Wingston, Logos and Mystical Theology in Philo of Alexandria, Cincinnati 1985; id, Philo and the

Contemplative Life, A. Green (ed.) *Jewish Spirituality. From the Bible through the Middle Ages (World Spirituality 13)*, New York 1986, 198-231; id., Was Philo a Mystic?, J. Dan / F. Talmadge (ed.), *Studies in Jewish Mysticism*, Cambridge 1982, 15-41.

36　Legum allegoriae 3, 206 = Pd'A 2, 290.

37　M. Mach, Art. Philo von Alexandiren, TRE 26 (1996), 526.

38　これについては、F. Cumont, Le mysticisme astral dans l'antiquité, in: BAB 5 (1909), 256-286参照。

39　Cf. R. A. Horsley, The Law of Nature in Philo and Cicero, in: HarvTR 71 (1968), 35-59.

40　Cf. Quis rerum divinarum 166 = Pd'A 15, 246-248; De cherubim 27-28 = Pd'A 3, 30-32; De Abrahamo 121-125 = Pd'A 20, 72-74; De fuga et inventione 95 = Pd'A 17, 170-172.

41　ラウス、五八頁参照。

42　Philon Alex., De opificio mundi 69 = Pd'A 1, 186.

43　Cf. id., De somnio I,74 = Pd'A 19, 54.

44　マッギンはフィロンの人間創造の解釈について説明する際に、何の但し書きもなく、「ロゴスは……人間の理性に内在する」あるいは「魂の内部にあるロゴスの現存」と記しているが、これは厳密性に欠く。それでは魂は無条件に神的であると誤解される。厳密には魂内部の指導原理である「理性」（ヌース）が「ロゴスの映像にしたがって創造された」ということであり、ロゴスの映像である限り、何らかの仕方で部分的に「神的」であるとフィロンは考えているが、プラトンのように本性として神性を有するとは考えていない。Cf. B. McGinn, op. cit., 38.

45　De opificio mundi 157 = Pd'A 1, 246.

46　Cf. De opificio mundi 157-159 = Pd'A 1, 246-248.

47　これについて詳しくは E. Goodenough, op. cit., 238-243; D. Wingston, Philo and the Contemplative Life, op. cit., 213-215参照。

48　De decalogo 87 = Pd'A 23, 86.

49　Cf. De Abrahamo 58 = Pd'A 20, 46.

50　Quaestiones et solutiones in Exodum 2, 51 = LC Supplement II, 99.

51　以下、ラウス、五四－五八頁参照。

52　Cf. De Somniis 1, 60 = Pd'A 19, 48.

53 Cf. Quod deterius 86 = Pd'A 5, 72.
54 Cf. Legum allegoriae 3, 19 = Pd'A 2, 180.
55 ラウスは、フィロンにおける「忘我状態」には、狂気ないし憂鬱、驚嘆、精神の静寂、そして神懸かりないし熱狂状態という四つの類型があることを指摘している。このうち、第四の類型は「預言をもたらす忘我状態」を指し、第三のものは通常の睡眠状態および感覚活動が精神を圧しつぶしたときに精神が陥る睡眠を指す。ラウス、六六頁参照。
56 Quis rerum divinarum heres sit 69-70 = Pd'A 15, 198.
57 Cf. De opificio mundi 71 = Pd'A 1, 186-188; Legum allegoriae 1, 84 = Pd'A 2, 86-88. なお、「醒めた酩酊」の概念について詳しくは、H. Lewy, SOBRIA EBRIETAS. Untersuchungen zur Geschichte der Antiken Mystik, Beiheft zur ZNW 9 (1929), 3-41参照。
58 Legum allegoriae 3, 47 = Pd'A 2, 196. 邦訳は、ラウス、六三頁。
59 Cf. De posteritate Caini 15 = Pd'A 6, 54.
60 同右。
61 M. Mach, op. cit., 527.
62 Cf. A. Levasti, Clemente Alessandrio, iniziatore della Mistica cristiana, in: Rivista di Ascetica e Mystica 12 (1967), 127-47.
63 Cf. B. McGinn, op. cit., 102.
64 Clemens Alex., Excerpta ex Theodoto = ed. R. P. Casey, The Excerpta ex Theodoto of Clement of Alexandria, London 1934, 41.
65 Cf. Clemens Alex., Excerpta ex Theodoto = ed. R. P. Casey, op. cit., 25-26.
66 Cf. Stromata. II, 22, 131, 5 = ed. O. Stählin / U. Treu, Clemens Alexandrinus. Zweiter Band (GCS), Berlin [4]1985 (Treu 2), 185 (vv. 23-24).
67 Cf. Theaitetos 172AB.
68 Cf. W. Völker, *Der wahre Gnostiker nach Clemens Alexandrinus (TU 57)*, Berlin 1952, 542-550. さらにブイエ、一六五－一七五頁参照。
69 Stromata VI, 8, 69, 2 = Treu 2, 466 (v. 21).
70 Stromata IV, 6, 39, 2 = Treu 2, 265 (vv. 28-29). なお、「ヘゲモニコン」の概念について詳しくは、拙稿「ニュッサのグ

レゴリオスの復活説教 De tridui spatio における kardia tes ges」『南山神学別冊』第五号（一九八六年）一二一－一二五頁参照。

71 Stromata VII, 16, 104 = ed. O. Stählin / U. Treu, Clemens Alexandrinus. Dritter Band (GCS), Berlin ²1970 (Treu 3), 73 (vv. 19-20).

72 Stromata V, 11, 71, 5 = Treu 2, 374 (vv. 23-24).

73 Stromata V, 3, 4 = Treu 2, 338 (v. 16)-339 (v. 5).

74 Cf. Stromata VII, 15, 95, 3 = Treu 3, 67 (vv. 16-19).

75 Stromata V, 1, 1, 3 = Treu 2, 326 (vv. 8-9).

76 Stromata VI, 7, 54, 1 = Treu 2, 459 (vv. 9-12).

77 Cf. Stromata IV, 7, 54, 1-5 = Treu 2, 273 (vv. 5-20).

78 たとえば「知識は信仰に付け加えられ、愛は知識に付け加えられ、愛には天的相続財産が付け加えられる」(Stromata VII, 10, 55, 7 = Treu 3, 41〈vv. 7-8〉)。

79 Cf. Stromata II, 9, 45, 2-3 = Treu 2, 138 (vv. 26-29); IV, 7, 54, 1 = Treu 2, 273 (vv. 5-8).

80 Cf. Stromata VI, 9, 78, 4 = Treu 2, 470 (vv. 21-25).

81 すなわち、Stromata VII, 10, 55-58 = Treu 3, 40 (v. 21)-43 (v. 8).

82 たとえば、Stromata I, 1, 13 = Treu 2, 9 (v. 23)-10 (v. 16); I, 12, 55-56 = Treu 2, 35 (v. 15)-36 (v. 7) 参照。

83 Stromata VI, 7, 61, 3 = Treu 2, 462 (v. 28-30).

84 Cf. J. Lebreton, La théorie de la connaissance religieuse chez Clément d'Alexandrie, RSR 18 (1928), 460-487.

85 Cf. Th. Camelot, *Foi et Gnose, introduction à l'étude de la connaissance mystique chez Clément d'Alexandrie*, Paris 1945, 90-94.

86 Cf. G. Bardy, *La vie spirituelle d'après les Pères des trois premiers siècles*, Paris 1935, 98.

87 Cf. Cf. W. Völker, op. cit., 363-364.

88 ブイエ、一六九頁。

89 Cf. Eclogae propheticae 28 = Treu 3, 145 (vv. 16-28).

90 Stromata I, 25, 166, 2 = Treu 2, 104 (vv. 1-2).

91 Cf. Pseudo-Plutarcos, De musica 27.

92 Cf. J. Lemaitre / R. Roques / M. Viller, Art. Contemplation III, I. Étude de vocabulaire, DSp 2 (1953), 1763.

93　Stromata VII, 3, 13, 1 = Treu 3, 10 (vv. 6-16).
94　Cf. Stromata IV, 22, 136, 1-5 = Treu 2, 308 (vv. 16-33).
95　Stromata II, 10, 47, 4 = Treu 2, 138 (vv. 11-12).
96　Cf. J. Lemaître / R. Roques / M. Viller, op. cit., 1762; 1766.
97　Cf. Stromata VII, 10, 57, 1 = Treu 3, 41 (v. 28).
98　Stromata VII, 14, 84 ,1-2 = Treu 3, 60 (vv. 2-9).
99　以下の記述について詳しくは、拙稿「東方修道制におけるアパテイア」『南山神学』第一七号（一九九四年）一－二二頁、とくに一－五頁参照。
100　クレメンスのアパテイアについては、ブイエ、一七五－一七九頁参照。
101　Cf. Stromata VI, 9, 71-79 = Treu 2, 467 (v. 7)-471 (18); W. Capitaine, op. cit., 286-288.
102　Cf. Stromata VI, 9, 71-10, 79 = Treu 2, 467 (v. 7)-471 (v. 18).
103　Cf. Stromata VII, 10, 55, 6; 57, 4 = Treu 3, 41 (v. 3); 42 (vv. 9).
104　Cf. Stromata VI, 12, 102, 1; 12, 104, 1 = Treu 2, 483 (v. 7); 484 (vv. 18-19).
105　Cf. Stromata IV, 22, 135, 1-4 = Treu 2, 308 (vv. 5-16).
106　Cf. W. Capitaine, *Die Moral des Klemens von Alexandrien*, Paderborn 1903, 294-295.
107　Cf. Stromata IV, 4, 15, 1-6 = Treu 2, 255 (vv. 9-29).
108　Cf. Stromata IV, 4, 14, 3 = Treu 2, 255 (v. 3)
109　Cf. Quis dives salvetur 34-41 = Treu 3, 182 (v. 17)-187 (v. 26).
110　Stromata VII, 13, 83, 3-4 = Treu 3, 59 (vv. 24-27).
111　AH III, 19, 1 = SC 211, 374 (vv. 18-20).
112　Protrepticus, 1, 8 = Treu 1, 9 (vv. 9-10).
113　Cf. Protrepticus 11, 114 = Treu 1, 81 (v. 1).
114　たとえば、Stromata II, 22, 131, 2-6 = Treu 2, 185 (vv. 9-28) 参照。
115　たとえば、Stromata V, 10, 63, 1-8 = Treu 2, 368 (v. 12)-369 (v. 3) 参照。
116　Stromata VII, 16, 101 = Treu 3, 71 (vv. 19-21).
117　Cf. Stromata II, 16, 74, 1 = Treu 2, 152 (vv. 6-10); Protrepticus IV, 54, 4-55, 3; X, 96, 4 = Treu 1, 42 (v. 14)-43 (v. 18); 70

(vv. 24-29).

118 Stromata I, 19, 94, 4 = Treu 2, 60 (vv. 23-25).

119 Protrepticus VI, 68, 2 = Treu 1, 52 (v. 4).

120 Cf. Protrepticus X, 98, 3-4 = Treu 1, 71 (vv. 21-31).

121 Cf. Stromata IV, 23, 149, 8 = Treu 2, 314 (vv. 20-24).

122 Cf. Stromata VII, 16, 95, 2 = Treu 3, 67 (vv. 14-16).

123 Stromata VII, 16, 101 = Treu 3, 71 (vv. 19-21).

124 Protrepticus, 1, 8 = Treu 1, 9 (vv. 9-10).

125 Paedagogus. II, 2, 19-20 = Treu 1, 167 (v. 16)-168 (v. 26).

126 Cf. G. Bardy, La spiritualité de Clément d'Alexandrie, VS 39 (1934), 130-136.

127 Cf. P. Guilloux, L'ascétisme de Clément d'Alexanrie, RAM 3 (1922), 284-286.

128 Stromata II,10,46,1 = Treu 2, 137 (vv. 14-16).

129 以上、B. McGinn, op. cit., 106-107参照。

130 ブイエ、一七八頁。

第四章　オリゲネスの神秘思想

前章で、我々は、初代キリスト教の主要な神学学派、アレクサンドレイア派に始まるキリスト教神秘思想の基礎付けとなった思想的背景、すなわち、聖書、プラトン、アレクサンドレイアのフィロンの神秘思想を概観し、それが、上記学派の実質的創始者と見なされているアレクサンドレイアのクレメンスの神秘思想へと流入していった点について論じた。しかし、ラウスも指摘しているように「固有な意味でのキリスト教神秘神学の議論」が始まるのはその弟子にあたるオリゲネス（一八五頃–二五四頃）である。そこで、本章では、クレメンスによってアレクサンドレイア派にもたらされた思想的遺産を引き継ぎ、本格的なキリスト教神秘思想の基礎を固めたオリゲネスの思想を検討したい。

彼は一八五年頃アレクサンドレイアにおいて、富裕なキリスト教の家庭に生まれた。父は学識高い熱心な信徒で、後に殉教者となる。この父から学問の薫陶を受けたオリゲネスは、クレメンスが校長職にあったアレクサンドレイアの学校に入り、彼からキリスト教の学問を学んだ。その後セプティミウス・セウェールス帝の迫害中に追放されたクレメンスに代わって、同校の校長職を引き継ぎ、やがて、カエサレイアにて司祭に叙階されたが、オリゲネス教説の反対者によって叙階無効とされ、同校からも追放された。カエサレイアに逃れた彼は二五〇年のデキウス帝（在位二四九－二五一）による迫害中に、一時投獄、拷問の憂き目に遭うが、釈放されてテュロスに移り、二五四年頃同地で没した。

彼は初代ギリシア教父中、最大の教会著述家であり、キリスト教最初の教義学と言われる『諸原理について』（De principiis）を始め、反異端的著作も多いが、なかでも聖書に関する著作は『ヘクサプラ』（六欄聖書）[2]を筆頭に、ほとんど聖書全巻の注解や講解説教を著した。ただし、霊性に関する体系的な書物はクレメンス同様何も残さなかった。しかし、その膨大な著作のここかしこに言及される霊的、修徳的思想は後のキリスト教霊性に多大な影響を与えた。彼の霊性思想はその多くの部分を師クレメンスから受け継いだが、彼はそれを単に繰り返すのではなく、それをより深化させ、かつそこに独自の思想を盛り込んでいる。

第一節　クレメンスとの比較

クレメンスが強調した完全性に向かう禁欲的業の必要性はオリゲネスにおいても同様であるが、彼は単に情念の抑制という消極的側面のみならず、おのれ自身のあり方に対するより厳密な覚醒という積極的側面も重視する。彼にとって「われわれが何をなすべきで、何を避けるべきか、われわれに何が欠けているか、何において富んでいるのか、何を改善すべきか、何を維持すべきか」[3]を常に反省することは、キリスト者の欠くべからざる義務である。いや、そういう自己反省だけではない。われわれは、情念の誘惑やそそのかしに騙されないよう、常に鋭敏な内的警戒態勢を整えておかねばならない。[4]ここには、『ヘルマスの牧者』に見られた「霊の識別」の重要性が先鋭化されていることが分かる。[5]

しかしながら、クレメンスが禁欲生活の目的とした「アパテイア」についてはオリゲネスは極力控えめにしか語らない。神的本性に属する完全な無情念性の模倣、あらゆる心情的動きのまったき欠如というクレメンスの主張はオリゲネスにはあまりにも現実性を欠いた理想主義的見解に映ったと思われる。オリゲネスもクレメンス同様、情念との戦いの必要性を強調しはするが、[6]アパテイアという概念には極めて慎重で、その膨大な著作中この語はこうした関連では四、五回しか使用されておらず、また、この概念を巡って何らかの人間学的理論を打ち立てようという試みは一切していないのである。確かにアパテイアなる境地は素晴らしく望ましいものであろうが、果たしてそれは現実にありえようか。これは所詮「彼にとっては現実よりも、むしろ理想なのである」[7]。そればかりか、オリゲネスはアパテイアよりも「愛」（アガペー）の優位性を強調する。たとえ、アパテイアが得られたとしても、「覚知者」が愛徳の活動によって自分の人生を全面的に整えることなしには意味がないのである。[8]これは、アパテイアと愛を同等に据えるクレメンスとは異なる考えである。

さて、オリゲネスの貢献で注目すべきは、次に述べるように、キリスト者の完成に関わるクレメンスの思想の深化である。

第二節　霊性の二側面思想の序列化

クレメンスは「覚知者」、すなわち真のキリスト者の完全性は「業」と「知識」、換言すれば「実践」（ギ praxis）と「観想」（ギ theōria）の二側面から成ると説いた。オリゲネスもこの思想を受け継ぎ、この区別を表現するために、後世あまりにも有名となったマルタとマリアの比喩（ルカ一〇・三八－四二参照）を彼は初めて用いた。すなわち、彼は断片として伝わっているヨハネの注解書第八〇番において、[9]マルタを「実践」の、そしてマリアを「観想」のシンボルと見なした。

ところで、クレメンスにおいては、実践と観想との間にある「序列」はあまり明確には現れてこない。彼にとって両者は縦糸と横糸が織り合わさった、覚知者の生活という一枚の布のごとく、どちらも平等な重要さを持っている。しかし、オリゲネスは、確かにどちらの重要さも認めるが、その重要性にはランクがあり、観想の実践に対する優位性がはっきり現れている。

彼に帰される詩編注解の断片[10]には、この両者が次のように楽器に譬えられる。すなわち、観想する魂は、霊的指南を託された者として、堂々たるラッパの響きを持っている。一方、実践的魂は竪琴であって、その一本一本の弦は神の掟によってつま弾かれる。[11]確かに音の大きさからすれば、ラッパが主導権を握っていると言えよう。しかし、よりはっきりと観想の優位性を示しているのは、神の家の譬えである。すなわち、オリゲネスは観想者は「神の家の内部」に、実践者はその家の「前庭」にいると言う。[12]霊的生活は一つの神殿に譬えられており、そのなかでは、すべての部分が等しく近づけるわけではない。その意味でオリゲネスは言う。「もし、われわれは、実践による諸徳のおかげで足を踏み入れたとしても、知識の扉、すなわち、身体的な被造物と非身体的なそれとの観想を見いだすのは、はるか先のことである[13]」。そして、最も神聖なる場所、「至聖所」とは「神の知識」ないし「神の観想」である[14]。

オリゲネス

ここで、明らかなように、実践と観想ないし知識には序列があって、観想ないし知識に至ることが最終目的であり、そのために「実践による諸徳のおかげ」、つまり徳の実践が前提としてあることが分かる。だから、オリゲネスは「実践とはすなわち観想への上昇（ギ anabasis）である[15]」とはっきり明記している。しかも、両者は不可分の関係にあって、実践が前提になければ観想は不可能であるし、観想を目指さない実践は無意味である。このことをオリゲネスは「観想なしの実践もなければ、実践なしの観想もない」[16]と端的に表現している。この両者の序列と不可分の関係は後の修道理論の根幹となった。

第三節　霊性の三段階説

一方、この直前に挙げた箇所に注目したい。そこには、実践の後に知識ないし観想が確かに置かれてあるが、その知識ないし観想には、二つの要素があることが分かる。すなわち、「身体的な被造物と非身体的なそれとの観想」と「神の観想」である。しかも、後者は前者よりも序列の上では上位にある。なぜなら、「神の観想」は最も神聖な場所である「至聖所」に譬えられているからである。ここで明らかなように、オリゲネスは、観想ないし知識を二つに分けることにより、霊的向上を、情念の滅却のための禁欲的修行すなわち実践、被造物（身体的、非身体的）の観想、そして神自身の観想というふうに三段階に区分していることになる。この三つは魂が神に向かって上昇する段階ないし契機として理解されているが、先に挙げた「実践」と「観想」の二段階説と共に、その観想をさらに二つに分けた場合に成立する「三段階説」も、後世の修道・神秘思想の確固たる枠組みとなったのである。

この霊的生活を三段階に分ける発想そのものは、ストア学派による「哲学」の三区分説すなわち「倫理学」（エティケー）、「自然学」（ヒュシケー）、「観想学」（エノプティケー）をモデルにしている。[17]これについてオリゲネスは次のように述べている。

「倫理学とは品行方正に生きるための紀律を取り扱い、有徳の士とする規範を提起する学問です。自然学とは個々の事物の本性について考察します。それは、この生の場で、本性に反する取り扱いをせず、個々の事物を、造り主が意図されたように用いるためです。観想学は、見える事象を越えて、神に属する事柄、天の事柄に思いを馳せます。この対象は肉体上の目を凌駕するものですから、ただ精神をもってのみ、眺められるものです[18]」

オリゲネスは、さらに続けて、この学問の三区分はすでにソロモンによって基礎づけられていたと説いた。つまり、ソロモンは先に挙げた三つの学に匹敵する三つの書物、すなわち『箴言』、『コヘレトの言葉』および『雅歌』を著したのであって、ギリシア人はこの三区分を自分たちの学的営みに応用したのだと説明しているのである。そこで、彼はこの三つの智恵文学の相互関係を、霊的生活の三段階の比喩として用いた[19]。まず、人は生活の改善、掟の遵守、魂の浄化に努める。これが『箴言』の段階である。次に、人は世の中に目を据えて、世のはかなさと過ぎゆくもののもろさを認識し、この世とこの世的なものを放棄する。これが『コヘレトの言葉』の段階である。最後に、人は不可視で永遠なるものを見つめ、観想するに至る。これが『雅歌』の段階である。こうして、「倫理学」は『箴言』に、「自然学」は『コヘレトの言葉』に、「観想学」は『雅歌』に対応させ、これが、魂の神に向かう道筋であることを説いた。オリゲネスは言う。

「さて、倫理的振る舞いを改め、掟を遵守して、『箴言』に示されている第一の課題を完全に果たし、それに続いて、この世のむなしさに気づき、移ろいやすい事物のはかなさを悟り、世から身を引き、この世にあるすべてのものを捨てる境地に達したなら、その人は、目に見えない、永遠の事物を観想し、それを憧れ求める境地にまで達します[20]」

しかし、オリゲネスは、徳の形成を目的とする第一の実践的段階を除く、最後の二段階について、全体として実に神秘的な表現を多用するが、実際彼がどこまでを神秘「体験」として語っているのか、どの部分が純粋哲学的、神学的「思弁」なのかを決定するのは非常に難しい[21]。

いずれにせよ、まず、第二の「自然学」に関する彼の表現や考えをまとめるならば、次のようになろう[22]。まず第一の段階で魂を浄化し、徳を身につけた者は、この世の生は永遠の生命への通り道にすぎないという認識のもとに、完全なる神知識と神との一致に向かって長く労苦に満ちた歩みを始める。この道のりにおいては、「自然」つまり被造物が直接の観想対象となるのが特徴である。人は被造物の秩序のうちに存する種々のロゴイ、すなわち理念、理法といったものを観想することで、そこに秘められた永遠なる神の認識へと導かれていく。自然の観想の意味はそこにある[23]。

第二の段階は、第一の段階のいわば深化と見なされうる。第一の段階における倫理的な道において、人は魂を罪の汚れから浄化するが、第二は、もはや魂を世と肉体の束縛から解放されることをもくろんでいる。このように魂が肉体から解放されたときに来るのが第三段階としての「観想学」の道、すなわち神自身の観想である。この境地に達した者についてオリゲネスは、「体の思い煩いから遠ざかり、肉の欲から遠ざかっている彼の心は、外にあり、体の外に置かれているからです。ですから、体の思い煩いとか肉の欲というものから悉く抜け出した彼を、神は訪ねられます[24]」と述べている。ここで心が「体の外に置かれる」という表現が何を意味しているのか定かではない。単純に考えるならば、それは死後の出来事を指すように思われるが、もし、これが此岸での体験であるならば「脱魂」、「忘我状態」とも訳される「脱自状態」（ギ ekstasis）のことを指していると思われる。が、彼はこの段階について描写する際、エクスタシスという語を避けている。心理的にはおそらくそのようなエクスタシスに類似した現象であろうが、彼がこの語を避けているのは、この概念がモンタヌス派と呼ばれる、二世紀中葉の異端的な熱狂主義的宗教運動の中で誤って用いられていたため、誤解を避けるためであったと思われる[25]。

ともかく、この第三の道を知的思弁世界における理論として捉えるならば、このような思弁の枠組みは明らかにプラトン主義に影響されたものである。先に見たように、プラトンは、もともと人間の魂はこの世での存在以前、つまり前世では実相界（イデア界）に存し、魂とイデアとは「同族」、つまりイデアと同種、同じ本性を有していたが、魂はこの世にあって肉体の束縛を受け、実相を忘却している、と考えた。この忘却状態から脱却して再び実相との合一知に至ることが、すなわち「観想」（テオリア）と呼ばれるものであった。

オリゲネスはこの魂の運命を彼独自の「飽き」の理論で再解釈した。すなわち、元来、人間すなわち「ロゴスを持つ者」（霊的存在者・ロギケー）は純粋「精神」（ヌース）であって、この精神はロゴスを介して父を観想していた。しかし、ヌースはこの至福状態に「飽き」を覚えて堕落してしまい、ヌースは冷えて「魂」（プシュケー）となって、肉体に宿るようになった。だが、人間はこの肉体から解放されて、再びヌースへと戻り、イデアを観想し、イデア界と同族関係に立ち返り、神の観想にまで上昇してゆく可能性を与えられた、と考えられた[26]。

問題は、プラトンに影響されたこのヌースの堕落と救済のドラマがキリスト教の中心的要素である、みことばの受肉とどう調和するのかということである。かかるドラマでは、受肉思想は何の機能も果たしていないように見えるからである。いったい、受肉というキリスト教固有の教説は、観想というプラトン的教説に何の意味を持つのであろうか。受肉はオリゲネスにとっても重大な関心事であるには違いないが、やはりプラトン的枠組みとどう調和するかについては不明確である。

第四節　ロゴスの神秘主義と神の神秘主義

オリゲネスの神秘思想を研究したフェルカーは、究極的観想である「観想学」を「ロゴスの神秘主義」（独Logosmystik）および「神の神秘主義」（独Gottesmystik）と呼ぶが、[27]両表象とも、後世の霊性的伝統に絶大な影響を与えた。

「ロゴスの神秘主義」とは、人間の魂が永遠なる神のロゴスを観想しつつそれと一致することを言っており、オリゲネスはこのことを魂の中におけるロゴスの成長[28]というモチーフ、および、魂とロゴスの婚姻、いわゆる「花嫁の神秘主義」（独Brautmystik）[29]というモチーフで説明している。このうち、後世の神秘思想に深く浸透した主題は後者である。オリゲネスは、このモチーフを主に『雅歌』の霊的解釈から導き出した。この解釈から導き出されているのは、花嫁である魂と花婿であるロゴスの美、魂のロゴスに対する留まることを知らない思慕そして両者の婚姻と霊的合一であるが、この神秘的表象は、花嫁たる「教会」と花婿である「キリスト」との婚姻という教会論的、キリスト論的モチーフとの関連で論じられている。次の引用から理解されている通り、「花嫁の神秘主義」は、いわば教会論およびキリスト論の内面化ないし個別化である。[30]

「神のロゴスに寄せる、この愛が幸いなる魂を熱し、燃え立たせるのです。（愛が燃えた）この魂が、聖霊に導かれ、この祝婚歌（註：『雅歌』）を歌います。聖霊に導かれ、教会は天の花婿、キリストと結ばれます。教会はキリストによって懐妊するため、ロゴスを介してキリストと交わることを慕い求めています。子供たちが、神のロゴスを父親として母親の胎に宿ったものとして、汚れない教会あるいは魂を母として生まれたものとして、節度を保ち、信仰にとどまり、聖なるものであり続けるなら、この子供たちを清い心で産んだことで救われることができるよう、肉体に属するもの、物体的なものは何一つ求めず、ひとえに神のロゴスへの愛に燃えているのです」[31]

この婚姻のイメージを中心とした「ロゴスの神秘主義」は、「神の神秘主義」において全面的に開花する。前者に上昇ないし深化が後者へと結びつく。この意味でオリゲネスは言う。「まず下から上に昇って、御子の神性にまで辿り着かなければ、御父の内に、あるいは御父の許にあるようにはなれない。御子の神性によって、御父の至福に導かれることができる」[32]。これで理解されるとおり、「ロゴスの神秘主義」は「神の神秘主義」に至るための条件と見なされている。かといって、ロゴスの認識は御父の認識の中に消え去るわけではなく、前者は後者の中で完成されると言うべきである[33]。

「神の神秘主義」は、魂の神自身との合一、そしてその状態における魂の神化をその内容とする[34]。魂は、「観想学」においては「それ（魂）が観ているところにおいて神のようなものとされる[35]」のである。そして、この神化の神秘思想も、オリゲネスにおいては、キリスト論という神学が根拠となっている。すなわち、魂の神との合一と神化は、キリストへの模倣を意味しているのである。なぜなら、キリストの魂は神性と合一しており、あたかも一つの火がもう一つの火と結びつき、もはや一つの火しかないように一体となっているのであるから、キリストは我々人間の完徳の模範だからである[36]。

第五節　神秘体験？

オリゲネスは、以上のような様々な表象で表現される「観想学」の神秘体験は、わずかな人々にしか得られない特権的恵みであるである、と再三指摘している。[37] この究極的観想は端的に神との神秘的一致を意味する。しかしながら、問題は、オリゲネスの描写する「神秘体験」の内実とはいかなるものか、ということである。はっきりしていることは、神認識に関するオリゲネスの神学的立場、すなわち、神の本性は把握不可能だとの確信である。

「さて、すべての知的存在、即ち非物体的存在の中で、最もすぐれ、最も名状し難く、最も計り難く卓越している者こそ神である。いかに純粋で澄んだ精神であろうと、人間の精神の眼ざしでは神の本性を捕らえることもできず、一瞥すらできないのである[38]」

オリゲネスは、神の本性の不可認識性をこのように堅持しつつも、一方では「ロゴスの神秘主義」で明らかなように、人間はロゴスなるキリストによって、キリストを通して「神の神秘主義」、すなわち何らかの意味での神との接触が可能となったと考えている。その意味で、オリゲネスの神秘思想は明確にキリスト中心主義であるが、このキリストによる神認識という神学が、どこまで神秘経験として主張されうるのかは不分明である。確かにオリゲネスは観想を体験的なものとして描写している。その著しい例は、「霊的感覚」の概念である。

「体験」という概念は、言うまでもなく「感覚」の契機が伴わねばならない。すでにアリストテレスは「感覚」（ギ aisthēsis）を他のすべての動物たちと共有する感覚能力と考え、これを通して「経験」（ギ empeira）が構成されると考えた。[39] ただし、「神秘体験」という場合、通常の可感的対象とは異なる霊的現実の可感性が問題となる。この霊的現実の体験的把握を可能にするものが「霊的感覚」（ギ aisthēsis noera）と言われるもので、東方神秘思想では重要な概念として活躍する。[40] しかし「霊的感覚」は、それが「感覚」と言われる限り、たとえそれが魂内部の能力であるとしても、身体的五感と何らかの「連続性」があると思われるし、少なくとも、これについて叙述する場合、身体的五感との関連でイメージする他はない。カール・ラーナーの研究によれば[41]、このような五感の表象を「霊的感覚」に関わるキリスト教霊性に導入したのは、まさにオリゲネスだとされる。

オリゲネス自身は霊的感覚を「神的感覚」（ギ aisthēsis theia）と呼び、それが身体的五感に対応する機能を果たしていることを、次のように説明している。

「聖書が名付けているように、ある種の神的起源の感覚が存在し、ソロモンの書に語られているところによれば、それを見いだすのは目下のところ幸いな人のみである。『あなたは神的感覚を見いだすであろう』（箴二・五参照）とあるように。このような感覚の形態（エイドス）はいくつかあり、視覚は本性的に物体的な事物以上のものを見るのであり、それらの中には明らかにケルビムやセラフィムが含まれる。また聴覚は、大気の中のなんらの存在性（ウーシア）を持たない音声を知覚し、味覚は天より下って世界に生命を与える生命のパンを味わい（ヨハ六・三三参照）、同様に嗅覚はパウロが『神のためのキリストの香り』（二コリ二・一五）であると言った限りの香りを嗅ぎ、触覚は、ヨハネが『生命の御言葉（ロゴス）について』（一ヨハ一・一）で手で探ったと述べている限りの（ものに触れるのである）。幸いな預言者たちは神的感覚を見いだして神的な仕方で見つめ、神的な仕方で聞き、同様な仕方で味わい、香りを嗅いだ。それは、いわば、感覚的ならざる感覚による[42]」

この箇所は、後にニュッサのグレゴリオスの神体験の重要な契機として再び取り上げられる[43]。そして、オリゲネスは確かに「霊的」あるいは「神的」な感覚の「存在」を主張している。だが、ここで語られている文脈は、イエスが洗礼者ヨハネから洗礼を受けた際にヨハネ自身が目撃した天からの声とハトの形での聖霊降臨の報告（ヨハ一・三二―三四）をめぐる問題であるが、そこでオリゲネスは、これらのことは実際上起こった出来事ではなく、夢や幻と同じように、魂の中での出来事として解釈されるべきだと主張する。同様に、旧約の預言者たちが、天が開くといった奇跡的なことを見たり、神の言葉を聞いたりしたという記録も、魂内部で起こった経験として真正なものであり、このような経験の根拠として前記のような五感に対応する「神的感覚」の存在を持ち出したのである。つまり、ここでは、「観想学」における神認識ないし観想の人間学的、心理的状況は視野に入っていない。

観想をめぐる議論では、オリゲネスは、実際上の体験を描写しているというよりも、むしろ一つの理論、つまり彼の哲学的、神学的体系全体から導き出された抽象的、論理的帰結を論じているようであり、したがって、体験が基礎になっているというより、彼の思弁体系の枠内で解釈され、評価されるべき「理論」と見なした方がよいのではあるまいか[44]。

しかしながら、オリゲネスの意図がいかなるものであろうと、後世の霊性史に与えた影響は決定的である。とくに、キリスト教修道制そして修道霊性・神秘思想に与えた影響は計り知れない。次の部では、いよいよその修道制を取り上げたい。

注

1　A・ラウス、一〇一頁参照。

2　旧約聖書の本文対訳（ヘブル語、ギリシア音訳、アキュラ訳、シュンマコス訳、七〇人訳、テオドティオン訳の六欄からなる）で九千頁にも及ぶ大作であるが、七世紀にカイサレイア図書館に保存されていたが、サラセン軍の攻撃を受け消失、断片のみが残存している。

3　Origenes. In Cant. 2 = GCS 33, 144 (vv. 23-24). なお、本書全体の邦訳として、小高毅訳『オリゲネス　雅歌注解・講話』（創文社、一九八二年）二七－二三一頁がある。

4 Cf. ibid. De princ. III, 2, 1-3 = SC 258, 152-169. なお、本書は、全四巻からなり、最新の批判的校訂本はSC 252 (I, II) およびSC 268 (III, IV) である。邦訳として、小高毅訳『オリゲネス　諸原理について』（創文社、一九七八年）があるが、これはより古い校訂版GCS 22を底本としている。

5 本書三二頁参照。

6 Cf. ibid., Comm. In epist. ad Rom. 6, 14 = PG 14, 1102.

7 G. Bardy, Art. Apatheia, DSp 1 (1937), 733.

8 ブイエ、二二二－二二三頁参照。

9 編集はGCS 10, 547 (vv. 19-21). 西方では、二人の姉妹を観想修道会と活動修道会のシンボルとしてよく言及されるが、これはオリゲネスの真意ではない。

10 この書のオリゲネス著作説については議論がある。詳しくはW. Völker, *Das Vollkommenheitsideal des Origenes*, Tübingen 1931, 19-20; R. Cadiou, La bibliothèque de Césarée et la formation des Chaînes, RevSR 16 (1936), 474-483参照。

11 Cf. Origenes, Select. In Ps. 150 = PG 12, 1684C.

12 Cf. ibid., In Ps. 133 = PG 12, 1652C.

13 Ibid., In Ps. 117 = PG 12, 1581D.

14 Cf. ibid.

15 Ib., Comm. In Lucam (Fragmenta) 39 = GCS 49, 298 (vv. 3-4).

16 Ibid. 1 = 9, 26-10, 1.

17 Cf. Seneca, Epistulae morales 89, 9.

18 Origenes, In Cant. Prol. = GCS 33, 75.

19 Cf. ibid. = GCS 33, 75 (vv. 2-19).

20 Ibid. = 79.

21 Cf. K. Rahner, op. cit., 134-135.

22 以下、W. Völker, op. cit., 62-75; 85-90; 98-144参照。

23 「あらゆる種類の理念によって形造られた体を持たない実在、存在するすべてのものの諸理拠を包含し、生き、いわば生命の持つ存在者を思い描くことのできる人がいれば、その人は、すべての被造物の上にあって、まさしく『神がその御業のために、その道の元として私を創られた』と言われる神の智恵を知ることができるでしょう」（Origenes, Comm. In

Ioannem 1, 34 = GCS 10, 43. なおオリゲネスの『ヨハネによる福音注解』の邦訳として、小高毅訳『オリゲネス　ヨハネによる福音注解』（創文社、一九八四年）参照。

24 Origenes, In Cant. 2, 4 = GCS 33, 140.

25 Cf. J. Daniélou, Origène, Paris 1948, 296.

26 Cf. Origenes, De princ. 1, 5; 2, 8 = SC 252, 174-194; 336-352.

27 Cf. Völker, op. cit., 98-144.

28 Cf. ibid., 99-100.

29 Cf. ibid., 100-109.

30 ブイエ、二〇八－二〇九頁参照。

31 Origenes, In Cant. Prol. = GCS 33, 74. 邦訳は、ブイエ、二〇九－二一〇頁のもの。

32 Origenes, Comm. In Ioannem 1, 27 = GCS 10, 35-36.

33 ブイエ、二一三頁参照。

34 Cf. Völker, op. cit., 117-144.

35 Origenes, Comm. In Ioannem 32, 27 = GCS 10, 472.

36 ブイエ、二一四頁参照。

37 Cf. Origenes, Fragmentum in Prov.= PG 13, 25A; De oratione 24, 2 = GCS 3, 354 (vv. 11-13); Hom. in Lev. 1, 1 = GCS 29, 280 (v. 8).

38 Origenes, De princ. 1, 1, 5 = SC 252, 99.

39 Cf. Metaphysica 980a 27-28.

40 Cf. M. Canévet, Art. "Sens spiritual" DSp 14 (1990), 598-617.

41 Cf. K. Rahner, "Le début d'une doctrine des cinq sens spirituels chez Origène", RAM 13 (1932), 113-145.

42 Cf. Origenes, Contra Celsum 1, 48 = SC 132, 202-204. なお、本書の邦訳として、出村みや子訳『キリスト教教父著作集第八巻　オリゲネス三　ケルソス駁論一』（教文館、一九八七年）及び同『キリスト教教父著作集第九巻　オリゲネス四　ケルソス駁論二』（教文館、一九九七年）がある。当該箇所の邦訳は第八巻、五五－五六頁。

43 Cf. Gregrius Nys., In Cant. 1 = J. Jaeger (ed.), Gregorii Nysseni opera VI. In Canticum canticorum (ed. H. Langerbeck), Leiden 1960, 34 (vv. 2-18).

44　実際、この視点から解釈している例として A. Lieske, Die Theologie der Logosmystik bei Origenes, Münster 1938が挙げられる。

第三部　東方キリスト教修道制の成立

我々は、第一部において、キリスト教霊性の源泉として、聖書と使徒教父の文書、および殉教と純潔の思想を検討した。聖書においては、キリスト教霊性の根本動機はキリスト自身による「完全性」への招きにあり、この招きに応じるために倫理的実践を内容とする「キリストの模倣」と神秘的、理論的な次元で語られる「キリストとの一致」が強調された。聖書以後の使徒教父時代にはこの要素が教会論的に捉えられ、教会の頭としてのキリストとの一致とその模倣に霊性の動機が見出された。さらにキリスト教迫害という歴史的事情を背景にして、聖書にすでに散見できるキリストの「受難と死」への模倣がクローズアップされて、かくてここに「殉教」の霊性が発芽したのを見た。「殉教」の霊性は迫害が組織化、拡大化するに従ってますます強調されてゆき、キリスト教霊性の普及と深化に大きな影響を与えた。この霊性は、やがて二世紀以来すでに民衆の間に広がり始めていた「純潔」の霊性と合流するようになってきた。神の国のための独身的純潔の生き方は、かなり早くから殉教に準ずる完全性のしるしと見なされるようになり、やがては殉教と同等のものとして絶大な評価を享受するようになった。

ところで、この「殉教と純潔の霊性」は、現象面からすれば、主として「民衆」の霊性の実践的側面として特徴づけられた。しかし、四世紀までのキリスト教霊性は、もう一つ別の側面も並行して進展してきた。すなわち、「キリスト教神秘思想」である。そこで、第二部では「キリスト教神秘思想の源泉」と題して、聖書、プラトン、フィロンの影響のもとに成立したアレクサンドレイア派に始まる神秘思想の起源に注目した。キリスト教神秘思想の理論的枠組みは、この学派によって基礎づけられたからである。同派において、まず、「キリスト教神秘思想の創設者」といわれるアレクサンドレイアのクレメンスと、アレクサンドレイア派神秘思想の大成者オリゲネスの思想的貢献を検討した。

そして、これから見ていく東方キリスト教修道制は、殉教と純潔の民衆霊性が形を変えて発生し、そこにキリスト教教養人の神秘思想が合流して、「修道神秘思想」が成立する。第三部では、まず、東方修道制の成立と初期の発展の経緯を理解すべく、修道者の祖といわれるエジプトのアントニオスの伝記や『砂漠の師父の言葉』など初期修道制の様子を伝える諸文献を史料として検討する。なお、修道神秘主義については第五部で扱う。

第五章　エジプトの修道運動の開始

さて、殉教時代が終焉を迎えた頃、新しい霊性運動が発生し始めた。それがとりもなおさず「修道制」である。我々はこれからしばらくキリスト教霊性史研究の舞台をこの修道制に譲らねばならない。本章では、その手始めとしてエジプトに興ったキリスト教修道制の起源およびその成立に貢献したアントニオス（二五一頃－三五六頃）とパコミオス（二九〇頃－三四六）の修道生活について概観してみたい。

第一節　修道制の起源

キリスト教の修道制は、三世紀末から四世紀の初めにかけて、エジプトの砂漠地帯に発生し、四世紀中にエジプトを越えて、シナイ半島、パレスティナ、シリア、小アジアそして帝都コンスタンティノポリスにまで普及した。もっとも、最近の研究では、エジプトとシリアで同時に独立して修道制が発生したという説が有力である。だが、史料から見る限り、修道生活を証言する最も古い史料『アントニオス伝』はエジプトのそれについてである。[2]

修道生活は、人の寄りつかない土地環境の中で完全な孤独と静寂のうちに生きる「隠修制」（ギ anachorēsis〈原意は「土地から離れること」〉）から始まるが、すぐに小人数の隠修者が寄り集まり、緩やかな共同的絆のもとに生活を営む「半隠修制」（ないし「少人数共修制」）が現われ、さらに大人数の修道者たちからなる組織的な共住体制をとる「共修制」（ギ koinōbion）という修道生活形態も発達しだした。[3] 西方教会はすでに四三〇年頃には東方における修道者の存在が知れており、五世紀末には、西方全土に修道制が普及している。

「隠修制」とは、空になった墓穴、廃虚化した建造物、あるいは石や煉瓦やしゅろの葉などで造られたつましい庵（修屋、ギ kellion）を住まいとし、まったくの孤独のうちに生きる修道制である。このような隠修士たちを「アナコレーテース」（ギ anachorētēs〈原意は「土地から離れた者」〉）ないし「エレーミテース」（ギ eremitēs〈原意は「砂漠の者」〉）と呼ぶ。「半隠修制」とは、共通の「長老」（ギ gerōn）と呼ばれる熟練した指導者の近くに散居し、食事や祈り、手仕事は各自の庵で行い、土日や祝日の共同典礼のために最寄りの教会堂に集まるという形式をとっていた。このような修道生活形態を送る者たちはスケーティス砂漠に多く見られたため「スケーティオテース」（ギ skētiotēs）と呼ばれ、彼らが群居する共同体の生活の場は「ラウラ」[4]と呼ばれた。アントニオスの弟子たちによって建設されたナイル下流のピスピルを始め、ケリア、ニトリアおよびスケーティスといった下エジプトの砂漠地帯はこのようなラウラが集中した場所で、隠修制の中心地として発展していったのである。隠修制にしろ半隠修制にしろ、砂漠で活躍した指導的な修道者は一般に「師父」（アッバス）と呼ばれ、尊敬された。

一方、上エジプトのテーバイにはパコミオスが組織した共修制が生まれ、その後同地を中心に、同形態の修道生活が後継者たちによって発展させられていった。

修道制の起源として注目に値するのは、前に指摘しておいた「殉教」という歴史的状況である。迫害時代にあって、殉教はキリストへの最も崇高な模倣であり、キリスト者の完全性を意味していた。しかし、迫害が終わり、平和な時代において殉教の機会がなくなったにもかかわらず、われわれが「殉教の代用」と名づけたもの、すなわち実際に殉教しなくとも殉教する覚悟ができているならば、それ自体、殉教と同じ価値を有するという考えが普及した。この殉教への覚悟はさらに敷衍されて解釈されるようになり、そこからキリスト教最初期から存在していたおとめないし禁欲者が注目されはじめ、キリストに捧げられた処女性ないし童貞性が一種の殉教と見なされるようになったことはすでに指摘しておいた。純潔を守るおとめと禁欲者は最初期のキリスト教世界のなかできわめて高い評価を享受していたが、それに殉教という新しい意味付けがなされるようになったのである。この純潔を守る者たちの存在こそ修道制成立の主たる担い手となった。ただし、おとめの存在は修道生活とは切り離された所でも存在し続けたが、男性、つまり禁欲者は修道制成立と共に世俗の世界から急速に減少していった。つまり、男性の禁欲生活の場は、四世紀には修道制の中に吸収されるようになったのである。

だが、おとめや禁欲者であるなしにかかわらず、修道制出現の担い手となった人々に共通する根本的な動機は、ブイエも指摘しているように、[5]「完全性」を勧めるキリストの次の言葉に対する素直で文字通りの追従にあった。「もし完全になりたいのなら、行って持ち物を売り払い、貧しい人々に施しなさい。そうすれば、天に富を積むことになる。それから、わたしに従いなさい」（マタ一九・二一）。

それでは、修道制の最初期の形態が、世間とは隔絶した砂漠地帯に隠棲するという隠修制をとったのはなぜであろうか。それもやはり殉教の終焉という時代的状況が決定的な理由である。教会はローマ帝国によって公認宗教となったばかりではなく、四世紀末には国教化される。各地に大聖堂が建立され、そこには信徒や改宗者が押し寄せ、国や地方の有力者たちからの寄進などで富が蓄積されるようになった。こうした事態は教会を徐々に世俗化に向かわせた。だが、かかる教会の世俗的物質的繁栄に対して反感をもつ信徒たち、あるいは、既述したように、殉教時代にこそ真の生きた信仰が輝いていたと感じた信徒たちは、殉教に代わる試練や厳しさを求めるようになった。それが、砂漠へと導く要因となったのである。このような人々の中には、迫害時代に異教世界から砂漠に追放され、極めて不安定な生活を余儀なくされていたが、社会そのものがキリスト教に好意的となって、安易になりすぎてしまった生活ではもはや体験しえない離脱と熱情を真摯に取り戻すため、再び砂漠の隠棲へ回帰する信徒もいれば[6]、もともとこの地域はギリシア・ローマの植民地穀倉地帯で、搾取と貧困を余儀なくされていた事情から帝国に対し民族的反感と同時に、帝国のヘレニズム的文化に影響を受けたキリスト教世界への反感から、砂漠の貧しさのなかで素朴で純粋な信仰に生きようとするコプト（エジプト）人信徒もいた[7]。

だが、砂漠での隠棲の背景には、こうした社会的事情に加えて、次節で検討するアントニオスの伝記に見られるように、純粋福音的な動機も働いていた。この点も含めて、アントニオスの生涯とその教えに注目してみたい。

第二節　アントニオス

修道生活を証言する最も古い史料は、修道者の祖アントニオスの伝記、すなわち、アレクサンドレイアのアタナシオス（二五一頃－三五六）が著した『アントニオス伝』（Vita Antonii）[8]である。これはアントニオスの死後まもなく三五七年頃書かれたと思われ、初期修道制の鋳型を教える貴重な最古の文書である。本文書のギリシア語写本は一六五を数え、古代の文書としては異例の数であり、またコプト語、アラビア語、エチオピア語、シリア語、アルメニア語、グルジア語およびラテン語の翻訳が伝わっており、本書の古代キリスト教世界における普及の度合いが計り知れよう[9]。

アントニオスは、いくつかの書簡も著した。コプト語で書かれたが、そのギリシア語訳が断片的に残っているほか[10]、アラビア語で伝えられた二〇の書簡も残っている。が、そのうちアントニオス著として真正なものは七書簡である。[11] この一群の書簡から、アントニオスが、たとえ幼少の頃「（世俗の）学問を学ぼうとはしなかった」[12] ことや「初等教育も受けていなかった」[13] ことが本当だとしても、また人から「無教養な者」[14] だと言われたことが事実であったにしても実際には決して無教養な人物であったわけではなく、とくにプラトン主義やグノーシス主義的伝承について造詣深い知識人であったことが察せられる。[15]

なお、「修道者」という用語を指す英語の monk あるいは独語の Mönch あるいは仏語の moine のもとになっているギリシア語の monachos が「修道者」の意で一般的に普及しだしたのは『アントニオス伝』以来である。ただし、ここでは monachos はもっぱら「隠修士」を指しており、それ以前の意味付けは流動的であった。そもそも、この語は古典ギリシア語には存在せず、キリスト教世界に生まれた造語である。旧約聖書のシュンマコスによるギリシア語訳では『創世記』二章一八節における、エヴァの創造以前のアダムを monachos としているように、元来は「未婚者」「独身者」を意味していた。[16] また三二四年のものとされるエジプト地方カラニスの領主アウレリウス・イシドルスが同地に帰属する地方の長官ディオスコロス・カエソに宛てた嘆願書に「monachos であるイサアク」という表現が出てくるが、ここで言われている monachos とは、隠修士でも共住修道士でもなく、町中にあって共同生活を営み、教会内部や世俗的事柄に積極的に関わっていた「アポタクティコイ」と呼ばれる人々に属していた者であり、[17] これを「修道者」の一種と呼べるかどうかは確定できない。さらにカエサレイアのエウセビオス（二六三または二六五―三三九または四〇〇）にも monachos が登場するが、[18] これはA・アダムによれば「キリスト教的禁欲者」[19] を指すものと考えられている。したがって、monachos が明確に「隠修士」を指し、隠修士を最初期の修道者とみなせば、『アントニオス伝』が「モナコス」を「修道者」の意で使用した最初の例ということになる。

以下、『アントニオス伝』にそって、彼の生涯の足跡を概略で辿ってみよう。

① 生涯

アントニオスは、二五一年頃、中エジプトのコーマという地の裕福な農家に生まれたが[20]、一八歳か二〇歳のころに両親と死別し、妹の面倒を見ることになる。ある時、村の教会で聞いた「明日のことまで思い悩むな」（マタ六・三四）という福音書の朗読に心を揺さぶられ、両親の残した財産を売り払い、それを貧しい人に施し、残された妹をおとめたちに託して[21]、ついに禁欲者となった。彼は一人の老禁欲者の指導のもとに、村の近くで修徳修行に励んだ。アタナシオスの報告によれば「当時、エジプトでは、まだ今のように隠修士たちの居所は定まっておらず、隠修士たちは遠く人里離れた荒れ地を知らなかった[22]」ので、この老禁欲者に倣い、町の郊外に住んで、修行に専念した。彼は多くの模範的キリスト者に教えを乞い、自らも祈りと労働に励む。また聖書の朗読に精神を集中していたので、聖書の「すべて（の言葉）を記憶しており、記憶が写本の代わりを果たすほどであった[23]」。彼の聖性の評判は巷に広がり、「テオフィロス」すなわち「神を愛する者」と呼ばれて、人々から尊敬された[24]。

ここから、悪魔の攻撃とそれを撃退するアントニオスの闘いの叙述が始まる。悪魔は財産に対する追憶や家庭への愛の思いをかきたて、この世のあらゆる慰めを示し、また修徳の行に対する疑いなどを吹き込んだり邪淫の罪へと駆り立てる。しかし、アントニオスは敵の策略にはまることなく、これを撃退し、さらなる攻撃に備えて、徹夜の行や断食など厳しい禁欲行に専念する。しかも、居所を町から離れた所にある墓地に変える。悪魔どもはそこでも執拗に攻撃を加え、その責め苦に耐えかねてアントニオスは気を失い、知人によって町に運び込まれるが、気を取り戻した彼は再び墓地に帰る。三五歳の頃、彼は「強い願望と敬神の熱意に駆られて、ただちに山に向かった[25]」。すなわち、ナイル右岸の砂漠の丘陵地帯に身を引き、そこにあった要塞をすみかにして隠遁し始めた。これが、砂漠の隠修制の始まりとなった。

二〇年ほど完全な孤独のうちに修行した彼は、病人に治癒の奇跡を施し、彼の修行に倣おうとする者に、孤独のうちに生きるよう勧告したため、多くの者が隠修士となった。「その結果、山々は隠修士たちの住まいと化し、自分の家を捨て、天上の生活を（この世で送る）と誓った隠修士たちで荒れ地は満ち溢れた」[26]。

この後『アントニオス伝』は、弟子に対するアントニオスの説教の言葉を長く引用している。その中でアントニオスは、まず修道者の召命がいかなるものであるかを説明した後、この説教の、いやむしろ本書全体の中心テーマとも言うべき「悪魔論」を展開する。すなわち、そこでは、悪霊どもの攻撃について、悪魔の無力さについて、悪魔の予言について、良い幻視と悪い幻視をどう識別するかについて、悪魔を恐れる必要のないことなどについて、詳しく説き明かす[27]。これについては、次項で検討する。

その後、話題はディオクレティアヌス帝（在位二八四―三〇五）とマクシミヌス帝（在位三〇八―三一三）によるキリスト教迫害（二八六―三一一）に移る。アントニオスは、この時期隠修している居所を離れ、アレクサンドレイアに赴き、そこで死刑を宣告されたキリスト者たちに殉教の時まで励ましを与えた。彼自身、殉教への熱意に燃えていたが、その機会は与えられなかった。迫害が終わった頃、彼の孤独への願望は一層高まり、押し寄せる弟子や群集を避けるため、再び居所を変え、ナイル川と紅海の間にあるコルジム山、現在「デル・アマル・アントニオス」と呼ばれる高山の砂漠地帯に移り住んだ。が、ほどなく弟子たちの知るところとなり、その後は弟子の指導や夥しい訪問者への霊的指南、病人や悪霊に憑かれた人の癒しに身を捧げた。さらにアレイオス派に対して論破したり、異教のギリシア人から発せられたキリスト教批判に対して弁明するアントニオスの考えが表明されている[28]。彼についての噂はついにコンスタンティニヌス帝やその子息らの耳にまで達し、その依頼に応じて書簡を皇帝らに送り、その中でキリスト者としての皇帝のあり方について助言を与えた[29]。彼の名声とそのカリスマ的権威の高さを物語るエピソードである。アントニオスはおそらく三五六年、一〇五歳という高齢で世を去ったと伝えられている[30]。

②悪魔との闘い

『アントニオス伝』の中でひときわ目立ち、事実アントニオスの生涯に最も重要な役割を果たしている要素は「悪魔」（ギ diabolos）ないし「悪霊ども」（ギ daimones）である。[31] これに関わるエピソードおよびそれについてのアントニオスの教えが中心的主題になっているのは明白である。

悪魔との関連でまず第一に指摘されるべき点は、アントニオスの砂漠における隠棲の動機である。『アントニオス伝』によれば、彼は町の郊外から、町を離れた所にある墓地に、次にそこからナイル右岸の砂漠の丘陵地帯にあった要塞へ、さらにもっと奥地の高山の砂漠地帯へと生活の場を変えた。これは、できるだけ世間を離れ、孤独と静寂の生活を送るにふさわしい環境を求めての移動とも考えられる。しかしながら、『アントニオス伝』によれば、アントニオスがただ単に静寂を求めていたのではないことは明らかである。人を避けるということが直接の動機として言及されている部分でも、それはただ誰にも邪魔されずに修行するというのではなく、彼の数々の奇跡的治癒や人々への感化力ゆえに「自分が高慢になること、あるいは過分に評価されることへの恐れ[32]」からでもあったことが明白に述べられている。

砂漠への隠棲の根本的動機は、ブイエも指摘している通り[33]、悪魔との闘いへと自らを押しやるためであった。初期の修道者たちにとって「砂漠」は第一義的に悪魔の住処であった。[34] というより、この考えはすでにユダヤ教の中に見られ、「汚れた霊は、人から出て行くと、砂漠をうろつき、休む場所を探す」（マタ一二・四三）とあるように、新約聖書もこれを受け継いだ。[35]『アントニオス伝』にも同様な考えが反映されているのは、アントニオスが砂漠の要塞に居を構えたとき、悪霊どもに「俺たちの場所から出て行け。この荒れ地でお前は何をしようというのだ[36]」と語らせているところから明らかである。そして、事実、『アントニオス伝』には砂漠に隠棲した主人公に対する執拗なまでの悪魔の峻烈な攻撃の様子が神話的脚色で描写され、そのモチーフはキリスト教美術にも大きな影響を与えた。[37]

この悪魔の住処たる砂漠へ赴く動機は、とりもなおさず福音に根差すものであることに注意しなければならない。それは、洗礼を受けて公生活に入る直前に、聖霊に促されて荒野に赴き、そこで悪魔の試練を受けたイエスの事蹟（マタ四・一―一一、マコ一・一二―一三、ルカ四・一―一三参照）に倣うということを意味していた。これはまさに先に我々が見たように、聖書における霊性の一側面、すなわち完全性のための「キリストの模倣」へのラディカルな応答の一形態と見なしてよかろう。[38] 言うまでもなく、悪魔との闘いの目的は、イエスと同様悪魔とその誘惑に打ち勝つことである。撃退するために、敵の陣中に飛びこむ、といったところであろう。

ところで、ブイエは、このような神話的モチーフの背後にある人間学的、心理的意味を指摘している。[39] 彼によれば、悪魔との闘いのための砂漠への隠棲は、「孤独のみが人間の抱いているあらゆる暗い力を発見させ、したがってそれに立ち向かわせるということ」を意味している。[40] 孤独は恐ろしい試練であるが、それを通して人間は、本人にも知られていない魂の深みのみならず、そこに潜むどろどろとした暗い支配力、すなわち悪魔にも目覚める。これを直視し、キリストの助けを得て、これに打ち勝つことこそ孤独と静寂の持つ意義である。

アントニオスは悪魔との闘いという自己の経験に基づき、悪魔に関する教えを披露する。ときに他愛ない悪魔の仕業[41]を物語ることもあるが、注目すべきは、悪魔ないし悪霊どもが人間の心に及ぼす働きかけに関わる彼の極めて精緻な観察力である。そこで中心となるテーマは心の中にわき起こる思いや感情が悪魔に起因するものであるかどうかを見極めること、アントニオスの言葉を借りれば「善き者たちの接近と悪しき者たちの接近との違い[42]」すなわち「霊の識別」（ギ diakrisis tōn pneumatōn）[43] である。そのために彼が示唆する原理、すなわち悪い霊は「狼狽」（ギ deilia）を、良い霊は平安や喜びをもたらすという教え[44]は、その後の霊性史の霊的識別の基本原理となった。悪魔や悪霊どもに対する人間の態度についてもアントニオスは様々な忠告を与える。たとえば、悪魔は恐ろしく見えるが、中身は無力で大変臆病であるから、本来は怖がる必要はない。[45] 悪魔のささやきは虚偽であるから、それに耳を貸してはならない。なぜなら、彼らの目的は常に邪悪であって、たとえ断食のような見た目には善と思われることを推奨する内容であっても、決してそういうささやきを信じ込んで、彼の誘いにのってはならない、とアントニオスは説く。[46] 逆に、悪魔は「倦怠」（ギ akēdia）[47] の原因でもある。これは修徳生活への飽き、嫌気であり、神のことに何の関心も抱かなくさせる恐ろしい状況で、後の修徳文学でも再三警告される危険である。しかし、現代の読者からすれば、アントニオスの語る悪魔の諸行は滑稽にさえ思えるし、それについて語るアントニオス自身「話しているうちに、私は愚か者のようになってしまった[48]」と認めているように、その描写の仕方も幼稚で粗野である。

③様々な教え

アタナシオスはこの砂漠の師父を、修道者が行った様々な奇跡やエピソードを描いて、彼の聖性を示そうとするが、超人的な業に関するアントニオスの極めて慎重な態度も強調する。予知能力も一つの奇跡的な能力であるが、これは修行の労苦の報いとして得られるものでもなく、それを求めて修行してはならない。[49] また、たとえ、悪霊どもを追い払うことができたとしても誇ってはならず、そういうことができない人を軽視してはならない。悪魔祓いは人間の力ではなく、唯一主の助けのおかげだからであるといった類の教えもその例である。[50]

アントニオスは富の放棄、厳しい禁欲的生活に意気消沈することなくひたすら励むよう忠告する。それは最終的には天への住まいを準備するためであるが、[51] 直接的な目的とは心の純粋さを獲得することである。[52] 徳を修めるためのあらゆる修行は実は「造られたままの状態にある」魂、清い魂を獲得することであり、徳が獲得されるとは「魂が自分の本分に応じた知識を有するとき」であり、それは「造られたものとして留まる」ことを意味する。[53] 徳を獲得するということは、創造されたままの本来の魂の姿に回帰することなのである。そのためには、人間は情念を制し、悪魔と罪への勝利に到達しなければならない。さらにこの闘いは心の絶えざる「覚醒」（ギ nēpsis）[54]、つまり魂のあらゆる動きに対する監視態勢を要求する。修行の目的が「魂の純粋さ」であること、あるいは心の「覚醒」は以後の修徳文学のキーワードともなる。

第三節　隠修制の様々な形態

隠修制は本来天涯孤独のうちに生きる修道者を指したが、『アントニオス伝』においても明らかなように、次第に隠修士の「集落」を形成するようになった。したがって、通常、隠修士は孤独と静寂のうちに魂の浄化のための行を遂行することができたが、危機に際しては隠修士仲間の助けを得ることができた。そのため石を投げて届くほどのあるいは声が届くほどの距離に仲間がいるという具合であった。こういう集落では、一人の師父の周囲に弟子たちが集まるというかたちが多かった。一方、『アントニオス伝』は、この師父について別の側面を報告している。すなわち、弟子たちが師父の個人的指導をもはや必要としないと思われたなら、その師父は彼らから離れてさらにさびしい土地へ退く、ということである。修道者集団を離れて孤独へと突き進む修道師父や指導者のあり方は、のちの修道者の歴史においては絶えず繰り返される現象である[55]。

隠修制は、まもなくこれとは違った形態を生み出した。その最初の例が、柱頭行者シュメオン（三九〇頃－四五九）によって導入された、柱状の塔の上で生活する隠修制である。彼は孤独な隠修生活を求めていたが、弟子たちや巡礼者が彼をカリスマを有する奇跡行者として慕い、彼のもとに押し寄せたため、そのような状況から、つまり「世間」から逃れるため、最初は五メートル、のちに一五メートル、ついは二〇メートルにも達する柱を造ったと伝えられている。この形態の隠修制はビザンツ帝国内やスラブ圏に根強く残った。柱の代わりに木の上で生活する形もあった[56]。

もう一つは、すでに以前に指摘しておいた「巡回伝道師[57]」に連なる特異な隠修形態である。巡回伝道師とは、初代教会においてとくにシリアとパレスティナにおいて見られた現象で、一つの共同体から他の共同体へ、福音伝道のために絶えず歩き回る男性禁欲者であるが、これをモデルにした隠修制で、自分の故郷を離れ、言語、習慣の異なる地に赴いて、そこで「よそ者」として暮らすこと（ギリシア語で「クセニティア」）を指す[58]。「世間」との縁故、とりわけ家族や財産との結びつきをきっぱりと絶つということ、さらには獲得された社会的地位に由来する名誉を放棄し、理解されずまともにとりあってくれない「よそ者」としての苦労や苦しみを進んで引き受ける、というところにこの生き方の意義が存した。

だが、一方で、砂漠の師父たちが弟子や教えを乞う者を拒否したりしなかったように、異郷の地で暮らす修道的「よそ者」も、己の信仰を自分自身のなかに留めておいていたわけではなく、その土地の者たちに積極的に信仰を証した。そして、まさにこうした隠修形態が、キリスト教信仰の急速な普及・拡大を促した重要な要因となった。彼らは、己の生活様式を使徒や福音書記者のそれに連なるものと見なしており、とくに東方ではトマスやバルトロメオといった使徒たちに関する教会伝承、いやそもそも正典も外典も含めた使徒たちの伝道旅行に関するすべての伝承に立脚するものとの自覚を持っていたのである[59]。

第四節　パコミオス

アントニオスが隠修制の創始者であるならば、パコミオスは「神の命令により、共修的生活（ラ conversationem coenobiorum）を最初に創立した神の人[60]」と呼ばれているように、エジプトにおける「共修制」の創始者と見なされている。

ただし、最近の研究では、キリスト教的共修制の起源はユダヤ教のクムラン教団にあったという説がある[61]。

この教団は熱烈なメシア待望のうちに、共同で修徳生活に励む集団を形成していた。同様に同じユダヤ教内部現象であるテラペウタイ派（ギ therapeutai〈原意は「奉仕するもの」「癒す者」「神を礼拝する者」〉）をキリスト教的共修制の源泉と見なす説もある。[62] これは、エジプトのアレクサンドレイア付近に隠遁生活を営んでいた禁欲的共同体で、厳格な規律を守っていた。初期キリスト教がこれらの集団から多くの信徒を得たのであれば、こうした生活形態がキリスト教に導入されたと考えても不思議ではない。しかし、これらユダヤ教的特異形態がキリスト教修道制の発生の直接の源泉であることを示す明らかな史料的根拠はない。

① 生涯

パコミオスの生涯については、彼の死後まもなく弟子たちによって著された『パコミオス伝』（Sancti Pachomii vita）[63] が証言している。彼は二九〇年ないし二九二年頃上エジプト、ナイル左岸の町テーバイ近郊にあるシュネー（ギリシア語で「ラトポリス」）で異教の農家に生まれた。若い頃はコプト語しかできなかったが、のちギリシア語も習った。キリスト教との出会いは、二〇代の頃、不承不承ながら帝国軍に服役中、テーバイのキリスト教徒に接したときであった。彼らが示した兄弟愛の実践にすこぶる感動し、早めに兵役を解かれたパコミオスは、さっそくヘノボスキオン（現カル・エス・サヤド）でキリスト教の洗礼を受けた（三〇七または三一二または三一三）。[64] 彼は同地のキリスト教共同体の中で隣人愛の奉仕に専念したが、三年ほど経って修道者になる決意をし、砂漠の隠修士パラモン（Palamon）のもとで隠修生活の見習いを始めた（三一六頃）。七年間このような生活を続けた後、パラモンの許可により、三二〇年頃、彼は隠修生活を離れ、ナイル右岸のデンデラー教区内にあるタベンネシという名の廃村に一つの修道院を建設した。幻視の中で聞いた声の勧めにより、神と人との和解のために人々へ奉仕する方法として「共同体」（ギ koinōnia）を創り上げる決心をしたとされる。パラモンは、このパコミオスに与えられたお告げの権威を認め、修道院建設に援助の手を差し延べたが、病を得、パコミオスの手厚い看護のなか、世を去った。

彼の創設した修道共同体は、さっそく入会志願者が現われたが、そのような者に対して、パコミオスは主キリストに従うために、家族と財産を放棄し、「共同生活（ギ koinōbion）に留まること」を要求した。『パコミオス伝』では、ここで初めて「コイノビオン」という術語が現われる。[65] この「共同生活」のために彼は規則を定めたが、それは衣・食・眠においてメンバーの平等性を確保することを目的とした。ここに、共修制が実質的に開始されたのである。

彼が創設した修道院が、それ以前からあったラウラ等の隠修制における施設と基本的に異なっているのは、それが統一化された体を形成しており、これが成員の内的一致の外的表現とされている点である。この一致の目にみえるシンボルは修道院全体を囲む塀であり、その塀に外の世界との接触を可能にする門が一つしかないことである。これは、現在イメージされているような修道院とは異なる形態で、むしろ、塀に囲まれた村といった観を呈している。その「村」の中央には教会堂、厨房、食堂、病舎があり、その周囲を多数の「家」が取り囲んでいる。各家には三〇人から四〇人の修道士が共同生活し、それぞれに一人の上長とその補佐が置かれている。誰がどの家に配属されるかは、修道院全体のため、また地域住民の益のために従事する手仕事（たとえば職工、編み職、仕立職、大工、靴工、パン焼き、料理人、牛飼い、船頭、看護人等）によって決まっており、同職仲間同士が共同生活することになっていた。そしてこれら全部を含めて修道院全体を統括するのが「アッバス」と呼ばれる修道院長である。[66] 前にも触れたように「アッバス」は、元来、「師父」すなわち砂漠で活躍した指導的な隠修士を指す呼称であった。

彼が始めた修道組織体は爆発的な発展を見せ、その晩年には九つの男子修道院および二つの女子修道院が創建されていた。パコミオスの修道院に所属する者は、最初の修道院がタベンネシに創建されたため「タベンネシオテース」（「タベンネシ派の人」）と呼ばれた。カッシアーヌス（三六〇頃－四三五頃）の報告によれば、四世紀末には五千人以上、[67] パラディオス（三六五または三六八－四二五または四三〇）によれば七千人[68]の修道士がこれに属していたと言われる。各修道院には一人の上長（「アッバス」）を任命し、統括させた。パコミオス自身は、彼がタベンネシの北方パバウ（プボウ）に建設した第二番目の修道院に、三三七年頃に移り住み、そこから全修道共同体の総長として管理統括した。彼はたびたび各修道院を視察し、またそれぞれの共同体の上長と夥しい文書のやりとりを行なった。さらに年二回、すなわち復活日と八月一三日にパバウ修道院にて総会議を開催し、経済的、霊的および組織上の諸問題について相談した。パコミオスの立場は、各修道共同体の上長を任命または罷免したり、また各共同体を定期的に訪問し、弊害が認められる場合それを除去する権限をもっていた。さらに、経済管理と霊的指導の中央集権化もあますところなく実施された。[69] また、パコミオスは常に当該教区の司教との協調を図り、教会位階制度との友好関係を重んじた。『アントニオス伝』を著したアレクサンドレイアの司教アタナシオスは、パコミオスをも同様に尊敬しており、三三〇年頃、彼の修道院を訪れたこともある。

ただ、彼のことを快く思っていない司教たちもいたことは事実で、たとえば、三四五年頃に彼の故郷であるシュネーにて開催された司教会議で、彼が持っていたと言われる読心術の能力について意見を述べるよう迫られた。意見陳述中に一人の精神錯乱者が短剣を振りかざして襲いかかったが、周囲にいた者たちに取り押さえられ、難を逃れるというエピソードが伝えられている。パコミオスはこの事件の後、シュネー近郊のフヌームにある修道院に引きこもり、その翌年の三四六年五月九日に、テーバイを襲ったペスト（あるいはチフス性熱病）が原因で死亡した。

②パコミオスの修道規則と修道者の生活

彼が創設した修道共同体のために考案した修道規則は歴史上初のものであり、現代における諸修道会の基本となるものであった。もっとも、後代にできた伝説では、パコミオスは天使の手から修道規則を手渡されたと伝えられているが[70]、それを無視したとしても、彼自身が直接文書にしたものは残っていない。規則の内容を知らしめる唯一の資料は、カノプスに創設された「メタノイア」と称するパコミオス派修道院起源のコプト語の文書である。ただし、これもコプト語版は断片的にしか残っておらず、そのギリシア語による抄訳とこれをさらにラテン語に翻訳したテキスト（ヒエロニュムスによる）が残存している[71]。

修道規則とはいっても、パコミオスのそれは内的、霊的生活への指針というものは見られず、もっぱら具体的な生活実践における諸問題を扱っている。それはたとえば組織の規程のような体系的な体裁はとっておらず、修道生活の日常的、外的な側面についての、脈略にはさほどこだわらずに配列された指針の集合体といったものである。一方、この規則の根本にある精神とは聖書中心主義と言える。一見して分かるように、この修道規則は聖書の引用に溢れている。それは、この規則のねらいが、とりもなおさず聖書の教えを生活の中で具体化し実践することだからである。つまり、この規則は修道者に「太祖の掟と聖書の教えに従って」生きる手助けをする役割を持ち、「真理の規範のうちに、また使徒と預言者の伝承のうちに」自己を確立することを目指すものであった[72]。

ところで、パコミオスの修道共同体の生活については、以下のような点が指摘される。修道士は、入会する際財産を放棄し、何も個人的に所有することは許されなかった。修道士たちは、亜麻のトゥニカ、頭を覆う頭巾、羊の毛皮の衣服など隠修士と同じ服装を着用する。食事は水曜と金曜を除き、一日二食で、煮炊きしたものや肉類は食しない。共同の祈り（ギ synaxis）として各家で朝、昼、晩に集まって詩編が朗誦され、就寝前および深夜にも祈りの集いがある。また徹夜課がある場合、聖書朗読、詩編朗誦および祈禱がなされた[73]。

このような組織的な生活形態では勝手な振る舞いは許されないことは明らかで、したがって、共修制の第一の徳目が「従順」であったとしても驚くに値しない。たとえば、パコミオスは、悔悛のための苦行に対する修道士の熱意を推奨するものの、その実施は上長の指導下でなされねばならないとし、また、上長に対しては全面的に心を開き、良心の糾明内容を報告しなければならなかった。[74] 絶対的従順は、共修制の基礎であり、同時に偉大な徳目だった。

パコミオスは、できるだけ多くの修道士を完全性に導きたいという望みと意志があった。そのため、隠修制のように過酷な苦行には耐えることのできない人間や、幻視など特別なカリスマを持つことのできない隠修士も視野に入れている。ここから、苦行に関わる規則も隠修制ほどの厳しさはない。手仕事も適度に携わるようにし、また祈りも過度の重荷になったり、嫌気がさしたりしない程度に守られるようにした。[75]

いずれにしても、隠修制ないし半隠修制にくらべて、最も根本的な違いは、修道生活が制度化されたということである。つまり、明確な法規を持つ位階制的な組織体となったことである。さらにもう一つ付け加えるならば「従順」の性格である。隠修制でも従順は重大な徳目であるが、それは自分で選んだ霊的な師に対する従順、自分が自由に選んだ「上長」に対する服従である。しかし、共修制では、共同体の長として公式に認められた上長、つまりあてがわれた上長に対する従順であり、また同時に明文化された一連の規約に対する従順なのである。[76] しかし、この従順を含めて、共修的生き方を選ぼうとするに際して、後の修道制のように「誓願」を立てるという習慣はパコミオスの共同体にはまだ知られていない。

③ 共修制の意義と危険性

パコミオスの共修制が隠修制と異なる点をまとめて列挙してみると、第一に「共同の住まい」、第二に「共同の祈り」、第三に「共同の手仕事」、第四に「共同の食事」、第五に就寝や起床等の「共通の日課」である。パコミオスはなぜこのような徹底した共同体制を敷いたのであろうか。

それは、このような体制が、能力や人徳において並みの人間にも、完全性という修道的目的に到達することを容易にさせるものであることをパコミオスは確信していたからである。というのは、隠修制にはよほど熟練した人の場合は別として、ある種の危険性が常に存していたからだ。実際、すでにパコミオスの存命中に、自己欺瞞に陥ったり、見せかけの聖性に覆われた無秩序な生活を送る隠修士が多く存在し、「世間」から顰蹙を買っていた。また情念の滅却のために過酷な禁欲修行を営むまじめな隠修士たちには、独善や名誉欲といった破滅的な悪徳の餌食となる危険があった。パコミオスが共修制を採用したのは、生活のあらゆる側面を共に行動するよう仕向けることで、このような危険を回避するためであった。とりわけ、隠修士にとり最重要課題であった禁欲修行についても、先に触れたように、彼は誰にでも遂行できる適度なものを奨励し、また上長による識別力ある指導を徹底させた。[77]

　しかしながら、パコミオスの共修制は、危険性もはらんでいることがその存命中にはっきりしてきた。その危険性とは、すなわち「富裕化」である。パコミオスの各修道共同体は固有の土地、固有の輸送手段、高度な労働技術や道具を所有していた。個々の修道士は所有物を意のままにすることは許されず、徹底した清貧に生きていたが、修道者数の増大に伴って、まさにその無私の労働と清貧生活が、修道共同体としては必然的に富を生み出し、増大させる結果となり、それにより社会的影響力も高まって、周辺地域の俗人の生活も修道者たちの存在に依存するようになった。こうしたすべての事柄が、最初期の修道者の持っていた清貧の理想とはかけ離れたものであることは言うまでもなく、歴史を通じて、修道生活を堕落させる見過ごし得ない要因となった。[78]

　結局、隠修制にしろ共修制にしろ、長所短所を併せ持っているということである。F・リリエンフェルドは次のように指摘している。

「修道制が存在しはじめて一世紀が経つか経たないうちに、すでに次のことが分かってきた。すなわち、隠修士も共修修道者も……『この世』から完全に離脱することはできないということだ。明らかなことは、修道者の生活においても、『この世』の人間的生の諸条件が極めて強力であるということだ[79]」

第五節　総　括

ナイル下流の下エジプトでアントニオスによって開始された隠修制は、その後弟子たちによって引き継がれ、彼らは同地域のピスピルに最初の隠修制の中心地を建設した。その後、師父アムン（生没年不詳）の貢献によって、アレクサンドレイアの南東六〇キロのところ、ニトリア砂漠中の乾燥した台地に第二の隠修制の中心地が生まれ、さらに三三〇年頃には、大マカリオス（三〇〇頃－三九〇頃）が、ニトリアから南方七〇キロ離れたスケーティス砂漠に隠修士の集落を形成した。

一方、上エジプトのテーバイで共修制を導入したパコミオスは、まず同地のタベンネシにその最初の中心地を創設したが、そこからパバウ（プボウ）、ヘノボスキオン、トゥモウソピス、トゥシ、トゥシミネなど、各地にいくつものパコミオスの修道共同体が誕生し、爆発的な発展を見た。前述したように、人口増加に伴う富裕化の危険にさらされていた共修制は、四世紀末に彼の甥にあたるシヌティオス（あるいは「シェヌーテ」不詳－四六五）によって改革され、新たな生命力を宿して発展していった。[80]

注

1　Cf. A. Vööbus, *History of Asceticism in the Syrian Orient II. Early Monasticism in Mesopotamia in Syria*, Louvain 1960.

2　修道制の起源については、様々な説がある。それを組織的に整理したものとして、F. v. Lilienfeld, Art. Mönchtum II. II. Chrislich, TRE 23 (1994). 157-160が参考になるが、戸田聡『キリスト教修道制の成立』（創文社、二〇〇八年）及び同編訳『砂漠に引きこもった人々――キリスト教聖人伝選集』（教文館、二〇一六年）は、修道制成立に関する研究として非常に優れている。特に興味深いのは、両研究ともヒエロニュムス著『パウルス伝』によって伝えられているテーバイ出身の「パウルス」という名の隠遁者の実在性が議論されている点である。もし実在性が肯定されると、修道生活を証言する最も古い史料が『アントニオス伝』であるという定説が覆されることになる。しかし、戸田は先行研究の議論を整理して、『パウルス伝』は史実を伝えるものではなく、ヒエロニュムスによる文学的創作である可能性が高いことを指摘し、もってパウルスの実在性を否定する立場をとる。なお、東方教会と西方教会の修道制の比較検討を主題とした研究として、桑原直己『東西修道霊性の歴史——愛に捉えられた人々』（知泉書館、二〇〇八年）が参考になる。

3　古谷功「東方キリスト教修道制の起源と展開」上智大学中世思想研究所編『中世の修道制』（創文社、一九九一年）三-一八頁、とくに四-五頁参照。

4　五世紀にエウテュミオス（四七三没）によってつくられたパレスティナのラウラ群は有名。しかし、「ラウラ」という言葉は、のちに東方教会ではある特権を有する大修道院を指すようになる。アトスのアタナシオス（九二〇頃-一〇〇三）によって九六三年に創建されたアトス山最古の修道院「大ラウラ」（Megistê Lavra）がその一例。Cf. K. Onasch. Kunst und Liturgie der Ostkirche in Stichworten, Wien/Köln/Graz 1981, 124; 126-127.

5　ブイエ、二二六頁参照。

6　ブイエ、二二五頁参照。

7　古谷功、前掲書、八頁参照。

8　PG 26, 837-976. 批判的編集は、Athanase d'Alexandrie. Vie d'Antoine. Introduction, texte critique, traduction, notes et index par G. J. M. Bartelink (SC 400), Paris 1994. 邦訳として、アレクサンドレイアのアタナシオス著、小高毅訳「アントニオス伝」上智大学中世思想研究所編『中世思想原典集成2　盛期ギリシア教父』（平凡社、一九九二年）（以下、集成2と略記）七七四-八四三頁があるが、これは、Vita di Antonio. Introduzione di Christine Mohrmann, Testo critico e commento a cura di G. J. M. Bartelink, Traduzione di Pietro Citati e Salvatore Lilla, Milano 1974のラテン語版を底本としている。なお、英訳としては、上述のミーニュ版（PG 26, 837-976）を底本としたJ. B. McLaughlin, St. Antony of the Desert by St. Athanasius, Illinois 1995がある。

9　小高毅、前掲書、七七二頁参照。

10　現在そのラテン語訳が残っている。Cf. PG 40, 977-1000.

11　出典は、M. El-Maskîne, *Saint Antoine ascète selon l'Évengile, suivi de Les vingt Lettres de saint Antoine selon la tradition arabe (Spiritualité orientale 57)*, Abbaye de Bellefontaine 1993. Cf. S. Döpp/W. Geerlings (ed.), *Lexikon der antiken christlichen*

Literatur, Freiburg/Basel/Wien ²1999, 36. そのラテン語訳は PG 40, 999-1066.

12 Cf. Vita. Ant. 1, 2 = SC 400, 130 (v. 7).

13 Ibid., 72, 1 = 320 (v. 2).

14 Ibid., 85, 5 = 354 (v. 15).

15 Cf. S. Döpp/W. Geerlings, op. cit., 36.

16 Cf. F. v. Lilienfeld, op. cit., 152-153.

17 Cf. E. A. Judge, The Earliest Use of Monachos for《Monk》(P. Coll. Youtie 77) and the Origines of Monasticism, in: JAC 20 (1977), 72-89.

18 Cf. Eusebius, Commentarii in psalmos = PG 23, 689B.

19 A. Adam, Grundbegriff des Mönchtums in sprachlicher Sicht, in: ZKG 65 (1953), 214.

20 生年および生地については、『アントニオス伝』には明らかではなく、ソゾメヌス（三七六頃－四四七頃）の証言に基づく。Cf. Sozomenus, Historia ecclesiastica 1, 13, 2 = J. Bidez / G. C. Hansen (ed.), Sozomenus Kirchengeschichte (GCS 50), Berlin 1960, 27 (vv. 7-12).

21 この「おとめたち」については、本書四五頁以下参照。

22 Vita Ant. 3, 2 = SC 400, 136 (vv. 8-11).

23 Ibid., 3, 7 = 138 (vv. 29-31).

24 Cf. ibid., 4, 4 = 140 (vv. 19-22).

25 Ibid., 11, 2 = 164 (vv. 5-6)

26 Ibid., 14, 7 = 174 (vv. 30-33).

27 Cf. ibid., 15-43 = 176-252.

28 Cf. ibid., 69-80 = 314-340.

29 Cf. ibid., 81 = 340-344.

30 Cf. ibid., 89, 3 = 362 (vv. 8-10).

31 「悪魔」も「悪霊ども」も悪の原理として同じであるが、アントニオスでは前者は後者の親分という上下関係で考えられている。Cf. Vita Ant. 42, 1 = SC 400, 248 (vv. 1-3).

32 Ibid., 49, 1 = 266 (vv. 3-4).

33 ブイエ、二三二―二三五頁参照。

34 Cf. G. Switek, Wüstenväter und Dämonen. Beitrag zur Geschichte des "Geistlichen Kampfes", in GuL 37 (1964), 340-358; A. Grün, *Der Umgang mit dem Bösen. Der Dämonenkampf im alten Mönchtum (Münsterschwarzacher Kleinschriften 6)*, Münsterschwarzach 1980.

35 J・メイエンドルフ著、岳野慶作訳『聖グレゴリオス・パラマス』（中央出版社、一九八六年）一五―一六頁参照。

36 Vita Ant. 13, 2 = SC 400, 170 (vv. 5-6).

37 美術史における影響については、北嶋廣敏『聖アントニウスの誘惑』（雪華社、一九八四年）参照。

38 「キリストの模倣」については、本書二一一頁参照。

39 ブイエ、二三四―二三五頁参照。

40 同書、二三四頁。

41 たとえば、ナイル川の氾濫を悪霊どもが予告し、それが的中したこと。Cf. Vita Ant. 32 = SC 400, 222-224.

42 Vita. Ant. 35, 4 = SC 400, 230 (vv. 13-14).

43 Ibid. 44, 1 = 254 (vv. 6-7).

44 Cf. ibid. 35-37; 43 = 230-236; 252.

45 Cf. ibid. 42 = 248-252.

46 Cf. ibid. 25; 27; 35 = 204-206; 210; 230-232.

47 Cf. ibid. 17, 4; 19, 1; 36, 2 = 182 (v. 16); 184 (v. 17); 234 (v. 1). なお、「倦怠」について詳しくは、大森正樹「祈りの系譜（二）アケーディアとエヴァグリオスの祈り」『エイコーン』第一三号（一九九五年）一六―二七頁参照。

48 Ibid. 41, 1 = 246 (v. 1).

49 Cf. ibid. 34 = 228.

50 Cf. ibid. 38 = 238.

51 Cf. ibid. 16-18 = 176-184.

52 Cf. ibid. 20 = 186-192.

53 Cf. 20 = 186-192.

54 Cf. 21, 2; 59, 6 = 192 (vv. 5-7); 292 -294.

55 Cf. F. v. Lilienfeld, op. cit., 155.

56 Cf. ibid. 156.

57 本書四七頁参照。

58 Cf. F. v. Lilienfeld, op. cit., 156-157.

59 Cf. ibid., 157.

60 A. Boon (ed.), Pachomiana latina. Règle et Épîtres de S. Pachôme. Épître de S. Théodore et《Liber》de Horsiesus. Texte latin de S. Jérome. Louvain 1932, 13.

61 ブイエ、二二二―二二三頁参照。

62 Cf. A. Guillaumont, *Aux origines du monachisme chrétien. Pour une phénomenologie du monachisme (Collection spiritualité orientale et vie monastique 30),* Abbay de Bellefontaine 1979; J. C. O'Neill, The Origins of monasticism. The Making of Orthodoxy, FS. Henry Chadwick, Cambridge 1989, 270-287.

63 原語はギリシア語であるが、その批判的校訂版は、F. Halkin (ed.), Sancti Pachomii vitae graecae (Subsidia Hagiographica19), Bruxelles 1932. コプト語翻訳の批判的校訂本としてTh. Lefort (ed.), Les vies coptes de saint Pachôme et de ses premiers successeurs, Louvain 1943.

64 Cf. D. J. Chitty, A Note on the Chronology of the Pachomian Foundations, Studia Patristica 2 (=TU 64), 1957, 379-380.

65 Cf. Sancti Pachomii vitae graecae 25 = F. Halkin, op. cit., 16.

66 以上については、F. Ruppert, *Das pachomianische Mönchtum und die Anfänge des klösterlichen Gehorsams*, Münsterschwarzach 1971, 282-327参照。

67 Cf. Cassianus, De institutis coenob. IV, 1 = J.-C. Guy (ed.), Jean Cassien. Institutiones cénobitique (SC 109), Paris 1965, 12 (vv. 1-15.

68 Cf. Palladius, Historia Lausiaca 32 = C. Butter (ed), The Lausiac History of Palladius II (TaS 4/2), Cambridge 1904. (repr. Hildesheim 1967), 93 (v. 8).

69 Cf. St. Schwietz, *Das morgenländische Mönchtum I. Das Aszetentum der drei ersten Jahrhunderte un das ägyptische Mönchtum im 4. Jahrhundert*, Mainz 1904, 178-179. ちなみに、この急激な人口増加によって、各人に対するきめ細かな個人的指導が非常に困難となることを見抜いたカエサレイアのバシレイオスは、彼の手になる『修道士大規定』(Basilius Caes., Reglae fusius tractatae = PG 31, 890-1051. 邦訳は、バシレイオス著、桑原直己訳「修道士大規定」集成２、一八二―二八〇頁) の中で、上長は一つの修道共同体の指導に全精力を傾けるために、複数の修道院を一人の上長に任せることを望まないと書いている（Cf. Basilius Caes., Reg. Fus. tract. 35 = PG 31, 1008A）。

70 Cf. H. Lietzmann, Geschichte der alten Kirche IV, Berlin 1944, 133.

71 ギリシア語版の出典は、Th. Lefort (ed.), La Règle de S. Pachôme, in: Muséon 37 (1924), 1-28. なお、ルフォーはその後コプト語断片とそのギリシア語抄訳のテキストを出版した。Cf. Th. Lefort (ed.), La Régle de S. Pachôme. Fragments coptes et Excerpta grecs, Louvain 1932. ラテン語訳テキストは、A. Boon (ed.), Pachomiana latina. Règle et Épîtres de S. Pachôme. Épître de S. Théodore et《Liber》de Horsiesus. Texte latin de S. Jérome. Louvain 1932およびH. Bacht, Das Vermächtnis des Ursprungs. Studien zum frühen Mönchtum II, Würzburg 1983, 65-288.

72 Cf. A. Boon, op. cit., 53.

73 ブイエ、二四八－二四九頁参照。

74 Cf. P. Resch, *La doctine ascétique des premiers maîtres égyptiens du quartième siècle*, Paris 1931, 200-202.

75 Cf. Palladius, Historia Lausiaca 32 = C. Butter, op. cit., 92 (vv. 8-93).

76 ブイエ、二四九－二五〇頁参照。

77 Cf. H. Bacht, op. cit., 36; F. v. Lilienfeld, op. cit., 162.

78 朝倉文市『修道院――禁欲と観想の中世』、五〇－五二頁参照。

79 F. v. Lilienfeld, op. cit., 162.

80 ブイエ、二五四－二五五頁参照。

第六章　『砂漠の師父の言葉』における修道精神

ラテン語で Apophthegmata Patrum または Verba seniorum と呼ばれる『砂漠の師父の言葉』という文書は、四世紀から五世紀にかけて主にエジプトの砂漠地帯で活躍した著名なキリスト教修道者たちの言行録であり、修道者の祖アントニオスの伝記、すなわち、アレクサンドレイアのアタナシオスが著した『アントニオス伝』(Vita Antonii) と並び、初期の修道霊性の研究にとって最も価値ある史料である。

本書成立の経緯は以下の通り。五世紀になって、まずスケーティスの砂漠の修道者たちのエピソードや語録が詞華集として収集、編纂され始めた。この詞華集ではスケーティスの偉大な修道師父ポイメン(四世紀末)にまつわるものが最も多いことから、本書の編纂はおそらく彼の弟子たちによって始められたと思われる。後に、エジプトの他の修道者たちの言行録――ほとんどは隠修士の語録だが、共住の修道院に属する修道者のものも含まれている――さらにはパレスティナや小アジアの修道者たちのものも取り入れられるようになり、こうして現在の形に仕上がった。ところで、本書は今日まで二通りの編纂形式で伝わっている。一つは、アントニオスからオル(不詳－三九〇)までの言行録がギリシア語のアルファベット順に並べられた形のものである。そのギリシア語テキストは一七世紀になってコトリエ(一六二七－一六八六)によって初めて編集された。通例、これがラテン語で Apophthegmata Patrum と表記されるものである。[2] もう一つの形式は、内容によって分類され、並べられたものである。主題に従ったこの集成はラテン語で伝えられており、ロスウェイデ（一五六九－一六二九）によって Verba seniorum という表題のもとに一六一五年に出版された。[3] しかし、よく知られているのは第一の形式のものである。

『砂漠の師父の言葉』は、断片も含めるならば、シリア語、コプト語、アラビア語、エチオピア語、アルメニア語、グルジア語など、ほとんどあらゆる古代語に翻訳されていることからも分かるように、その普及の規模には驚くべきものがあり、四、五世紀における修道霊性の歴史にとってこの文書の価値は比類のないものである。西方修道制の父聖ベネディクトゥス（四七〇または四八〇－五四七以降没）もこの書物を権威あるものとして尊重していた。

霊性史研究にとって貴重な史料である理由には、師父たちの言葉を再現する際のその忠実さがある。本書には、編纂に関わった者たちが個人的独創性や文学的脚色をいっさい抜きにして、師父たちが話した通りの言葉を忠実に再現していること、具体的な詳細を厳密に記録している跡がはっきり分かる。[4]

以下、本書に記録されている修道者たちの言行に注目し、そこに見出される修道精神の特徴を取り上げてみたい。

第一節　「静寂」への執念

先にも触れた通り、最初期の修道者たちは皆「隠修士」であり、知られている限りではアントニオスがその最初の例である。彼らの中には天涯孤独のうちに生きる者もいたが、ある程度の共同性を取り入れた「半隠修制」が急速に拡がっていった。『砂漠の師父の言葉』の成立の背景となった下エジプトのスケーティスもこのような生活様式が集中した場所である。そこでは、隠修士たちは、「長老」（ギ gerōn）と呼ばれる霊的師父の近くに散居し、週五日間は各自の修屋（ケリオン）で孤独のうちに、あるいは必要ならば一人の弟子と生活し、食事や祈り、手仕事などに従事したが、土日だけは共同典礼のために最寄りの小聖堂に集まった。

ところで、隠修生活とは本来、世人との接触を離れて「静寂」（ギ hēsychia）のうちに生きることを根本動機としていた。身体を通して世界とつきあう人間は、静寂を獲得するために、まずおのれの「外側」を静穏にしなければならないが、修道生活の成立は初めからこの動機に促されていた。このことは、「修道者」を意味するギリシア語の「モナコス」が本来「単独の」であることからも明らかなように、修道者はまず「孤独」によって静寂を獲得しようと努めた。都市を離れ、砂漠に隠棲するのもそのためであった。しかし、天涯孤独の隠修生活ならばこれは無条件に獲得しうるが、半隠修制が一般化した場合、そういうわけにはいかない。他の修道仲間とのつきあいは不可避だからである。

そこで、彼らはそのような状況においても静寂を保つために二つの方法を見出し、徹底的にそれを遵守するよう努めた。一つは「修屋に留まる」ということであった。『砂漠の師父の言葉』にはスケーティスの有名な修道師父アルセニオス（三六〇頃-四四九）にまつわる次のエピソードを紹介しているが、それは修屋に留まることがどれほどの優先事項であるかを印象深く物語っている。「ある人が師父アルセニオスに言った。『私の考えがこう言って私を苦しめます。〈お前は断食することも、働くこともできないが、少なくとも病人を見舞え。それは愛の業である〉』。しかし、長老は悪霊のそそのかしを見抜いて彼にこう言った。〈行け。そして、食べ、眠れ。働くな。ただ修屋を離れてはいけない〉。彼は修屋での忍耐が修道者を正しい状態に保つことを知っていたのである」[5]。アントニオスも次のような印象深い説教を残している。「魚が乾いた所にいつまでもいるならば死んでしまう。同様に修屋の外をうろつき、世間の人と暇をつぶしている修道者たちは静寂の状態を捨てる。われわれは……海に戻る魚のように、自分の修屋へと早く戻らねばならない」[6]。生没年不詳のルフォスという師父は、静寂とは「修屋に座ることである」と断言する。[7] モウセスという名の師父（不詳－四〇七）の「行って、あなたの修屋に座っていれば、修屋はすべてのことをあなたに教える」[8] という言葉は隠修制のモットーとして、何世代にもわたって語り継がれた金言である。

もう一つの方法は「沈黙」（ギ siopē）の遵守である。『砂漠の師父の言葉』には、修道者たちがいかに沈黙の徳を強調していたかが数多く証言されている。たとえばポイメンは「あなたにやってくるすべての苦しみ、これに対する勝利は、沈黙することである」[9] あるいは「神のために語る者はよいことをし、同様に神のために沈黙する者もよいことをする」[10] と弟子に教示し、沈黙を高揚している。ときには隣人を誉めることよりも沈黙が大切だと断言するなどかなりラディカルである。[11] 極端な事例として、ポイメンの弟子アガトン（生没年不詳）が、沈黙を学ぶために「口に小石を含んで三年間をすごした」[12] という報告にも見出される。沈黙への執着はわれわれの想像を絶するものであった。

ところで、以上見た二つの方法は、静寂を「外から守る」方法、いわば外的条件にすぎない。しかし、静寂とは外側が静穏であればそれで事足りるというわけではない。静寂の本来の場は「内側」にあるのである。すなわち、心の静寂、精神的静穏こそ、砂漠の修道者たちが追い求めたものである。修屋に留まることおよび沈黙の遵守の目的は、この内的静寂のための環境づくりに他ならない。だが、環境が整っていても、自動的に内的静寂につながるわけではない。実は、内的静寂を保つためには、人との接触や外界の喧噪よりも強力な障害と闘わなければならないのである。その障害とはこれまでたびたび指摘してきた「想念」（ギ logismoi）である。この用語は静寂を邪魔する限りにおいて否定視される思い、考えである。静寂のためにはこの想念という敵と闘わねばならない。このような魂を襲う「敵ども」は砂漠の師父たちの叙述の中では、聖書的表現を借りて「悪霊ども」として擬人化され、その誘惑する様が劇的に描写されている。[13]

ところで、人間は無防備の状態では想念の誘惑にたやすく陥りやすい。いったん想念が心に侵入するならば、それを払拭することは容易ではない。したがって、肝心なことは想念が忍び込む前に、いわば防衛体制を整えておくことである。このような想念に対する心の防御体制を砂漠の師父たちは「ネープシス」（ギ nēpsis）と呼んだ。このギリシア語の原意は酒に酔っていない状態、つまり「素面」であるが、転じて内的動揺や思いによって我を失った状態とは逆の、慎み深く、冷静沈着な、よい意味での冷めた状態を意味する。アドネはネープシスを以下のように定義している。「ネープシスとは、眠りに陥ることなく、おのれ自身にまた神に目覚めており、油断することなく警戒し、また想念の助けを借りて精神や心に忍び込もうとする敵なる悪霊に不意打ちをかけられないよう用心する魂の態度である」[14]。ここで明らかなように、ネープシスの対象とするものは想念の形で襲いかかろうとする悪霊であること、したがって、その意味はこの想念の誘惑に陥らないよう、常に警戒し、覚醒している心ないし精神の態勢を指す。『砂漠の師父の言葉』では、頻繁にこの言葉が登場するが、何と言ってもネープシスの教えで目立っているのは師父ポイメンである。彼は「われわれには思いについて覚醒することだけが必要である」と「しばしば語っていた[15]」と記されている。彼はまた「悪の始まりは気を散らすことである[16]」と語るが、気が散ってしまうことに悩む弟子に与えたポイメンの勧めは、ただ修屋の「中でも覚醒。外でも覚醒」であった[17]。事実、「心が覚醒している」者は外的な邪魔があっても気にかけない、と彼は言う[18]。また、アガトンは、人間を樹木に譬え、「体の苦行は葉であり、内面の覚醒は実りである[19]」として、明らかにネープシスを禁欲的修行の上位に置いている。

ところで、ポイメンは「覚醒、自分自身に気をつけること、分別、この三つの徳は魂の道案内である[20]」とも語っているが、ここで、「覚醒」と並んで「自分自身に気をつけること」という指示が登場している。ここで「気をつけること」は、すでに先にも指摘しておいた「プロソケー」（ギ prosochē）の訳語である。この概念の直接の源泉は聖書に認められるが、教父たちに最も示唆を与えたものは、「ただひたすら注意してあなた自身に十分気をつけよ（ギ prosochē seauto）」（申四・九）というモーセの言葉であり、彼らは「あなた自身に気をつけること」に関して多くの説教を残している。[21] だが、東方の修道者たちを鼓舞したのは、このような説教よりも、『砂漠の師父の言葉』におけるアントニオスにまつわる次のエピソードである。あるとき、彼は神の判断の不可解さに不満を述べたとき、神から「アントニオスよ、自分自身に気をつけよ」とたしなめられた。[22] 実際、この神の言葉は「すべての修道者が暗記しなければならない」標語となった。[23]「自分自身に気をつける」とは、ネープシス同様、想念の誘惑をその起こり始める段階から抹殺することを目的とする。『砂漠の師父の言葉』では、しかし、この意味で使用される例はまれであり、[24] あとは自分の行動に気をつける、言動に注意するといった一般的な用例がほとんどである。しかし、後の修道霊性文学では、ネープシスと並んで東方修道制のキーワードとなっていった。

第二節　中庸の精神

修道者たちの生活全般は「諸徳」（ギ arētai）を修め、身につけること、すなわち「修徳」に方向づけられていた。修徳のための業がすでに幾度も言及してきた「プラクシス」と呼ばれる「修行」であり、断食、徹夜、手仕事、詩編朗誦や祈りの業など種々の肉体的苦行や精神的鍛錬を言う。砂漠の師父たちは、この修行に対する真剣さを修道者たちに強く求めている。修道者とは何かと尋ねられた「コロボス（小男）」（ラ Curtus）と呼ばれた師父ヨアンネス（三三九頃ｰ不詳）の「苦痛である。修道者はすべての業において苦しむからだ。これが修道者である」[25] という返答は印象的である。ポイメンは「体の休息はすべて、主に対する不興である」[26] とまで言っている。ビサリオン（生没年不詳）は四〇日間茨の中に立って、眠らずに過ごしたり、[27] 四〇年間、坐ったままか、立ったままで眠った[28]、などと告白し、苦行の峻烈さを物語っている。

とはいえ、度を越えた修行に対して師父たちが警告しているのも事実である。何でも「行き過ぎ」はいけないということである。このことに関して後世最も知られたアントニオスの譬えが『砂漠の師父の言葉』に見出される。引用してみよう。「砂漠で獣を狩っていた男が、兄弟たちとくつろいでいた師父アントニオスを見て、つまずいた。長老は、兄弟たちが時々息抜きをしなければならないことを、彼に納得させようと思って言った。『弓に矢をつがえてみよ』。彼がそうすると長老は続けた。『もっと弓を張れ』。猟師は弓を張った。長老はさらに『弓を張れ』と言うと、猟師は『そんなに張ると弓が折れてしまう』と答えた。そこで、長老は語った。『神の業もこのとおりである。兄弟たちを余り張りつめさせると、すぐに駄目になってしまう。彼らも時々休まねばならない』。この言葉を聞いて猟師は悔恨の情に打たれ、長老に大いに教えられて立ち去った。兄弟たちも強められて自分のところに戻った[29]」。先にポイメンが「主に対する不興」と断じた「体の休息」は怠惰が動機となっている場合であるが、アントニオスが教える休息の必要性は、まさにその修行が「長続き」するためである。同じことは苦行の種類についても言える。マトエス（生没年不詳）が「最初苦しいのですぐに放棄する業よりも、軽くて長続きする業を、私は望む[30]」と語るごとくである。当のポイメンも、若かった頃は厳しい断食を実践していたが、年老いてからはそれをゆるくしている理由を弟子たちに尋ねられたとき、ただそれは彼にとって容易だからであると述べ、それが「王の道」だと語る[31]。王の道、すなわち「中庸」こそ肝心なのである。逆に「あらゆる行き過ぎ（ギ hypermetra）は、悪霊から来る[32]」と喝破する。また、師父フェルメのテオドロス（五世紀頃）によれば、苦行はそれ自体は目的ではないのに、苦行そのものに固執するならば、それは「掟に従わない」、つまり修道者のあるべき姿勢から逸脱していると述べる[33]。何のための苦行かという分別こそ大切なのである。アントニオスは言う。「ある者が自分の体を苦行によって統御した。しかし、分別を欠いていたので神から遠く離れてしまった[34]」。こうした抑制の利いた智慧の教えは、その後の修道霊性の基本的な考え方となった。

第三節　謙虚さと悲嘆

修徳において求められた徳目のうち最も重要視されたものが「謙虚さ」（ギ tapeinōsis）であることは、本書の大きな特徴である。謙虚さについて、アドネは次のように述べている。「砂漠の師父たち、そして東方の修道生活の師たちにとって、謙虚さは一つの個別的な徳以上のものである。それは、修徳におけるすべての努力に随伴し、それを条件づける修道者の基本的な素養である」[35]。『砂漠の師父の言葉』におけるこの徳目に関する教えは枚挙に暇がない[36]。「謙虚さと、神への恐れとは、まさしくあらゆる徳の上にある」[37]のであるから、「修道者は何よりも謙虚さを身につけなければならない」[38]。あるいは「人は、鼻から出る息のように、謙虚さと神への恐れを必要とする」[39]。謙虚さと対をなすのが高慢であるが、ペルシオンのイシドロス（不詳－四三五頃）は「謙虚さの頂上と、高慢の深淵とは巨大なものであるから、前者を選び、後者に陥らないように勧める」[40]と語る。ヨアンネス・コロボスが謙虚さにおいて相当知れ渡っていたことは「自分の謙虚さによって、スケーティス全体を小指で支えたヨアンネスとは何者だろうか」[41]と感心するある師父の言葉に暗示されている。謙虚さが何よりも推奨されたのは、この徳目が「悪魔」に対する最も強力な武器であると考えられていたことによる。アントニオスの次の言葉はこのことを印象深く物語っている。「師父アントニオスは語った。『私は地上に広げられた、敵なる悪魔のすべてを見たので、うめきながら言った。「いったいだれがこれから逃れ得るだろう」。すると、一つの声が私に告げるのを聞いた。「謙虚さが」』」[42]。修道女テオドラ（四世紀末ないし五世紀初頭）も「我々を救うのは、苦行でも、徹夜でも、どのような労苦でもなく、ただ、真の謙虚さであります」と教えているが、それは悪魔自身が「謙虚さ以外に我々に勝つものはない」と答えたからだと説明している[43]。マカリオスも悪霊の口から謙虚さの力強さを告白させているのは面白い。「ある時、悪霊が剣を持って師父マカリオスの前に現れ、彼の足を切ろうとしたが、彼の謙虚さのゆえにそれはできなかった。そこで、悪霊は彼に言った。『お前が持っているものは、何でも我々も持っている。ただ謙虚さによってお前は抜きんでている。だから、お前は我々に打ち勝つのだ』[44]。要するに、謙虚さは「修道者の冠」[45]なのである。

ところで、謙虚さが求められる動機は「悲嘆」（ギ penthos）である。これは罪人としての自己の存在を強く意識し、罪業の深さゆえに嘆くことを指すので、正確に訳すならペントスとは「罪についての悲嘆」であるが、東方修道霊性では一つの徳として称揚されている[46]。『砂漠の師父の言葉』には、再三にわたってこのことが強調されている[47]。罪人としての自覚の重要性は、たとえば「人は自分の心の中で、自分は罪人である、と思わない限り、神は彼の言うことに耳を貸さない」[48]というモウセスの言葉にも表れている。ポイメンにとってペントスを持つことは修道者の条件であり[49]、さらに「自分の罪が赦されたいと願う者は悲嘆によって赦され、徳を得ようと望む者も悲嘆によってそれを得る。『嘆き悲しめ』（ヤコ四・九）。これは聖書と我々の教父たちが伝えた手段である。というのも、それ以外の手段はないからである」[50]と述べて、ペントスが修徳の最も重大な手段であることを強調する。ペントスはときに「自分を非難すること」（ギ heauton memphesthai）[51]あるいは「罪を嘆くこと」（ギ hamartian krausai）[52]という言葉でも表現されている。

第四節　愛の実践

謙虚さは、愛や優しさとして発現する。砂漠の師父たちの世界は兄弟愛の支配する世界でもあったことが、多くの逸話から窺い知ることができる。宦官であった師父ヨアンネス（生没年不詳）は「私は私の兄弟の利益に先んじて、自分の利益を求めたことはない」とアントニオスが語ったことを証言している[53]。また、ヨアンネス・

コロボスは、スケーティスには、闘うべき人々に熱意を与え、互いに善に向かって邁進する機運に満ちていたことを証言している。[54] 自分自身と同じように隣人を愛せよとのキリストの命令に従い、たとえばアガトンは「らいを患っている誰かを見つけて、彼の体を受け取り、代わりに私の体を与えることができるならば、私は喜んでそうする。これこそ完全な愛の業だからである」[55] と述べている。愛徳は、訪問客に対しても同様に大切にされた。断食は修道者にとって欠くべからざる業であるが、訪問客があれば「心を込めてもてなす」ために、断食を中断するのは当然と見なされていた。[56] このように、旅人や外来者に対するもてなしにおいて、多くの師父が優れた手本や教訓を残している。[57] また、女性との接触は修徳生活の上で妨げになることが強調される一方、[58] 娼婦を救ったり、[59] 悪魔つきの娘を治したりして、[60] 女性に対する師父たちの愛徳に関する逸話もあって、愛の対象には隔てがなかったことが窺われる。

愛はまた「優しさ」として発揮される。師父ポイメンは、兄弟たちが徹夜祈禱のあいだに居眠りをしているのを見たら、目を覚ますように揺り起こすべきかどうかを尋ねられたとき、彼は答えた。「私ならば、兄弟が居眠りをしているのを見たら、彼の頭を私の膝の上にのせて休ませる」[61]。ヨアンネス・コロボスは弟子たちと共に一人の案内人に従って旅をしていたが、夜になって案内人が道に迷ったことを悟った。弟子たちは案内人にそのことを指摘すべきかどうかを師父に尋ねると、彼は答えた。「我々が彼にそう言えば、彼は悩み、恥じるだろう。しかし、私が病気になった振りをし、私は歩けない、朝までここでとどまる、と言おう」。こうして、彼ら一行は朝までそこにとどまることで、案内人を傷つかせずにすんだという話は、[62] 他愛もないが心細やかな優しさがにじみ出た印象的な話である。

こうした数々の愛に満ちたエピソードや教訓から、古谷は次のように述べる。「砂漠の師父たちは精神的エゴイストではなかった。彼らは自己の救いだけを求めなかった。他者への使徒職、奉仕という自覚は失わなかった。……修道者はその修道生活の初めにおいて世を避けて観想や修行に専念しはするが、その目的とするところは、自己の獲得した霊的体験を通し、言葉の奉仕により、他者をキリスト教的完成へと導くことであり、また初心者の教育、愛徳の実践であった[63]」。

第五節　絶えざる祈り

「祈り」（ギ euchē; proseuchē）は、言うまでもなく修道者たちの生活において最も中心的な位置を占めるが、砂漠の師父たちの世界では、いわゆる「絶えざる祈り」が義務として実践されていた[64]。「祈るのは、息を引き取るまで闘いが必要である[65]」というアガトンの言葉はそれを物語る。

絶えず祈る目的は、師父ニステロオス（生没年不詳）が「現存する神に対面するように、神に祈れ。事実、神はそこに現存する[66]」と述べているように、神の現存を常に意識することである。アントニオスも「どこへ行こうとも目の前に神を保て[67]」と命じており、アルセニオスもまた「我々が神を求めるならば、神は我々に現れる。神を引き止めるならば、神は我々のそばにとどまってくださる[68]」と語っている。ヨアンネス・コロボスは、神への思いにまったく捕らわれて、他事をいっさい忘れていた、と報告されている[69]。この絶えざる神の現存の意識は、いわゆる「神の想起」（ギ mnēmē theou）という概念として、東方修道霊性では重要な位置を占めることになる。

しかしながら、「絶えざる祈り」とは具体的にどう実践されていたのであろうか。それを知る手がかりとして、『砂漠の師父の言葉』にある師父ルキオス（三／四世紀）の言葉を引用してみよう。彼は「エウキテス派」（メッサリア派）の修道者らとの会話で、彼らが「絶えず祈れ」（一テサ五・一七）というパウロの勧告に従い、手仕事はせずに祈りだけに専念していると語った後でこう語る。「あなたたちは言うとおりのことをしていない。私が手仕事をしながら、絶えず祈っていることを示そう。私は神とともに座って、小さな棕櫚の小枝をぬらしたり、網を編みながら、こう祈る。『神よ、慈しみ深く私を顧み、豊かなあわれみによって、私のとがを赦してください』（詩五一・三）」[70]。

砂漠の修道者たちにとって、絶えず祈ることの必要性は上述したパウロの勧告に基づいている。しかし、メッサリア派のように手仕事などの一切の修行を否定し、もっぱら祈りだけに従事していたのと異なり、彼らは、ルキオスのこの言葉から分かるように、手仕事をしながら、同時に祈っていた。彼らはパウロの勧告をまったく文字どおりに解釈し、まさに間断なく延々と祈り続けることをおのれの義務と見なしたのであるが、間断なく祈り続けるということは、労働しないということを意味したのではなく、労働しながら、事実上の何らかの祈りを唱えていたのである。その「何らかの祈り」とは、ギリシア語で「メレテー」と呼ばれる修道者固有の信心業である。メレテーないしその動詞メレタンはラテン語で meditatio ないし meditari、つまり「黙想」と訳され、今日では純粋内的精神的なあるいは沈思黙考的祈りを指すものとして一般的に使用される言葉であるが、本来は「発声的」動作を伴う黙想を意味していた。バハトがパコミオスの修道規則や彼の伝記の研究で明らかにしたように、初期の修道者たちにおける「黙想」とはある特定の文章や唱句を声に出して唱えることであり、彼らはそれを一人であるいは共同体の中で暗唱もしくは朗読していた[71]。その場合対象となるテキストは、前記ルキオスの引用から分かるとおり主として聖書からとられたものである[72]。こうした聖書テキストの絶え間ない暗唱、つまり「黙想」こそが「絶えざる祈り」を可能とさせたのである。

ところで、「黙想」の素材は聖書ばかりではなく、修道師父たちの残した格言や聖書以外の霊的書物からの引用も暗唱の対象となったり、ときには自分で創作した短いセンテンスや標語を自己激励のために唱えていた。たとえば、アルセニオスは「アルセニオスよ、お前はなぜ世間から離れたのか。私は話したことについてしばしば後悔したが、沈黙したことは決して後悔しなかった」[73]という言葉を幾度も唱えることで沈黙の徳の重要性を自己に言い聞かせていたと言われる。またアルセニオスと同世代の修道師父ヨセフ（四／五世紀）はあの世での休息を得るために「私は何者だろう」[74]という言葉をあらゆる機会に発していたと報告されている。このように復唱の対象となるテキストは、その性質上短く定式化された言葉である。このような「短い祈り」を繰り返し唱える伝統は西方にも知れ渡るようになり、いわゆる「射禱」と呼ばれるようになった。この言葉は「エジプトにおいては、修道者たちは、たしかに頻繁な、しかも非常に短く、すばやく投げられたような祈りを唱えると言われる」[75]と報告したアウグスティヌスの言葉に端を発している。しかし、東方では「モノロギア」（唯一の言葉）ないし「モノロギア的祈り」（ギ euchē monologistos）と呼ばれるようになった。

オセールは、「短い祈り」の定句は様々であるが、それらは内容に基づいて二種のタイプに還元されると指摘した[76]。第一のタイプは「救いを求める祈り」、第二のそれは「憐れみを求める祈り」である。第一の型は、神ないしイエスに向かって助けや救いを願ったり、救われるための方法を問う祈りである。『砂漠の師父の言葉』の冒頭に登場する「主よ、私は救われたいのですが、悪い考えが私を離れません。この苦しみの中でどうしたらよいのでしょう。どうしたら救われるでしょうか[77]」というアントニオスの言葉あるいは「主よ、救われるように私を導いてください[78]」というアルセニオスの言葉はこの種の祈りの一例と見なされうる。マカリオスは内的な誘惑に対して戦う際は「主よ、助けてください[79]」と祈ることを人々に勧めている。このように「助けてください」という言葉以外に「守ってください」という願いやあるいは単に「救ってくださる方よ」という呼びかけを含んだ例も「救いを求める祈り」の中に含まれる。

第二の型をオセールは「カタニュクシス的祈り」と呼び、それは自分が罪深い存在であるという自覚ゆえに神の「憐れみ」を乞い求める祈りである。「カタニュクシス」というギリシア語は「嘆き」、つまり自己の罪深さの自覚に起因する悲しみを意味している。このタイプの祈りは、したがって修道者がまず自分を罪人として理解することを前提とする。この祈りの定式の本質的要素は、「罪人なるわれを憐れみたまえ」（ルカ一八・一三）という徴税人の言葉や「われを憐れみたまえ」というカナンの女と盲人バルティマイの言葉（マタ一五・二二、マコ一〇・四七参照）に由来する。『砂漠の師父の言葉』にはこうした要素を含んだ祈りの例が数多く見出される。たとえば、アポロス（生没年不詳）という名の師父は昼夜「黙想」の言葉として、ただ「私は人間として罪を犯しました。あなたは神様ですから、私を憐れんでください[80]」という祈りだけを幾度も繰り返し唱えていた、と報告されている。また、パウロス（生没年不詳）が首まで泥に漬かって自分の罪深さを嘆き、「私を憐れんでください[81]」と叫んでいたことを『砂漠の師父の言葉』はわれわれに伝えている。上に挙げたルキオスの唱えていた詩編五一の三節も「憐れみを求める祈り」のタイプに属する。そして、このタイプの発展形態が、後の東方世界に広まっていった「イエスの祈り」である[82]。

第六節　総括

以上、我々は『砂漠の師父の言葉』に見られる修道精神ないし霊性なるものを抽出し、概観してみた。もし、これを総括してみるならば、修道師父たちの霊性の教え全体に共通する「単純素朴さ」が基本的な特徴として挙げられるであろう。修道制が発生した四世紀には、教会はすでに主として「教父」と呼ばれる知的エリートたちの貢献により高度な神学的、思弁的体系を構築しつつある時代であった。彼らの活躍により、ニカイア公会議（三二五年）やコンスタンティノポリス公会議（三八一年）といった教会史上画期的な事件も起こったが、まさにこのような時代に本書に登場する師父たちの多くが活躍した。だが、ほぼ同時代にありながら、知識人たちが活躍する公的な教会世界と修道者たちの閉じられた世界の雰囲気とはまったく異なるものであった。知識人たちは主に都市を、修道者たちは生活条件の厳しい遠隔地域を生活圏としていたが、このような地理的条件の違いはそのまま文化圏の違いを意味していた。

初代教会はすでに初めからヘレニズム文化の中で育っていったが、このようなオリエント－ギリシア文明の影響は主として都会のキリスト者に当てはまるものであり、そこで活躍した教父たちも、高度なレベルのギリシア的発想法に大いに触発され、そこで用いられる概念構成を利用して自らのキリスト教信仰の妥当性を言語化していった。もっとも、ギリシア的表現方法の限界と欠点は初めから潜んでおり、その反省から、時とともに、キリスト教神学は脱ヘレニズム化を目指す方向へと向かったが、しかし、とくにエジプト内陸部やシリア内陸部などの農村地帯や砂漠地帯を中心とした遠隔地域には、かかるヘレニズムの影響を被ることはほとんどなかった。そこには都会的、ギリシア的粉飾を免れたキリスト教の使信がいわば「生のまま」受け入れられ、実践されていた。修道制はまさにそこに発生したのである。高度な神学的思弁も理屈も一切抜きにして、自らのやり方で福音的勧告を実践しようとした者が修道制を開始した。もちろん、『砂漠の師父の言葉』に登場する師父の中にはアルセニオスやエウアグリオス（三四五頃－三九九）などの教養人もいたが、彼らの語る言葉は神学理論を一切抜きにした単純素朴で、かつ具体的な指南に徹している。なぜなら、彼らは本質的に教養人を相手に語ってはいないからである。

一方、修道生活の思弁的、理論的体系の基礎を築いたのは前出のエウアグリオスであるが、彼の残した文書を含めて、今我々が手にすることのできる修道文学のほとんどは、高度に学究的な色彩をもつ「修道院神学書」とも呼ぶべきものである。こうした意味から『砂漠の師父の言葉』はかかる神学理論の衣に被われていない、いわば「泥臭い」修道文学として非常にまれな、またそれだけに貴重な史料とみなすことができる。

注

1　批判的編集は、G. J. M. Bartelink (ed.), Athanase d'Alexandrie. Vie d'Antoine (SC 400), Paris 1994. これを底本にした邦訳は、アレクサンドレイアのアタナシオス著、小高毅訳「アントニオス伝」上智大学中世思想研究所編『中世思想原典集成2　盛期ギリシア教父』（平凡社、一九九二年）七七四‐八四三頁。

2　PG 65, 71-440に収録されている。現在のところ批判的編集はまだ存在しない。なお、このコトリエ版を底本にした邦訳は、古谷功訳『砂漠の師父の言葉』（あかし書房、一九八六年）。

3　PL 73, 855-1022所収。しかし、その後三群の短い言行録も付け加えられ、それぞれ PL 73, 739-810; PL 73, 1025-1062; PL 74, 381-394に収録されている。

4　このことを明らかにしたのは、ブセットである。彼はこれを共観福音書の素材となっているいわゆるQ史料（イエスの語録集）との比較研究で明らかにした。W. Bousset, *Apophthegmata. Texte, Überlieferung und Charakter der Apophthegmata Patrum*, Tübingen 1923参照。

5　Apoph. Pat. Arsenius 11 = PG 65, 89C.

6　Ibid. Antonius 10 = 77B-C.

7　Ibid. Rufus 1 = 398B.

8　Ibid. Moyses 6 = 284C.

9　Ibid. Poemen 37 = 332B.

10　Ibid. 147 = 357D.

11　Cf. ibid. 47 = 333A.

12　Ibid. Agathon 15 = 113B.

13　Cf. G. Switek, Wüstenväter und Dämonen. Beitrag zur Geschichte des "Geistlichen Kampfes", in: GuL 37(1964), 340-358; A. Grün, *Der Umgang mit dem Bösen. Der Dämonenkampf im alten Mönchtum (Münsterschwarzacher Kleinschriften 6)*, Münsterschwarzach 1980.

14　P. Adnès, Art. Hésychasme, DSp 7/1 (1969), 391.

15　Cf. Apoph. Pat. Poemen 135 = PG 65, 356B.

16　Ibid. 43 = 332C-D.

17　Cf. ibid. 137 = 356C.

18 Cf. ibid. 107 = 348C.
19 たとえば Ibid. Agatho 8 = 112A.
20 Ibid. Poemen 35 = 332B.
21 Cf. C. Bauer, Initia Patrum graecorum II (StT 181), Città del Vaticano 1955, 374.
22 Cf. Apoph. Pat. Antonius 2 = PG 65, 76C.
23 Cf. I. Hausherr, *Hésycasme et prière (OrChrA 176)*, Rome 1966, 233.
24 たとえばセラピオンの次の言葉である。「子よ、進歩したいと思うなら、自分の修屋にとどまり、自分自身に気をつけ（ギ proseche seauyto）、手仕事に専念せよ」（Apoh. Pat. Sarapio 4 = PG 65, 417A）。
25 Ibid. Joannes Curtus 37 = 216D.
26 Ibid. Poemen 38 = 332B.
27 Cf. ibid. Besario 6 = 141B.
28 Cf. ibid. 8 = 141C.
29 Ibid. Antonius 13 = 80A.
30 Ibid. Matoes 1 = 289C.
31 Cf. ibid. Poemen 31 = 529C.
32 Ibid. Poemen 129 = 353D.
33 Cf. ibid. Theodorus = 189D.
34 Ibid. Antonius 8 = 77B.
35 P. Adnès, Art. Humilité, DSp 7/1 (1969), 1160.
36 Cf. Apoph. Pat. Antonius 7 (PG 65, 77A-B); Theodora 6 (204A-B); Ioannes Curtus 22; 36 (212D; 216C); Ioannes Theboeus 1 (240A-B); Cronius 3 (248B-C); Macarius 35 (277C-D); Matoes 11 (293A-B); Hyperechius 4 (429C); Isidorus perusiota 5 (224A).
37 Apoph. Pat. Ioannes Curtus 22 = PG 65, 212D.
38 Ibid. Ioannes Theboeus 1 = 240A.
39 Ibid. Poemen 49 = 333B.
40 Ibid. Isidorus perusiota 5 = 224A.

41 Ibid. Ioannes Curtus 36 = 216C.

42 Ibid. Antonius 7 = 77A-B.

43 Cf. Theodora 6 = 204A-B.

44 Ibid. Macarius 35 = 277C-D.

45 Ibid. Or 9 = 440A.

46 これについて詳しくは I. Hausherr, *Pentos. La doctrine de la componction dans l'Orient chrétien (OrChrA 132)*, Rome 1944参照。

47 Cf. Apoph Pat. Euprepius 6 (PG 65, 172D); Josephus 1 (228C); Macarius 2; 27; 41 (260D; 273B; 281B); Moyses 16 (288B); Poemen 26; 39; 72; 95; 119; 134 (329A; 332B; 340C; 345A; 353A; 356A).

48 Ibid. Moyses 16 = 288B.

49 Cf. ibid. Poemen 26; 72 = 329A; 340C.

50 Ibid. 119 = 353A.

51 Cf. 95; 134 = 345A; 356A.

52 Cf. ibid. Macarius 2; 27 = 260D; 273B.

53 Cf. ibid. Joannes Eunuchus 2 = 233A.

54 Cf. ibid. Joannes Curtus 18 = 212B.

55 Ibid. Agatho 26 = 116C.

56 Cf. ibid. Cassianus 1 = 244A-B.

57 Cf. Arsenius 38 (104B-15B); Apollus 3 (136B); Matoes 6 (292A); Sisoes 15 (396C-397A).

58 Cf. Arsenius 28 (96C-97B); Theodorus 17 (192A); Cyrus 1 (253A); Sisoes 3 (392D).

59 Cf. Joannes Curtus 40 (217A-220A); Serapio 1 (413D-416C).

60 Cf. Daniel 3 = 153C-156A.

61 Ibid. Poemen 344C.

62 Cf. Joannes Curtus 17 = 209C-D.

63 古谷功『砂漠の師父の言葉』四八六－四八七頁。

64 Cf. ibid. Benjamin 4; Epiphanius 7 = 145A; 165A.

65　Ibid. Agatho 9 = 112C.
66　Ibid. Nisterous 5 = 508C.
67　Ibid. Antonius 3 = 76C.
68　Ibid. Arsenius 10 = 89C.
69　Cf. ibid. Joannes Curtus 31 = 213D.
70　Apoph. Pat. Lucius 1 = PG 65, 253B-C.
71　Cf. H. Bacht, "Meditatio" in den ältesten Mönchsquellen, in: GuL 28 (1955), 360-373.
72　この他にも、たとえば Apoph. Pat. Apollus 2 = PG 65, 133D（詩八九・一〇）; Syncletica 7 = 424B（詩一一七・一八）参照。
73　Apoph. Pat. Arsenius 40 = PG 65, 105C.
74　Ibid. Josephus 2 = 228C.
75　Augustinus Epistola 130, 20 = PL 33, 501D.
76　Cf. I. Hausherr, Nom du Christ et voies d'oraison (OrChrA 157), Rome 1960, 180-187.
77　Apoph. Pat. Antonius 1 = PG 65, 76A.
78　Ibid. Arsenius 1 = 88B.
79　Ibid. Macarius 19 = 269C.
80　Ibid. Apollus 2 = 136A.
81　Ibid. Paulus 2 = 381B-C.
82　これについて詳しくは、拙稿「『イエスの祈り』の起源について」『エイコーン』第一四号（一九九五年）一〇四－一一九頁および同「『イエスの祈り』の発展史」『エイコーン』第一六号（一九六六年）四九－七一頁参照。

第四部　カッパドキア三教父の霊性

四世紀、小アジアのカッパドキア地方で活躍した三人の教父、カエサレイアのバシレイオス（三三〇頃－三七九）、その生涯の友人ナジアンゾスのグレゴリオス（三二六頃または三二九または三三〇－三九〇または三九一）およびバシレイオスの弟ニュッサのグレゴリオス（三三〇以降－三九四）、いわゆる「カッパドキア三教父」の思想はその多くの部分が修道生活から生み出された。事実、三人ともその生涯のかなりの部分を修道生活に充てていたからである。そして、彼らはその修道制の精神に影響を受けつつ、その後の霊性史に決定的な方向づけを与える独創的な思想を生み出した。

彼らの貢献の最も基本的な部分とは、それまで民衆的で純粋福音的な動機で始まった、それゆえ出発点においては決して知的な運動ではなかった修道制を、前期アレクサンドレイア学派、とりわけオリゲネスの思想という高度に学究的な分野で解釈し、修道精神を神学的なレベルにまで高めたことである。神学史上、アレクサンドレイアのクレメンスやオリゲネスの神学を前期（あるいは旧）アレクサンドレイア派と呼ぶのに対し、カッパドキア教父たちは後期（あるいは新）アレクサンドレイア派と呼ぶこともある。[1]

注

1　もっとも、後期アレクサンドレイア派は、アレクサンドレイアのアタナシオス（二九六頃－三七三）から始まる。

第七章　カエサレイアのバシレイオスとナジアンゾスのグレゴリオス

後に検討する修道神秘主義運動の大家エウアグリオス（三四五頃－三九九）は修道制の理論的枠組みをオリゲネスの思想の枠内で構築したが、実はそのオリゲネス主義も後期アレクサンドレイア派の、つまりカッパドキア三教父を経由してのことであった。厳密に言えば、エウアグリオスに影響を与えたのは、彼らによって再検討され修正されたオリゲネス主義であった。この三教父のうち、本章では「東方修道制の父」と呼ばれるカエサレイアのバシレイオス及び伝統的に「神学者」という称号を持つナジアンゾスのグレゴリオスの思想に焦点を当ててみたい。

第一節　カエサレイアのバシレイオス

一二世紀のビザンツ教会法学者テオドロス・バルサモン（一一〇五頃－一一九五頃）はバシレイオスを「教父たちの中の最も偉大な者、カエサレイアの住民のほまれ、修徳生活を教える、神に鼓舞されたその語り口においいて全世界の教師」[1]と絶賛している。

　彼は三三〇年頃、カッパドキアの富裕で敬虔なキリスト教徒の家庭に生まれた。[2]地元カエサレイアの学校で修辞学や哲学などの自由学芸を学んだ後、高等教育を受けるためにコンスタンティノポリス、さらにアテナイへ赴く。このアテナイで、すでにカエサレイアで面識を得ていた同郷の友ナジアンゾスのグレゴリオスと再会を果たす。そのころ二人には宗教的渇望が芽生えていたが、勉学終了後バシレイオスはとりあえず故郷で修辞学教師として働いた。しかし、すでに隠遁生活に入っていた姉マクリネの影響、あるいはカッパドキアに共修的修道生活を導入したセバステイアのエウスタティオス（三〇〇頃－三七七または三八〇）の影響もあって、ほどなくして職を辞し、洗礼を受けた後、修道生活の道に入るべく、エジプト、シリア、メソポタミア各地を訪れ、修道者の生き方を見聞し、情報収集に努めた。帰郷後、財をなげうって貧者に施し、自分はカエサレイア近郊のイリスの谷アンニシに隠棲した。ナジアンゾスのグレゴリオスも一時期、同地で生活を共にした。しかし、両者ともまもなく司祭に叙階され、さらにバシレイオスはカエサレイアの主教エウセビオス（二六〇－三三九または三四〇）の死に伴い、三七〇年頃その後任となった。これ以後死に至るまでの九年間は、ヴァレンス帝（在位三六四－三七八）の保護のもとに勢力を拡大させていたアレイオス派との教義論争で、アレクサンドレイアのアタナシオスに次いで、ニカイア派擁護の第一人者として活躍、その死後に開催されたコンスタンティノポリス公会議（三八一）の決議に大きく寄与した。

　彼は多くの教義的著作、修徳的著作および聖書講解や説教集を残しているが、われわれのテーマに重要なのは、言うまでもなく修道生活に関する一群の修徳的著作である。これら著作群は「アスケティカ」（*Ascetica*）と呼ばれているが、その中で最も重要な真作は『修道士大規定』（*Regulae fusius tractatae*）[3]および『修道士小規定』（*Regulae brevius tractatae*）[4]である。両者は共に修道者からの質問に対する答えという体裁をとり、前者は修道生活の諸原則について五五項目に分けられて説明がなされ、後者はその諸原則の具体的な適用について三一三項目が採り上げられている。いずれにせよ両者は以後東方修道生活、しかも共修制の基本規定となり、今日でもこの原則は生きているので、バシレイオスは「東方修道制の父」とも呼ばれている。いや、東方のみならず西方においても大きな影響を与えたことは、西方修道者の父ベネディクトゥスが、自己の修道規則のモデルとしてバシレイオスの修道規定を利用した事実にも窺われる。[5] したがって、彼を「西方修道制の父」と呼ぶことさえできる。[6] 以下、主にこれらを資料にして、バシレイオスの霊性思想を浮き彫りにしたい。

①修道生活の根本原理

バシレイオスにおける修道生活の根本動機は、一方では、新プラトン主義的な人間観があり、もう一方にキリスト者の完全性へと向かわせる福音的な勧告がある。前者について言えば、人間の本来的自己は魂であるが、魂は肉体に縛られた状態にある。これは非本来的である。したがって、魂は肉体の束縛から解放された本来の姿を獲得しなければならない。そのために、修徳、すなわち身体的、精神的修行という手段を通して、魂を支配する肉体の力、すなわち情念と闘わねばならない。[7] しかしながら、このような新プラトン的影響が背後にあるとはいえ、バシレイオス自身の修道生活への召命は純粋に福音的なものであったし、その教えも同様であった。彼自身、すでに見たように、イエスの福音的勧告、すなわち完全性のための「放棄」が動機であったことを告白している。

「私はといえば、虚栄のために多くの時間を失った。……ある日、私は……福音書を読み、完徳に達するための偉大な手段に気づいた。それは自分の財産を売り払い、それを極貧の兄弟たちに分け与え、地上の財宝に対する一切の執着を断ち、この人生の気苦労から完全に解放されることである。そして同じこの道を選んだ友を見出し、彼とともにこの短い人生の荒波を乗りきることができるようにと願った」[8]

バシレイオスはときに「修道者」と「キリスト者」を同一のものとして扱っている。[9] なぜなら、修道者の生き方は彼にとってキリスト者の理想であり、完全なキリスト教的生き方だからである。このキリスト者の完全性とは人間の「聖化」であり、これについて彼は「聖性とは、聖なる神に完全に聖別され、どんなときにも途切れることなく、神に嘉されることにただひたすら心がけること」[10] であり、このような「聖化は……聖霊との交わりを通して完成へと導くもの」[11] だと語る。

修道生活は、バシレイオスも実行したように世の「放棄」を前提とするが、その目的は彼にとって明らかである。それは魂から過去への執着、古い習慣に対する忘却とその束縛からの解放である。

「それゆえ、真に神に従おうとする者は、この世の生への愛着の束縛から解放されるべきである。そして、このことは、それまでの習慣から完全に離れ、これを忘れることによって達成される。もし私たちが、肉による親族と世の交わりとの両方から自分自身を追放し、『しかし、私たちの本国は天にある』（フィリ三・二〇）と使徒が言うように、生活様式において、いわばあの世に自分自身を移してしまうのでなければ、私たちにとって神を喜ばせるという目標を達成することは不可能である」[12]

禁欲的修行の必要性に関しては、先に触れたように、新プラトン主義的思想背景が横たわっている。魂と肉体はバシレイオスにとって、完全に対立しあうものである。そこから、彼はかなり極端な論を展開する。すなわち、人は魂を強化し、肉体を弱める必要があるが、もし、体が太っていれば、魂は力不足の状態である。魂が健康であるならば、体はやつれるはずである。したがって、やせ衰えた体と蒼白さは実は修道者としてあるべき真の姿のしるしである、とバシレイオスは考えている。[13]「健全な精神は健全な肉体に宿る」とは正反対である。このような論は、新プラトン主義に従うとは言え、行き過ぎであろう。しかしながら、一方で、彼は身体には最低限必要なものは与えるべきであると考える。それは魂が活躍できるために、それに仕える道具として役立てられるためである。肉体は独裁的になってもならず、逆に弱すぎて奉仕を避けるようであってもならない。キリスト者が体を心配する根本動機は、ただ魂の益にある。[14]

バシレイオスが厳しく批判するのは人間の我意、わがままである。これは神の意志への反逆として理解された。彼は、修道者にとって自分勝手な行動は理性に対する反抗であり、堕落の危険につながると警告している。[15]したがって、真の放棄とは、『修道士大規定』の「第八問」で詳しく述べられているように、単に自分の財を断念することにあるのではなく、おのれ自身の放棄、すなわち、過去の執着からの脱却と我意の完全な断念にある。[16]

ところで、バシレイオスは祈りについては何ら独創的な思想も持っておらず、神秘的な領域、たとえば、前期アレクサンドレイア派において強調されていた「観想」の神秘思想についてはほとんど何の言及もない。彼と懇意の仲にあったエウアグリオスほどに強烈な神秘的志向もすべてを観想に集中させようとするその一途さといった傾向も皆無である。したがって、エウアグリオスがバシレイオスの修道共同体を離れたとしても何ら不思議ではない。[17]

バシレイオスは、エウアグリオスのような、特権的カリスマ的な観想的祈りを理想視するのではなく、修道規則がすべての修道者に適用されるように、祈りもまた神の現存のうちに生きるためには欠かすことのできない務めとしてすべての修道者に課された義務と見なす。彼は言う。

「仕事のために手がふさがっている最中でも、それが可能な場合、またそれ以上に信仰を高めるのに役立つ場合には、私たちはときおり舌を使って神を賛美することができる。また、それすらできない場合でも、聖書に記されているように（コロ三・一六）、少なくとも、心の中で詩編、聖歌、霊的な歌によって神を讃えることができる。こうして、私たちは労働の最中でも祈りの務めを果たすことができる。まず、私たちの手に仕事を行うための能力を、心に知識を得るための賢さを、さらには物質を、私たちが従事する技術の道具として、また素材として与えて下さった方に感謝を捧げながら。次いで、私たちの手による仕事が、神を喜ばせるという目的に導かれるように祈りながら[18]」

ここで明らかなように、神に向けて魂を絶えず集中させる手段として、どんな時でも祈りを絶やさず実行するよう勧めている。また絶えざる祈りが共同体としても可能となるように、いわゆる聖務日課（時課）の制度が修道生活に導入され、どんなに忙しくとも定められた時間に共同の祈りに参集することが優先される。こうして、神はどこにもいて、常にわれわれを見ておられ、さらにわれわれの心に住んでいるという意識を絶えず覚醒させる。このような絶えざる神の現存の意識を保たせるための祈りは、完全性への最良の助けとなりうるし、神という至高の存在がいるということを意識するならば、人は他のいかなるもの、とりわけ罪の誘惑に傾くこともなくなる。こうしたことがバシレイオスにとっての神への愛、神との一致、聖性の獲得に至る最上の手段なのである[19]。

② 共修制の優先

バシレイオスの修道生活に関する教えの根本理念は、隠修制ではなく、共修制の断固たる選択である。共修制はすでにパコミオスによって導入されたが[20]、それは孤独の修道生活のなかに物質的な困難さ、規則のないところから来る独りよがりや幻想などの危険や堕落の可能性に気づき、それを避けるためであった。だが、実際には共修制設立の動機はそれ以上のことは分かっていない。バシレイオスが彼と違う点は、共修制を隠修制の上位に置く積極的理由を極めて明確に呈示していることである。

とはいえ、彼は隠修制を全面的に否定しているわけではない。それは「魂の散漫を取り除くために貢献する」ものであり、「わたしについて来たい者は、自分を捨て……なさい」（ルカ九・二三）という主の命令に対する一つの立派な応答であることをはっきり認めている。[21] また、パコミオスの共修制はエジプトで爆発的な拡大を見せたが、カッパドキアにはパコミオス的な巨大な修道共同体は一つも存在しなかった。バシレイオス自身が中小規模の修道的環境を好んだのは、少人数の方が個人的指導に都合がよく、また静寂さもより保たれるからであり、こうして隠修的生活で得られる利点を大切にしたかったからである。だが、それにもかかわらず、修徳という同じ目的に向かう人間同士の共同生活の方が、孤立した隠修生活よりも本質的により優れているということを、彼は固く信じていた。

では、彼の強調する共修制優先の積極的理由とは何であろうか。これについて彼は『修道士大規定』の「第八問」[22]で、詳細に述べている。それは以下のように要約されるだろう。人間というものは、他者の助けを必要とする交わりの中で生きる存在である。物質的に必要なものに関しても、自足している人はおらず、だから供給し合うためにお互いを必要としている。隠修者は他者の利を求めるようにと命じる愛の掟に矛盾している。愛は自分を満足させるところからは発現しない。さらに、隠修者にとって、おのれの欠点を改善することはほとんど不可能である。言うまでもなく、彼に忠告する者がいないからである。また、この生活は謙虚さ、忍耐、愛といった徳の実践の妨げになり、誘惑や無気力との闘いが難しく、かえって自己満足の危険に陥りやすい。徳の実践には共

バシレイオス

同体が必要である。そこには模範とすべき仲間がいる。書物が生きた師に置き替えられないのと同じように、人間にも模範や行為の生きた証言を欠かすことはできない。

バシレイオスが示す共修制優先の独特な根拠は、カリスマに関わる。カリスマとはおのれ自身のためではなく、他者の利のために与えられたものである。隠修者はそれを他者のために生かすことができない。カリスマとは互いに共有するためにある。一般的に言って、人はそれぞれに固有のユニークなカリスマだけが与えられているがゆえに、孤独に生きる者は、他者のそうした賜物を享受することができない。

以上に挙げた根拠は確かに説得的であり、深い智恵に根ざしたものであったので、後に国家法にも影響を及ぼすこととなり、ビザンツ皇帝ユスティニアーヌス（在位五二七－五六五）による「修道院法令」における帝国内の全修道者に対する原則的共修化の基本理念となった。[23] ただし、先ほども触れたように、バシレイオスは隠修制の利点をも確かに認めていたため、その存在を全面的に拒否したわけではない。彼が望んだのは、隠修制の根絶なのではなく、その存在を共修制に依存させることであった。つまり、まったく独立した隠修者ではなく、どこかの共住修道院に何らかの形で結びつけて存続させることを望んだ。この考え方もユスティニアーヌスの法令に反映され、独立の隠修制を禁止して、修道院敷地内での隠遁生活をさせるというような制度ができた。[24] ナジアンゾスのグレゴリオスは、バシレイオスへの追悼の言葉の中で、彼のこのような意図を評して、彼は隠修制と共修制とを調和させた、と述べている。[25]

さて、この共修制において、バシレイオスに見られる特徴的な考えをいくつか指摘しておこう。隠修制の危険はおのれの判断のみに従って生きることであるというバシレイオスの判断は、共修制に反映されている。すなわち、共修者はおのれの意志を上長に委ねるということである。ただし、このような従順のあり方にも限界を設けている。というのは、共同体に属する者は、そこの上長に対し、与えられた命令に反論する理由を告げる権利が与えられているからである。そして、もしその命令が神の掟、つまり聖書に抵触するようなものであるならば、会員はその命令に応じてはならない[26]。また、たとえ上長ではなくとも、選ばれた数人の年長者は上長の誤りを注意する義務がある[27]。

共同体の上長は原則として司祭である[28]。彼の指導下に置かれる者は、彼に対し何も隠し立てをしてはならず、いかなる過ちも彼にさらけ出されねばならない[29]。上長は、指導を任せられた者たち皆に神の意志を示し、霊的生活における導き手とならねばならない[30]。彼の権限は通常は制限されていないが、たとえば新しい会員を共同体に受け入れる場合は兄弟たちと相談する義務がある[31]。入会志願者は厳格な試験期間を与えられる。とくに謙遜さがどの程度発揮されるかを基準に、当人の性格や適性が調査される[32]。入会許可はこうして厳しい審査を経なければ出すことができない。ちなみに、奴隷は受け入れることはできないが[33]、既婚者の場合、ある条件のもとでは受け入れることができる[34]。

バシレイオスが制度化した各修道院は、互いに完全な独立の立場にあるとしばしば言われるが、おのおのの修道院には緩やかな結びつきがある。というのは、一つの修道院の上長は、自分でその地位に就くのではなく、他の共同体の長たちにより選ばれるべきであり[35]、また、各共同体の上長は、時と場所を定めて、互いにその職務上の問題について話し合うべきであるというバシレイオスの教えが生きているからである[36]。

第二節　ナジアンゾスのグレゴリオス

グレゴリオスは、カッパドキア西南のナジアンゾスか、またはその近郊のアリアンゾスで、裕福なキリスト教家庭に生まれた。生年については、盟友バシレイオスと同時期の三三〇年ごろか、あるいは少し早い三二六年ごろと考えられる[37]。父グレゴリオスは、三二九年からその没年の三七四年までナジアンゾスの主教であった。グレゴリオスは、最初カッパドキアのカエサレイアで修辞学を学び、そこでバシレイオスと出会った。次いでパレスティナのカエサレイア、アレクサンドレイア、最後にアテナイに遊学。このアテナイでバシレイオスと再会し、以来生涯にわたる親交を深めていくこととなった。バシレイオスの帰郷後、彼も三五六年ごろ帰郷し、この親友の影響を受けて修道生活を志すようになり、ポントスのイリス河畔のアンニシにあるバシレイオスの修道共同体に滞在。ここで、オリゲネスの著作からの抜粋で『フィロカリア』と名づけられた詞華集をバシレイオスと共同で編纂した。帰郷後ほどなくして父から洗礼を受けたグレゴリオスは、三六一年、その同じ父から今度は、自教区であるナジアンゾス教区で司牧してほしいと要請され、司祭に叙階された。しかし、この叙階を「強制されたこと」として受け取った彼は、叙階後ただちにバシレイオスのもとに逃れる。が、結局彼の勧めにしたがって三六二年の復活祭に帰還し、父を助けることとなった。

三七〇年ごろにカエサレイアの主教職に就いたバシレイオスは、アレイオス派を支持するヴァレンス帝に対抗すべく、ニカイア派の勢力強化のために、三七二年カッパドキアにあるサシマという小さいが交通の要衝として重要な町に主教座を設け、グレゴリオスを主教に叙階し、そこを管理させようとした。ところが、主教となったグレゴリオスは、その町を毛嫌いして、その主教区を引き受けることを拒否し、ナジアンゾスに留まって父の補佐を続けた。そして、父の死（三七四年）に伴い、いったんイサウリア地方のセレウキアに隠棲したが、ヴァレンス帝が没した翌年の三七九年（この年バシレイオスも死去）、当時少数派であったコンスタンティノポリスのニカイア派諸教会からの要請に応えて、帝都入りし、友人の私邸に滞在して彼らの指導に当たった。三八〇年に彼が行った正統派の三位一体論を力強く宣言した有名な五つの「神学講話」により、以後「神学者」という尊称を付与されることとなった。その前年に帝位についたテオドシオス帝が、三八〇年末にアレイオス派を主導していた主教を追放、代わってグレゴリオスを新主教に指名し、翌年召集した第一コンスタンティノポリス公会議（三八一年）でその地位が承認された。グレゴリオスは公会議の議長まで務めることとなったが、一部の議員たちから主教任命の合法性について難癖をつけられ、また提出された信条に満足できなかったため、会期中にコンスタンティノポリス主教を辞任し、ナジアンゾスに帰郷した。晩年はアリアンゾスの邸宅に退き、祈りと執筆に専念、三九〇年に同地で没した。

カッパドキア三教父の修道的、霊性的、神秘的な思想について語る場合、ナジアンゾスのグレゴリオスが引き合いに出されることは、あまりない[38]。実際「彼はまともに霊性に関わる著作をわれわれに残さなかった」[39]。彼に帰される著作は、「詩集」「講話」「書簡」の三種に分けられるが[40]、確かに霊性・神秘思想に関する体系的な記述は見当たらない。だが、その激しい個性の持ち主は、同時に「修徳家の心、神秘家の心」[41]を持っており、「実践による哲学」[42]と彼が称する修道生活を、完全なキリスト教的生活と見なし、あの膨大な「詩集」に織り込まれた修道制[43]や処女性[44]を称える詩文は、後の霊性史に無視できない影響を残している[45]。

①人間の神化

既述のように、グレゴリオスはバシレイオスと司牧的、神学的、修道的な関わりを持ち続けてきたが、霊性思想におけるグレゴリオスのバシレイオスとの大きな違いは、徹底した「神化」思想である。以前検討したように、「神化」というプラトン的概念をキリスト教神秘思想の枠組みで論じた最初のキリスト教著述家はエイレナイオス（一三〇－二〇〇頃）であり、この概念を「覚知者」の理念と結びつけて、これを自己の思索の中心テーマとして本格的に扱ったのが、アレクサンドレイアのクレメンスであった。しかし、このプラトン的神化概念をキリスト教的なものに再解釈させる土台は、ヨハネによる福音書の受肉論（ヨハ一・一四参照）であり、その発展形態である「聖なる交換」思想であった。つまり、神の子がへりくだって人間となったのは、人間を高く上げて神の子とするためであったという考えである。新アレクサンドレイア学派の筆頭アタナシオスは、この交換思想をさらに明確にし、神の子が人となったのは、人が神の本質に与ることができるためであった、という命題を自分の思索の中心に置いた。すでに初期の著作の中で彼は次のように述べている。

「神の子が人となったのは、アダムの子らを神の子らにせしめるためであった。……実に、神の子は死をも味わった。……それは人の子らが霊に従って、彼らの父である神により、神の生命にあずかる者とせしめるためであった。それゆえ、キリストは本質によって神の子であるが、われわれは恩恵によって神の子らである[46]」

グレゴリオスは、このアタナシオスの路線の忠実な継承者である。それどころか、「神化」を意味するギリシア語の「テオーシス」(theōsis) またはその動詞形 (theoō) を、グレゴリオスほど頻繁にしかも一貫して使用した教父は、彼以前には皆無だという事実にも注目すべきである[47]。この事実からも窺われるように、「グレゴリオスはこの神化ということを彼にとっての霊性全体の目的そのものとしたのである。……グレゴリオスにとってキリスト教のすべては、キリストがわれわれの肉において人間の生を自分のものとしたように、われわれをキリストにおいて神の生を生きるようになさしめることである[48]」。彼によれば、人間の目標は「神の子、いやむしろ神そのものになる[49]」ということである。彼はアタナシオスのように「聖なる交換」思想に立脚して、人間に与えられた教育課題を次のように言い表す。「われわれもキリストのようになろう。彼がわれわれに等しい者となったので、われわれも彼によって神となる。それは、彼がわれわれのために人間となったからである[50]」。

したがって、御子の受肉の目的は、人間の神化であり、かつ受肉は人間神化の前提条件である。神がまず人間の本質を全面的に受け入れたという事実なくして、人間が神の本質に与ることは不可能だからである。神は人間の死すべき本質をあますところなく自分自身に受け入れ、自分の本質に一体化させた。この救済論的関心事を背景にすると、グレゴリオスの有名なキリスト論の根本命題の意味も容易に理解される。すなわち、もし神に

「受け取られなかったものは癒されない。しかし、神と一つに結ばれたものは救われる」[51]。

この人性と神性の結びつきについて、グレゴリオスは、キリストの受肉によって、神の本質と人間の本質とが彼のうちで一種の「混合」(mixis) ないし「結合」(krasis) が起こったと考えている。そしてこれによって、人間の本質はまったく変容された。つまり、「人間は神に混ぜ合わせられて、神と一体化した。それ以後、より強いものが勝利を収めた。それは彼が人となったのと同じ度合においてわれわれも神となるためであった」[52]。グレゴリオスがここで言っている「同じ度合」という言葉に注目しよう。受肉者自身において、人性と神性は相互に混合せず、また変化せず、さりとて分離もせずに、一つが他に吸い込まれてしまうこともなく、むしろそれぞれの独自性を生かしつつ一体化した。それと「同じ度合」で、キリスト者はますます自己固有のアイデンティティを獲得し、「ますます人間らしくなることによって神化される」ということである。「テオーシスとは、われわれが（キリストに）[53]受け入れられた完全な被造性の尊厳に向かって絶えず前進・成長することを表現するものである」[54]とウィンスロウが記したのはその意味である。人間の神化はしたがって、人間性の放棄ではなく、まさにその逆で、人間性の高揚を意味する。つまり、神化において、人間の本質はありのままに変容され、最終目的に至るのである。

では、神化されるために、人間はなにをなすべきか。ここには人間の努力が介入する余地がある。すなわち、キリストへの全面的な自己献身とキリストの模倣、とくにその苦難と死における模倣である。キリストは受肉によって単に人間になったのではなく、われわれの救いのために人間のあらゆる悲惨をその身に引き受けられた。われわれを高めるために、低められ、われわれに自由を与えるために奴隷となり、われわれを罪から救うために、十字架に架けられ、天に昇られた[55]。このキリストに自らを全面的に委ね、そうしたうえで、このキリストの歩みを共にすること、つまりキリストと共に十字架に架けられ、キリストと共に死に、キリストと共に葬られ、キリストと共に甦ること[56]、これが人間に課せられた務めである。修道者の修徳修業の目標は、究極的にはそこにある。

しかし、いかに人間の努力が必要だとしても、神化を実現させる動因は、あくまでも人間ではなく聖霊である。神化の前提となる受肉は、完全に神のイニシアティヴ、つまり恩恵に属するが、その目的である神化もまったく恩恵に属する事柄である。人間を神化する主体が聖霊であるという基本理念は、また聖霊の神性の根拠ともなる。たとえば、聖霊の神性を否定するマケドニオス派を念頭において、ニカイア信条の立場を擁護しつつ聖霊の神性を主張する「第五神学講話」は、その聖霊神性論の根拠を次のように述べている。

「もし霊が『始めから』あったのではないとすれば、たとえわずかに先立つとはいえ、われわれ被造物と同列に置かれてしまう。われわれは時間〔的存在である〕という点で神から切り離されているからである。しかし私と同列に並ぶ存在でしかなければ、霊がいかにして私を神にし、また神性と結びつけることができるのであろうか」（第四節[57]）

神化する主体が自ら神でないなら、どうして人間を神のもとへと引き上げ、神性に参与させることができようか。このように聖霊に関する神論は、聖霊自身の内的問題から出発するのではなく、人間への関わりという対被造物的、救済論的要請から出発していることは明らかである。

さて、人間が神化されると、すなわち、いま原型を目指している似姿である人間が、その原型にまで高められると、神を永遠に知るようになるという[58]。ここに、聖書にも断片的に証言されているが、概念史的にはプラトンに由来し、アレクサンドレイアのクレメンスの「覚知者」の思想で明確化されたように、「神化」と「観想」の結びつきが再び現れている[59]。この究極的な神の観想・認識について、グレゴリオスはどう考えているであろうか。以下、これについて簡単に触れておきたい。

②神認識の二重構造

神に関するグレゴリオスの言及に目を留めると、そこに特徴として現れてくるのは「光」のイメージである。「光」は、彼にとって神を表現する際の重要な表象となっている。モレシーニによれば、それが顕著になるのは三六三年以降、つまり、父が管轄するナジアンゾス教区で新司祭として活躍し始めた後だとされるが[60]、因果関係は判然としない。いずれにしろ、この傾向がとくにはっきりしている例は、「第三二講話」の第一五節で、そこでは、「神は光」（一ヨハ一・五）というヨハネの言葉を起点に、それと対極をなす「闇」と、光である神によってその闇が克服されるという考えを支持する様々な聖書記事が検討されている。

ところで、「光」という表象は、明瞭性、つまり対象がはっきりと見えるとかわかるというイメージと直結する。逆に、光の反対である「闇」は不分明さや不可知性を象徴する。次章で検討するように、ニュッサのグレゴリオスは、ナジアンゾスのグレゴリオスとは対照的に、神との究極的出会いは「闇」という表象で表される。つまり、神との神秘的出会いは、神の不可知性の究極的徹底性において実現される。ならば、「光」を好むグレゴリオスにとって、神は単純に認識可能な対象なのであろうか。

ナジアンゾスのグレゴリオス

そうではない。「光」である神は、実は彼にとって「最高の、接近不可能な、言表しがたい光であり、心に思い描くことも、唇で言い表すこともできない光」（第一五講話）である。しかし、一方で、グレゴリオスにとり、神は「闇」ではない。何らかの仕方で神は「知りうる」。第二二講話第三節[61]に、この矛盾をとく鍵が隠されている。彼は『出エジプト記』三三章一八―二三節におけるモーセに対して示された主の栄光のエピソードを比喩的に解釈し、モーセが「岩の裂け目」から、神を「後ろから」見た、という件は、彼が「岩」すなわち受肉した御言葉を通して神を認識したことを意味するが、しかし「後ろから」と断ってあるとおり、神を真正面から、つまり神の「本質」を認識したのではなく、神の「業」においてわれわれに現れる限りでの神を認識したのだと説明する。

　このいわば神認識の二重構造は、以前検討したように、アレクサンドレイアのフィロンによって提唱された神における「本質」（ウーシア）と「力」（デュナメイス）の区別に遡る考えである。フィロンはしばしば「私は有る」（出三・一四）と啓示された神と、そのもろもろの「力」とを区別し、神は「有るもの」として、つまり「本質」としては知りえないが、「力」によって神を知ることができる、と考えた。この「力」によって神は人間と関わる。神が「力」を通して人間と関わる限りにおいてのみ、人間は神を知りうる[62]。この神の本質と力の区別は、後のギリシア教父の、そして、東方神秘思想に通底する神の「本質」と「働き」（ギ energeia）の区別の先駆けとなったが、グレゴリオスはその伝承の重要な仲介者と見てよかろう。

　したがって、神化された人間が神を知る、とは言ってもそれは神の本質自体ではない。神の本質の絶対的不可知性はオリゲネスも明確に強調しているとおりである。

「さて、すべての知的存在、即ち非物体的存在の中で、最もすぐれ、最も名状し難く、最も計り難く卓越している者こそ神である。いかに純粋で澄んだ精神であろうと、人間の精神の眼ざしでは神の本質を捕らえることもできず、一瞥すらできないのである[63]」

　グレゴリオスがとくにこの立場を力説しているのが「第二八講話」（すなわち「第二神学講話」）で、そこでは、神の本質が人間の認識能力を超えており、神に関してはただ否定的にしか云々できないことを一貫して強調している。

第三節　総　括

バシレイオスの霊性史上の最大の貢献は、パコミオスによって創始された共修制を完成させたことである。その際、隠修制という最初の修道生活形態の利点を生かすために、それを共修制に吸収させた。もっとも、彼の共修化政策に刺激を与えたのは、小アジアに共修制を導入したセバステイアのエウスタティオスであった。しかし、エウスタティオス派の修道者たちの極端な禁欲主義運動は三四〇年のガングラ（Gangra）の教会会議で弾劾されたし、晩年に彼自身、聖霊の神性を否定する主張を展開したため、バシレイオスと完全に決別した。したがって、バシレイオスの政策は、小アジアにおけるこのような熱狂主義的、異端的修道運動を穏健な形に軌道修正したものと見なすことも可能であろう。[64] バシレイオスは、単に共修制の制度的、法的な確立に貢献したばかりではなく、その具体的な中味にまで分け入り、修道生活における様々な局面での指針を策定し、後世の修道規則の雛形を作ったことで、東方修道制のみならず西方修道制の父とも呼ばれるような業績を残した。

一方、ナジアンゾスのグレゴリオスの霊性思想は、具体的な修道生活の指針を中心とした実践的内容に満たされているバシレイオスとは異なり、かなり神学的、思弁的であり、その意味では、オリゲネスからの影響がより色濃く反映されている。バシレイオスにとっても、グレゴリオスにとっても、キリスト者としての完全性へ向かう霊的な進歩をその霊性思想の目的としている点では共通だが、グレゴリオスは、バシレイオスのようにそのための「手引き」ではなく、オリゲネスと同様、そのための「神学的理論」を展開することがテーマであった。正統な三位一体論の推進者として「神学者」とまで称されたグレゴリオスの華々しい神学的活動、反異端的活動も、結局はこうした人間の霊的課題に真摯に答えんとする彼の関心事に根を持っていた。この霊性に基礎づけられた彼の神学的主題こそ神化思想と神認識の二重構造、すなわち神的本質の不可知性と神的業において顕現する神の可知性であったが、これらは実際、後世の神秘思想を方向づけるような重要な神学的テーマであった。

初期キリスト教の修道霊性は、以上二人のカッパドキア教父の貢献によりさらに深まり、さらに豊かなものとなった。バシレイオスは、修道霊性の理想追求の具体的な中味を明確にさせ、グレゴリオスはその理想の神学的根拠を明らかにした。しかし、修道霊性に欠かせないもう一つの伝統、すなわち修道的神秘思想、ひいては初期キリスト教全体の神秘思想の伝統の確立のためにも、カッパドキア教父は偉大な貢献を残した。その立役者ニュッサのグレゴリオスについて、次章で検討したい。

注

1　Theodorus Balsamon, Epistula de rasophoris 4 = PG 138, 1364B.

2　祖母マクリネ（三四〇頃没）は、オリゲネスの弟子グレゴリオス・タウマトゥルゴス（二七〇頃没）を信仰の師とし、同名の父バシレイオスは法律家兼修辞学教師で志操堅固なキリスト者、母エンメリアは殉教者の娘であった。祖母と同名の修道女聖マクリネ（三二七頃－三七九）を姉に持ち、また二人の弟ニュッサのグレゴリオスおよびセバステイアのペトロス（三四九以前－三九二）も主教となった。母は夫と死別後、修道生活に入った。

3　PG 31, 890-1051. 本書の全訳は、バシレイオス著、桑原直己訳「修道士大規定」上智大学中世思想研究所編『中世思想原典集成2　盛期ギリシア教父』（平凡社、一九九二年）（以下、集成2と略記）一八二－二八〇頁に収録されている。

4　PG 31, 1080-1305.「アスケティカ」には、この他に『道徳論』(Moralia: PG 31, 700-869) も含まれている。これが真作であることは学者の一致した見解であるが、アスケティカ中のその他の著作の信憑性に関しては、議論が様々に分かれている。

5　すでに四世紀の終わりに、アクィレイアのルフィヌス（三四五頃－四一〇または四一一）がバシレイオスの修道規定をラテン訳し、その訳書の前書き（PL 103, 485）に書かれているように、それをイタリアのテラキナ（Terracina）近郊のピネトゥム（Pinetum）修道院の院長ウルザキウスに献呈した。このラテン訳がベネディクトゥスの参照したものである。Cf. DAL 11, 1820-1821.

6　大森正樹「ビザンツの修道制」上智大学中世思想研究所編『中世の修道制』（創文社、一九九一年）二四頁参照。

7　Cf. B. Altaner / A. Stuiber, *Patorlogie*, Freiburg/Basel/Wien ^{8}1908, 297.

8　Basilius, Epistula 223, 2 = PG 31, 337B-C.　邦訳は、ブイエ、二六七頁に従った。

9　Cf. id., Epistula 22 = PG 32, 288-293.

10　Id. Reg. brev. tract. 53 = PG 31, 1117C.

11　Id. De spiritu sancto 16, 38 = PG 32, 137A.

12　Id. Reg. fus. tract. 5 = PG 31, 921A. 邦訳は、集成2、一九九頁。

13　Cf. ibid. 17 = 964B-965A.

14　Cf. ibid. 19; Reg. brev. tract. 126; 128; 139; 196 = PG 31, 968; 1168B; 1168D; 1176A; 1213A.

15　Cf. id. Reg. brev. tract. 120; 123 = PG 31, 1164B; 1165B-C.

16　Cf. id. Reg. fus. tract. 8 = PG 31, 933D-941A.

17　この事実については W. Bousset, *Apophthegmata. Studien zur Geschichte des ältesten Mönchtums*, Tübingen 1923, 336参照。

18　Basilius, Reg. fus. tract. 37, 2 = PG 31, 1012C-D. 邦訳は、集成2、二五四頁。

19　Cf. id., Moralia 80, 22; Reg. brev. tract. 29; 21; 37; Reg. fus. tract. 5 = PG 31, 869C; 1101C-D; 1097B-C; 1107A; 921B-924B.

20　パコミオスの共修制については、本書一三三頁以下参照。

21　Cf. Id., Reg. fus. tract. 6 = PG 31, 925A-928B.

22　PG 31, 928B-933C.

23　Cf. Dictionnaire des auteurs de Lanaudière 8, 583-584.

24　これについては拙稿「静寂——古代東方修道制におけるその意義」『アカデミア人文・社会科学編』第六四号（一九九六年）七八－八一頁参照。

25　Gregorius Naz., Oratio 43, 62 = PG 36, 576C-577B.

26　Cf. Basilius, Reg. fus. tract. 47 = PG 31, 1036C-D.

27　Cf. ibid. 27 = 988A-B.

28 Cf. id. Epist. 256 = PG 32, 944A.

29 Cf. id. Reg. fus. tract. 26 = PG 31, 985D.

30 Cf. ibid. 25 = 984C-D.

31 Cf. id. Reg. brev. tract. 104; 112 = PG 31, 1153D-1156A; 1157B.

32 Cf. id. Reg. fus. tract. 10 = PG 31, 944D-948A.

33 Cf. ibid. 11 = 948A-C.

34 すなわち、夫婦の間に合意があることであり、数名の証人が立ち会うことである。Cf. ibid. 12 = 948C-949A.

35 Cf. ibid. 43 = 1029A-B.

36 Cf. ibid. 54 = 1044B. この箇所では、職務上の問題として、異常な出来事、極端に扱いがたい性格の人物、各人の管理の仕方についてなどが挙げられている。

37 Justin Mossay は新資料に基づき、生年を三〇〇年にまで遡らせているが（Cf. TRE 14, 164-165）、そうすると、グレゴリオスはバシレイオスより三〇歳ほど年上ということになり、アテネやカエサレイアで三〇年間共に学んだという通説が疑わしいものとなる。生年についての詳しい議論は、H. Drobner, *Lehrbuch der Patrologie*, Freiburg im Breisgau 1994, 236参照。

38 たとえば、M. Viller / K. Rahner, op. cit., 122-146ではカッパドキア教父が扱われているが、ナジアンゾスのグレゴリオスについては一頁半ほどしか扱っていないし、初期キリスト教神秘思想を知る上で最も参考となるA・ラウス『キリスト教神秘思想の源流――プラトンからディオニシオスまで』水落健治訳（教文館、第三版、一九九五年）に至っては、グレゴリオスの名前が言及されるだけで、その思想についてはいっさい触れられていない。

39 M. Viller / K. Rahner, op. cit., 145.

40 carmina（carmen の複数形）とラテン表記される彼の「詩集」は約四〇〇篇、総行数一七〇〇〇が残存しており、その大部分はアリアンゾスでの隠棲時代に創作された。教理詩、賛歌、哀歌、格言詩などがあり、教義的、倫理的、自伝的、叙情的な主題を扱っている。「手紙の男、神学者」（A. Meredith, The Cappadocians, St. Vladimir's Seminary Press, 1995, 42）とA・メレディスがあえて呼んでいるように、グレゴリオスは残存しているものだけでも二四九通もの「書簡」（Cf. H. Drobner, op. cit., 241. なお、このうち、書簡二四三番は真作ではなく、また同二四一番も疑わしいとされる）を認め、自ら収集編纂した。そのうち、父の死後空席となっていたナジアンゾスの後継主教になることを健康上の理由で辞退し、その代行として任命したクレドニオスなる人物に宛てた二通の書簡（第一〇一、第一〇二書簡）およびグレゴリオスの後継者であり、ヨアンネス・クリュソストモスの前任者であるコンスタンティノポリスの主教ネクタリオスに宛てた書簡（第二〇二書簡）の計三書簡は「神学的書簡」と称され、キリストの完全な人性を認めないアポリナリオス主義に対する論駁として重要視されている。なお、この第一〇一書簡の邦訳は、ナジアンゾスのグレゴリオス著、小高毅訳「クレドニオスへの第一の手紙」集成2、四一八－四二八頁に収録されている。また、四五編伝わっている「講話」（または説教）のうち、既述のように、三八〇年コンスタンティノポリスで行った三位一体論を論じた五つの「神学講話」（第二七－三一講話）は、「グレゴリオスの代表作であると同時にカッパドキア神学の精髄を伝える名品である」（集成2、三三一頁）。なお神学講話のうち第三－五神学講話（第二九－三一講話）の全訳（荻野弘之訳）が集成2、三三六－四〇七頁に収録されている。また、グレゴリオスの全著作の抄訳については、小高毅編『原典古代キリスト教思想史二　ギリシア教父』（教文館、二〇〇〇年）一五七－一九七頁を参照。

41 M. Viller / K. Rahner, op. cit., 145.

42 Gregorius Naz., Orationes 6 =PG 35, 721. なお、キリスト教において修道生活を「哲学」、修道者を「哲学者」と称する伝統について、詳しくは、G. Bardy, 《Philosophie》 et 《philosoph》 dans le vocabulaire Chrétien des premiers siècles, in: Revue d'ascétique et de mystique 25 (1949), 97-108参照。

43 たとえば、Gregorius Naz., Poemata moralia n. 5 ad monachos in monasterio degentes = PG 37, 642-643; Poemata de se ipso n. 44: In monachorum obtrectatores et ad falsi nominis monachos = PG 37, 1349-1353; Poemata quae spectant ad alios n. 1: Ad Hellenium = PG 37, 1451-1477.

44 たとえば、Gregorius Naz., Poemata moralia n. 1: in laudem virginitatis = PG 37, 521-577; n. 2: praecepta ad virgins = PG 37, 577-632; n. 3: exhortation ad virgins = PG 37, 632-640; n. 4: ad virginem =PG 37, 640-642.

45 Cf. M. Viller / K. Rahner, op. cit., 146.

46 Athanasius, De incarnatione et contra Arianos 8 = PG 26, 996A-B.

47 Cf. D. F. Winslow, *The Dynamics of Salvation: A Study in Gregory of Nazianzus* (Cambridge, MA, 1979), 179. グレゴリオスの著作中、theoō は二二回、thōsis は一〇回使用されている。

48 ブイエ、二八五－二八六頁。

49 Gregorius Naz., Oratio 7, 23 = PG 35, 785B.

50 Ibid. 1, 5 = 397C.

51 Id. Epistula 101: Ad Cledonium presbyterum = PG 37, 181C-184A. 邦訳は集成2、四二二頁。なお、この救いの条件

としての人間の本質の全的受け入れという構図は、すでにオリゲネスによって主張されている。集成2、四二九頁、注六参照。なお、「クレドニオスへの第一の手紙」は、この根本命題に基づいて、アポリナリオス（三一〇頃－三九〇頃）の「キリスト単性説」を論駁している。アポリナリオスは、キリストにおいて人性の基本的表徴であるヌース（知性・精神）の存在を否定し、ロゴスがそれにとって代わったと主張した。これに対し、キリストにおいてロゴスのみが現存していたとすれば、人間の本質は救われることはなく、救いの業は虚しくなる。もし「受け取られなかったものは癒されない」のであるならば、人間の本質が救われるためには、キリストには神性のみならず、人性も現存していなければならない。人性が備わっているということは、当然、人性の基本要素であるヌースも存在しているはずである。これが、アポリナリオス論駁の基本的論理である。

52 Gregorius Naz., Oratio 29, 19 = PG 35, 100A.

53 訳者による補足。

54 D. F. Winslow, op. cit., 189.

55 Cf. Gregorius Naz., Oratio 1, 5 = PG 35, 400A.

56 Cf. Id., orationes 38, 18 = PG 36, 332-333.

57 邦訳は集成2、三八三頁。

58 Cf. Gregorius Naz., Oratio 22, 17 = PG 36, 48C.

59 本書八〇頁以下参照。

60 Cf. C. Moreschini, 'Luce e purificazione nella dottrina di Gregorio Nazianzeno', Augstianum (1973), 535-549.

61 PG 36, 29.

62 本書七一頁以下参照。

63 Origenes, De principiis 1, 1, 5 = ed. M. Simonetti, Origène. Traité des principes. Livres I et II. Texte critique de la version de Rufin. Traduction (Sources Chrétiennes 252), Paris 1978, 99.

64 これについては、D. F. Winslow, op. cit., 36参照。

第八章　神秘思想の父ニュッサのグレゴリオス

行動の人バシレイオス、神学的雄弁家ナジアンゾスのグレゴリオスに対し、ニュッサのグレゴリオスは思索の人、いわば「宗教哲学者」[1]であり、鋭い思弁能力を備えた理論家である。その霊的教えには兄バシレイオスの影響もはっきり認められるが、修辞学教師の職を辞し、すでに結婚はしていたが、ポントス地方にある兄によって建てられた一修道院に隠遁するよう動機づけたのは、ナジアンゾスのグレゴリオスであった。[2]しかし、その後グレゴリオスは不本意ではあったが、兄バシレイオスによって三七一年、カッパドキアの一小都市ニュッサの主教に就任。無名のこの町は彼の活躍によりニカイア派の牙城となった。だが、彼はヴァレンス帝を後ろ盾にしたアレイオス派との論争により、三年間追放の身となった。ヴァレンスの死（三七八年）によりニュッサに復帰した彼は、アンティオケイアの主教会議（三七九年）に出席し、アラビア、パレスティナを巡歴。コンスタンティノポリス公会議（三八一年）では、ナジアンゾスのグレゴリオスの主教就任を祝う説教をなし、正統派の最も優れた代弁者として活躍。三九四年のコンスタンティノポリス主教会議の直後に没した。

彼は多くの著作を残したが、霊性史にとって最も注目すべき著作は、修徳的著作群および多くの聖書に関する講解の中に見出される。修徳的著作で第一に挙げられるべきは、年代的に最も古くまた有名な『処女性について』（De virginitate）[3]である。これは三七〇年バシレイオスの主教選出直後に書かれ、グレゴリオスの全著作中、おそらく最古の作品と見なされている。[4]この作品と対をなすのが彼の姉である聖マクリネの伝記『聖マクリネ伝』（Vita sanctae Macrinae）[5]である。これは前書で抽象的に称揚された純潔性の具体例と位置付けられる。さらに、ハルモニオスなる人物に宛てられた書簡『キリスト教の信仰告白』（De professione christiana ad Harmonium）[6]は、キリストに倣うことにおいてこそ「キリスト教徒」という名の意味が存することを説き、同様に、クリュソストモスの弟子で女性輔祭（助祭）オリュンピアス（三六一または三六六頃－四〇八頃）に宛てた『完徳について』（De perfectione christiana ad Olympium monachum）[7]においても、完徳とは、キリストへの同化であるという定義を根拠に論を展開する。そして、以上に挙げた修徳的著作に見られる思想全体を総括したものが『キリスト教綱要』[8]（De instituto christiano）である。これは不完全な形でミーニュの『ギリシア教父全集』に取り入れられ、さらにその校訂本も出版されたが、[9]最近イェーガーによって完全な形のものが発見され、一九五四年に出版された。[10]ところが、本作は後に触れるように、[11]擬マカリオス（または「マカリオス／シュメオン」四または五世紀）に帰されている『大書簡』（Epistula magna）[12]の内容と酷似していることから、どちらがどちらに影響を受けて成立したかという依存関係に関わる問題がある。この問題は現在も未解決なままであるが、既述したように、現時点では、双方が互いに影響しあって成立したという解釈が無難なようである。

　しかし、キリスト教霊性史に画期的な貢献をもたらしたのは、もう一つの作品群である聖書講話に含まれる作品、『モーセの生涯』（De vita Moysis）[13]および『雅歌講話』（In Canticum Canticorum homiliae）[14]である。前者は「徳」の道を歩み、それを窮めようとする者のための模範として、イスラエルの指導者モーセの生涯を示したものである。『雅歌講話』は前述のオリュンピアスに宛てて書かれたもので、全一五の講話からなる。[15]両作品はグレゴリオスの最も円熟した時期に書かれ、極めて深くかつ独創的な神秘神学的思索に満ちた名著である。この両者の作品により、グレゴリオスは「キリスト教神秘思想の父」[16]と呼ばれうる。[17]以下、特にこの二つの作品を中心に彼の「神秘思想の父」としての卓越性を浮き彫りにしたい。

第一節　神秘思想の核心

四世紀の最も主要な教義論争は言うまでもなくアレイオス主義のそれであったが、この論争によりギリシア教父たちは、以前にもましてより注意深くより綿密に神に関する教義を吟味するよう迫られた。こうしてキリスト教思想史に新しい局面をもたらしたのが正統な三位一体論の創造であったが、それはキリスト教のすべての分野に影響を与えることとなった。神秘思想も例外ではない。カッパドキア教父の中で最後のしかも最も深淵な神学思想の持ち主であるグレゴリオスは、三位一体論の発展においてのみならず、神性そのものに関する神秘思想の発展にも決定的役割を果たしたる。その最も核心的な教説とは神性の「無限性」であり、その「知解不可能性」であった[18]。これは純粋神に関する教説であるが、それは同時に人間の神に対するあり方を規定する。グレゴリオスは、このあり方を「エペクタシス」（ギ epektasis）と呼ぶ。それは、無限の神に向かう人間の無限の接近運動ないし上昇運動を指す。彼はこれが人間の完全性の姿だと考えている。グレゴリオスの神秘思想は、このように神性に関する教説とエペクタシス論という人間学から構成されている。以上の概念について総括的に述べてみたい。

① 神の無限性

グレゴリオスに影響を与えたオリゲネスは、神に関する無限性について否定的であった。この傾向は前期アレクサンドレイア派が「無限性」（ギ apeiron）というものを「不完全性」と同等に置くギリシア的見解に依存していたという事実に根があるが、いずれにせよ、オリゲネスは何度か神が、あるいは少なくとも「神の力」が有限であることを認めている[19]。それどころか、神の力は有限（ギ peraō）である必要がある。なぜなら、無限なるものは本性上把握されえないので、もし神が無限であるならば、誰も神を把握することも捉えることもできなくなるからである[20]。しかし、人間は何らかの仕方で神を知りうるのであるから、神が無限であることはできない。つまり、ここでは、神の知解可能性は神の有限性にあるというテーゼが示されているのである。だが、グレゴリオスは、もし神が有限であるならば、神は彼を超える何らかのものに囲まれた、あるいは限界づけられていることになり、神より上位のものが存在することになると述べ、神の有限性は不自然な理屈であると論ずる[21]。

さらに、オリゲネスにはいわゆる「飽き」（ギ koros）の概念が見いだされる。これによると、人間の魂が先在の天において神の愛と観照に「飽き」を覚え[22]、現在の人間はその堕落の度合いに応じた状況に置かれたのだと考えられている[23]。グレゴリオスは神の無限性からすれば、この「飽き」理論も受け入れられないものとして拒否する。なぜなら、神は無限な存在なのであるから、人間は決して神の完全な観照には至りえず、したがって人間が神を余すところなく眺め尽くし、神の観照に対して「飽き」を覚えることはありえなかったし、またありえないからである[24]。このように、グレゴリオスの思想にはオリゲネス説の修正がはっきりと窺われるが、さらに重要な要素としてエウノミオス説への論駁も指摘すべきである。

②神の知解不可能性

エウノミオス（不詳－三九五頃）は、父と子はまったく異質なものと解釈する急進的アレイオス主義である「アノモイオス（非類似）派」に属する異端者で、カッパドキア教父たちの最大の論敵であった。アノモイオス派の創始者であり、エウノミオスの師であるアエティオス（不詳－三七〇頃）によると[25]、子と父との非類似性は、神が「生まれざるもの」（ギ agennētos）と定義される限り当然の帰結である。子は「生まれたもの」（ギ

gennētos）なのであるから、論理的に神ではないと言わざるをえないからである。

そもそも神と不出生の概念の結びつきはすでに伝統となっていたが[26]、通常、この結びつきは外面的なものであり、定義的なものではない。アレイオスは不出生を神性の定義とするどころか、『タレイア』において「神は本質においてまったく語り得ないもの」と謳っているように、神性に関するいっさいの定義を拒否した。これに対し、アエティオスは神を「生まれざるもの」と「定義」されうると考えた。アエティオスの後継者であるエウノミオスも、師の主張をより徹底化させ、神が「生まれざるもの」だということは単なる神の一局面または外面的な特徴ではなく、神の内的本質を表明する神の名そのものだと考えた[27]。アレイオスによる神的本質の定義ないし把握の不可能性の主張に対し、エウノミオスらがその逆、すなわち定義ないし把握可能性を主張した理由は明確にはわかっていないが、M・F・ワイルズによれば、「神が真実で超越的であることを確認すること、しかも我々が神を事実そのような方として知り、礼拝できるような仕方で確認すること」[28]が、エウノミオスの中心的関心の一つであったからだとされる。

いずれにせよ、子が神性において父と同等のランクに置かれえないということを保証するという点でアレイオス主義の延長上にあるが、神の本質を父に固有な不出生という点に限定したうえで、父と子の異質性、非類似性を主張したのがエウノミオスの特徴であった[29]。ニュッサのグレゴリオスのエウノミオス論駁の要点は二つである。第一に、神の観念は三位一体の第一のペルソナとだけに限定的に結びつけてはならないこと。神の観念は三つのペルソナすべてに帰する。第二に、そもそも神的本質それ自体が定義不可能だということである。実は、この第二の主張こそ、グレゴリオスの神秘思想の根幹となっている。彼にとって最も根本的な問題は、エウノミオスらが、神を「不出生」として定義する限りにおいて、神の本質は人間の理性にとって完全に知解できると考えていた点である[30]。この点はしかし、歴史的に検証できないが、少なくとも正統派はエウノミオスの説をそう理解していたし、グレゴリオス自身も『エウノミオス論駁』でそれを論難している[31]。

ニュッサのグレゴリオス

とはいえ、単なる神性不可知論がグレゴリオスの真意ではない。確かに「いまだかつて、神を見た者はいない。父のふところにいる独り子である神、この方が神を示されたのである」（ヨハ一・一八）というヨハネの言葉も、「あなたはわたしの顔を見ることはできない。人はわたしを見て、なお生きていることはできないからである」（出三三・二〇）というヤーウェの言葉も真実であるが、一方で、「心の清い人々は、幸いである、その人たちは神を見る」（マタ五・八）とのイエスの約束もいつわりではないはずである。我々は、人間の知的限界をはるかに超える神的本質を見たり知ったりする能力を持ち合わせてはいないが[32]、少なくとも創造の業に表現されている神の智恵については、いくらかでも知ることはできる[33]。このように議論していくなかで、グレゴリオスは、アレクサンドレイアのフィロンに端を発し、バシレイオスやナジアンゾスのグレゴリオスによって継承された神における「本質」（ギ ousia）と「働き」（ギ energeia）の区別を持ち出す。このエネルゲイアとは、神の内在的本質から区別され、かつ神の活動の外的結果とも異なった、神性の働きをいう。人間は神の本質が何たるかを知りえないが、神をその働きから知ることが可能であり、神を観想することが可能との立場を強調した[34]。「神は本質においては見えない方であるが、働きによって見える方となった。神はご自身に帰せられるあらゆる様々な事物の中に観想される方である」[35]。このような本質と働きの区別の仕方は、エウノミオスの論争において反論の切り札として使用された。すなわち、グレゴリオスらカッパドキアの教父たちの神的本質に対するきわめてアポファティックなアプローチゆえに、論敵から単なる不可知論と非難されたことへの反論として働いたのだった[36]。

エウノミオスの神の本質の知解可能性に対し、神の「本質」への絶対的接近不可能性と神の「働き」による人間の神への接近可能性の区別は、神の本質に立脚する三位一体論と神のオイコノミアに立脚する三位一体論との区別というカッパドキア教父一般の立場と呼応しているが[37]、いずれにせよ、こうした神の超越と内在という二重構造は、東方キリスト教神学の確固たる信念となった。

③否定神学

以上に挙げた神の無限性およびその知解不可能性を強調する点において、グレゴリオスはキリスト教史において最初の体系的な「否定神学」（英 negative theology）を創始した。この神学の基本的態度は、神の「本質」をめぐる神学の「言明否定主義」（英 Apophaticism）である。これは、神の本質に対するいかなる肯定的言表も、無限の、不可知の神を有限なもの、知解できるものという限界を設けることであるとして斥ける神学的態度であり、言い換えれば神に対する表現忌避主義である。人間に許される神について言表があるとするならば、それはただ「～でない」という否定表現（「限りがない」「知られえない」など）のみである。こうした否定神学はニュッサのグレゴリオスによって明確に主題化され、のちにアレオパゴスのディオニュシオス（五世紀または六世紀）によって確立された[38]。

④人間の完全性としての徳

ところで、グレゴリオスの神の本質に関する言明否定主義は、そのまま人間の神に対するあり方に直結する。グレゴリオスの人間論の出発点は、福音書に示された「人間の完全性」への要求である。そこで、彼は「人間の完全なる生」とはいったい何かというところから議論を始める。彼は人間の完全なる生を一言で「徳」（ギ aretē）と呼んでいる。ならば「完全なる生」ないし「徳」とは何か。『モーセの生涯』で彼は端的に次のように述べる。

「感覚によって測られる限りでのあらゆるものの場合、その完全性とは何らかの限定された端・限界（ギperos）によって把握される。たとえば、量については、延長・連続性と限界あることによって把握される。つまり、すべての量的な尺度はそれぞれに固有の限度によって周りを囲まれ限界づけられているのだ。……しかるに他方、アレテー（徳）の場合、その完全性のただ一つの限度・限定（ギhoros）とは、まさにそれが限度を持たぬということであることを、我々は使徒から学んだのである。なぜならば、思惟において大きくかつ崇高な、かの神的使徒パウロは、絶えずアレテーの道行きを走り、前に在るものに身を伸展・超出（ギepekteinomenos）、決して止まることがなかった（フィリ三・一三参照）。つまり、そうした道行きを停止させることは彼にとって確かなこと、安全なことではなかったのだ[39]」

この引用で明確に語られているように、完全な生、「徳」とは、絶えざる道行き、徳の停止せざる前進運動を指す。彼はこれを「エペクタシス」と呼ぶ。このエペクタシス論こそグレゴリオスの独創性を如実に示すものである。

⑤エペクタシス

この概念は、先の引用でも分かるように、パウロの「後ろのものを忘れ、前のものに全身を向けつつ」（フィリ三・一三）という言葉に立脚している。ここで、「向けつつ」はギリシア語 epekteinomenos となっており、厳密には「伸ばしつつ」という意味であるが、この語の名詞形が「エペクタシス」であり、グレゴリオスの神秘思想のキーワードとなっている。エペクタシスとは、汲み尽くすことのできない無限の神の本質へ向けての人間の留まることなき絶えざる上昇ないし前進運動のことを指す。このエペクタシス論は『モーセの生涯』にたびたび言及され、また『雅歌講話』においても、これが愛の神との出会いの止むことなく、満ち足りることのない性格を根拠づけるものとして浮き彫りにされている。グレゴリオスは言う。

「偉大なる使徒（パウロ）は、自らの見神体験をコリント人に語り告げているが、第三の天にまで参入せしめられたとき、自分の人間本性が肉体において在るのか精神において在るのか疑わしいほどであったという（二コリ一二・二参照）。そして、その神秘体験を証してさらに、次のように言っている。『私自身すでに捉えたとは思っていない。むしろすでに到達したところのものを忘れ、絶えず、より先なるものに向かって、自らを超出（エペクタシス）させてゆく』（フィリ三・一三）と。……思うに、このことによってパウロは次のことを我々に教えている。諸々の善きものの本性とは、つねに新たに発見されるということに存し、そして、すでに獲得されたものより超越的なるものは、無限であるということを。こうしたことは永遠なるものの存在様式に何らか分け与える人にとって、持続的なものとなる。つまり、そのように永遠なるものに何らか与る人には、その都度つねにより大いなるものが現前してくるので、増大・伸展の道行きが止まることがないのである。それと同様に、偉大なダビデも心において美しい登攀をなしたが、いま可能なことからさらに可能なことへと歩を進めて、『主よ、あなたこそ、永遠に高くいます方』（詩九二・八）という叫びを、神に向かって発している。……なぜなら、絶えざる登攀にあって、すでに把握されたものは、それ以前に把握されたものよりも大であって、探求されているものが有限な把握のうちに限定されてしまうことはないからである。かえって、あるとき発見されたもののその限界・限度（ギ peras）は、善への絶えざる登攀をなす人にとって、より高いものの発見のための端初（ギ archē）となるのである。それゆえ、登攀は決して立ち止まることなく、ある端初へと変容して動きゆく。その際、つねにより大なるものへの端初・根拠はそれ自身において終わりに至ることがないのだ。というのも、上昇する人の欲求・憧憬（ギ epithumia）は、すでに知られ到達されたものに決して停まることなく、超越的なものへの新たなより大なる欲求を通して、次々と霊魂は上昇し、より高きものを通って無限なるものに絶えず進みゆくのであるから[40]」

この引用で明らかなように、話の発端はパウロの見神体験であるが、グレゴリオスはかかる神秘体験の枠を超えて、人間の神に対する憧憬という心理的次元を含めた一切の人間の神に向かうあり方へと論が展開している。そして、そこで重要なことは、神への上昇が決して停止しないということである。なぜなら、神は無限であるがゆえに、これに対応する人間の神への上昇運動も停止しえないからである。つまり、人間は神の無限性にエペクタシスという運動によって参与しているのである。さらに、この神の無限性に参与する人間にとって、いわゆる人間の「完全性」とはまさにこの無限の前進運動にあるとグレゴリオスは考えている。すなわち「人間的本性にとっての完全性とは、おそらく、善（美）により多く与ることを絶えず意志し志向することに存する[41]」のであり、また「真に、完成それ自体とは、より善いものへ向かって成長することを決してやめないことであり、完成に限界を定めないことである[42]」。つまり、人間の完全性とは、神という到達目的に達するための運動のその極点における停止ではなく、まさにいま運動し、前進し、上昇しているプロセスそのものなのである。こうしたことから、グレゴリオスの霊性は「ダイナミズムの神秘思想」と特徴づけることができるであろう。その点で、彼の霊性は、オリゲネスよりもむしろ我々が先に「あくなき神探求のプロセス中心主義的神秘思想」と名付けたアレクサンドレイア出身のユダヤ人フィロンの神秘思想に近いと言えるであろう。

第二節　神体験の内実

では、その「プロセス」の内実をグレゴリオスはどう捉えているのであろうか。そもそも、彼は神の「本質」に対する接近不可能性を主張してはいるものの、その「働き」における神に接近可能と考えたが、これは、神を見るないし神を知る、つまり人間における「神体験」を肯定するものとなる。この神体験こそ我々のいうプロセスである。では、そこで肯定されるプロセスたる神体験とはどのようなものであろうか。グレゴリオスはこの点に関して、まず人間に神体験を可能とさせる二つの概念を考える。それは「鏡としての魂」および「霊的感覚」である。

①鏡としての魂

これが意図するところは、神を知るとは「浄い魂の鏡を通しての見神」と同じことだということである。グレゴリオスにとっては、神を知るとは神について何かを知るのではなく、神を「所有」することを意味する。「主は、神について何かを語ることが幸福であるとは語っていない。むしろ、自己の内部に神を現存せしめることが幸福であると語っているのだ」[43]。彼はこれを「神の国はあなたがたの間にある」(ルカ一七・二一)というイエスの言葉で根拠づけている。そして、彼はこの「知」－「所有」のあり方に「神の似姿」としての人間という聖書的で、教父神学に伝統的な理論をもってくる。そこでは、「魂」こそ神に似せて造られたものであるから、人間は魂に神、厳密には「神の似姿」を持っている。観想は自己の内に現存しているこの神の似姿を見ることである。自己の内奥に神の似姿を見るという事態を、グレゴリオスは比喩的に「魂の鏡」に映る神の本質を見ることと表現している。神の似姿である魂こそ神を映し出す鏡である。つまり、人間には本来魂に神の似姿が刻印されているが、罪によりこれが曇ってしまった。しかし、罪からの浄化によって神の似姿は再び光沢を帯びて現出する。こうして己の魂に神の似姿を再び見出すことは、言い換えるならば、魂という鏡を通して神自身を観想することを意味する。その意味でグレゴリオスは言う。「人間は、あらゆる被造物と気まぐれなる情念から心を浄められたとき、初めておのれの美しさの中に神の本質の似姿を見る」[44]。この「おのれの美しさ」すなわち、浄化された魂において神の似姿を見るのである。この鏡を通しての間接的見神——神自身の本質は直視できない——について彼は次のように述べる。

「誰かが、種々の徳の牧場からよい香りのする草をすべて集めて、その生涯全体をそれぞれの業の芳香で芳しいものとし、そうしたことすべてで完全なものとなるならば、その人はあたかも円い太陽そのものをしっかりと見つめるように、言葉たる神そのものを見つめる本質を持つのではなく、むしろ自らのうちで鏡において太陽を見るように眺めるのである。なぜなら、あの真の神的な徳の光線は浄められた生において、それらの光線から流れ出る不受動心（ギ apatheia）によって輝き、太陽を我々の（霊魂という）鏡に描き出すことによって、見えないものを我々に見えるものにし、近づきえざるものを把握しうるものとするからである」[45]

鏡に太陽が映っていれば、人は直接には太陽に目を向けることがなくても、同じ太陽を見ているように、心から情念を洗い流し、魂の鏡に神の本質の似姿を認める人は、事実上、神自身を見ているのである。

この浄い魂の鏡における見神の聖書的根拠は「心の清い人々は、幸いである。その人たちは神を見る」（マタ五・八）というイエスの言葉である。さびが表面を覆って見えなくされた金属の鏡と同じように、罪に汚れた魂は神の似姿を見せることはできなくなる。したがって、最高の美である神を再び映し出すことができるように、人はさびを落とし、表面をなめらかにする、つまり魂を浄化しなければならない。魂の完全性、つまり「徳」は神的完全性の像、とりわけ浄さ、アパテイア、すべての悪を避けること、一言で言えば「聖性」、これらすべては、人間のうちにある神の似姿に方向づけられ、人間のうちにおける神の似姿を再び回復させるためにある。

この浄化とは具体的には、福音書が教えるように、掟の遵守とキリスト教的節制を通して魂を次第に変容させていくことである。この次第について、グレゴリオスは『雅歌』六章三節「私はあの方のもの、あの方は私のもの」という記述の説明で次のように述べている。

「これは徳に関する完全性の規範、定義である。なぜなら、我々はこのテキストを通して次のことを学ぶからである。浄められた霊魂は、神の他に自らのうちに何も有してはならない。また神より他に何も見てはならない。自らをあらゆる質料的なものや考え方から浄めるべきである。そして、自らのすべてを霊的また非質料的なものへと完全に変化させ、範型である美の最も明瞭な像へと自分自身を造り上げるべきなのである[46]」

グレゴリオスはまた「私にとって生きるとはキリストである」（フィリ一・二一）というパウロの言葉も同様な意味で解釈し、それは神以外のすべてに関わる考えを魂からそぎ落とし、聖性、浄さ、不滅、真理に道を明け渡すことだと述べる[47]。

②霊的感覚

神の超越性を固持するグレゴリオスは、神が遠く離れた方であり、人間が決して到達できない方であるということを言っているのではない。事態は逆で、神の似姿である魂という鏡において神を見ることができる。鏡なる自己に反射された神を観想するのである。

しかし、グレゴリオスは、神体験の特質として「見る」ないし「知る」だけではなく、それを含めてより包括的な意味で「感知」、「感じること」という表象も頻繁に用いている。もちろん、これは通常感覚を超えた感覚、すなわち「霊的感覚」による神体験である。「霊的感覚」という概念をキリスト教霊性に初めて導入したのはオリゲネスであるが[48]、彼の関心事は霊的感覚が身体的五感と対応をなして複数あり、その両者の機能の違いという点に集中している。[49] グレゴリオスはこの考え方を採用しつつ、「闇」の内における魂の体験の性格を論じている。『雅歌講話』第一一講話で、グレゴリオスは「花婿」をキリスト、「花嫁」を闇における魂になぞらえて、次のように語っている。

「今や、彼女（花嫁）は神的な夜に取り囲まれている。そこでは花婿は近くまで来ているが、姿は現さない。というのも、どうして見えないものが夜に姿を現すであろうか。花婿は、霊魂に対して自分の現存（ギ parousia）を気づかせてはいるが、その不可視な本質によって隠されているので、明白に理解されることはない[50]」

ここで注目すべきは、魂の神体験は「闇」のなかで生起するということであるが、これについては後に触れることにしたい。とにかく、ここで主張されていることは、闇の中での魂は、キリストの現存を見ることはできないが「感知する」ことはできる、ということである。なぜなら、彼自身が「霊魂に対して自分の現存を気づかせる」からである。これは直訳すると、「魂に自分の現存の感覚を（ギ aisthēsin tina ... tēs parousias）与える」となっている。

この「現存の感覚」こそグレゴリオスのいう霊的感覚であり、それは魂の中の「五感」である。実際彼はこれについて次のように述べている。

「我々のうちには二つの感覚、つまり身体的なものと神的なものとがある。『あなたは神的な感覚を見いだすだろう』（箴二・五）という『箴言』の言葉がまさしくそれを語っている。霊魂の活動と身体の感覚器官にはある類似がある。……ブドウ酒と牛乳は味覚で区別されるが、霊魂の知的で把握する能力はその可知的現実を完全に捉えるからである。口づけは触覚を通してなされる。口づけでは互いの唇が触れ合うからである。また御言葉と触れあった霊魂の触覚というものがあり、それはある非身体的で可知的な触覚を通して働く。……同様に神の香油は鼻では嗅げず、何か可知的で非物質的な力でキリストの引き寄せる甘い香りを霊が吸い込むのである[51]」

このように、神の現存の感覚は、たとえば神を「りんご」に見立てている箇所で、りんごたる神は視覚を楽しませるばかりではなく、「嗅覚をその香りによってさわやかにし、しかも自ら食物となって味覚を甘美さで満たす」というふうに、嗅覚や味覚として表現される[52]。言うまでもなく、これは比喩的表現であるが、神現存を単に察知するというのではなく、それを「いろいろな仕方で楽しむ[53]」とあるように、神現存の「感知」は何か魂を悦ばせ魅了する性質を持っていることを言おうとしている。

ところで、先ほども触れた神を感知する場である「闇」とはいったい何を意味するのであろうか。我々は、ここで、グレゴリオスの神体験における三つの区別に言及しなければならない。

③神体験の三段階

グレゴリオスは、人間の神体験を魂の神へ向けての上昇と解釈する。そしてこの上昇には三つの段階があることを指摘する。「三段階」と聞けば、我々はすでに見たように、オリゲネスによる人間の霊的成長の三段階を思い出すだろう。彼は霊的向上を、情念の滅却のための「倫理学」、被造物（身体的、非身体的）の観想としての「自然学」、そして神自身の観想すなわち「観想学」というふうに三段階に区分した。次章で検討するように、エウアグリオスは、これを「修行」、「自然的観想」および「神智的観想」というふうに言い直し、修道生活に応用させた[54]。また一方、オリゲネスは、自らの三段階説をそれぞれ『箴言』、『シラ書（集会の書）』および『雅歌』

という智恵文学の三つの書物になぞらえた。[55] グレゴリオスもこのような三段階説と三つの智恵文学との関係付けを踏襲してはいるが、[56] 彼は彼の独自の三段階説をもまた展開している。それは「光」、「雲」および「闇」という段階である。

この三段階は、『モーセの生涯』における神顕現の体験に即して解釈がなされているが、そのまとめとも言うべき言説は『雅歌講話』の中で述べられている。

「偉大なるモーセに対して神の顕現は光によって始まった（出一九・一八参照）。その後、雲を通して彼に神は語った（同一九・一九参照）。さらに、モーセがより高くより完全になると、彼は暗闇（ギ gnophos）の中で神を見るのであった（同二四・一五―一八参照）。以上から我々が学ぶのは次のことである。まず、神に関する偽りの惑わされた観念からの最初の撤退は、闇（ギ skotos）から光に移し置かれることである。次に、隠されたことをより直接に理解することとは、現れてくるものを通して霊魂を神の不可視の本質に向けて導くことである。その理解は一方では、現れてくるものすべてに影を投げかけ、他方では、さらに隠れたものを見つめるよう霊魂を導き慣らす雲に譬えられている。以上の過程で霊魂は上方へ歩んでいき、人間の本性にとって到達可能な事を放棄してしまうと、神認識（ギ theognōsia）の聖域に立ち至り、神的な暗闇によって四方を取り囲まれるのである。その暗闇の中では現れ把握されるものはすべて外に放棄され、霊魂の観想のために残っているのは不可視で把握不可能なものだけである。そして、そこに神は在す[57]」

ここに述べられる道程は、光に始まり一歩一歩闇の深みに入りこんでゆく道程である。少なくとも表象だけに注目するならば、オリゲネスとは対照的である。彼においては、魂は暗闇の世界から光に向かう道程であるが、グレゴリオスではその逆となっているからである。[58] プラトン以来のヌースによる観想概念、つまり、太陽の比喩に見られる善のイデア観照の場合のように、無知の闇から次第に光へと向かう観想とはまったく異なり、グレゴリオスは、光、雲、闇への過程において、見える段階から見えない段階に移行しているのであり、究極的にはまったく見えざる段階においてこそ真に神が存在し、そこにおいてこそその真の神を体験すると考えているのである。[59]では、その各段階について彼は何と言っているか見てみよう。

「光」

この段階は具体的にはモーセが燃える柴の中で神を見た（出三・四参照）という聖書テキストに由来する。[60]この段階の神顕現においてモーセは神のみが真実在であることを悟ったのであり、日常感覚や思考に基づく一切の事柄は真実在ではなく、唯一の真実在の神に参与することによってのみ存在すると悟ったとされる。この悟りはグレゴリオスにおいて一つの観想の種類である。[61]その点ではオリゲネスの三段階の最初の段階である「倫理学」とは異なる。そこでは観想は除外されているからである。このような悟り、観想に至るために先に挙げた引用で語られているように「神に関する偽りの惑わされた観念」から脱却しなければならない。これはグレゴリオスの別の表現を使えば「浄化」の段階である。この点で、浄化を目的とするオリゲネスの「倫理学」と同じである。グレゴリオスによれば、それは「すべての感覚的、非理性的な営みから生の方式を浄化し、何らかの先入見に由来するすべての知見を思惟から洗い浄める[62]」ことである。ここで使用される「闇」（ギ skotos）とは誤謬、虚偽なる実在であり、[63]それを離れて真なる実在である神へと向き直ることが浄化の意味である。しかも「闇から向き直ることとは光の分有によって生じるのだ[64]」とグレゴリオスが語っているように、浄化は「光」、つまり神自身からの照らしという恩恵によって生じるのであり、純粋に人間の努力で成し遂げられるわけではない。このように、オリゲネスにおける第一段階が浄化のみに限定されているのに対し、グレゴリオスの第一段階である光の段階は浄化と観想の両方から成り立っていることが分かる。

「雲」

この段階ではもはや浄化は存しない。オリゲネスの「自然学」、エウアグリオスの「自然的観想」と同じく、この段階に至るためにはあくまでも浄化、すなわち情欲や感覚的なものからの浄めが前提となる。[65] この段階は、モーセが神から律法を受け取るためにシナイ山へ登ったとき、神が雲の中からモーセに語ったエピソード（出一九・九―一〇参照）に由来する。[66] 上記引用には、詳細は語られていないが、グレゴリオスは他の箇所で、この段階で人は「徳（アレテー）のより高いところ」すなわち「語りえざる神の知（ギ theognōsia）」に導かれると述べ、神の観想へのさらなる前進が起こることを暗示している。[67] この段階における観想は浄化を経た状態であるから「感覚に由来する知を越えて」いるものであり、それはすなわちオリゲネスにおける「自然学」と同様、被造世界における神の事柄（ロゴイ）の観想と同じく、「思惟されるもの・可知的なるものの観想」である。[68] グレゴリオスはこれを「見られるもの、現象を通しての神の偉大なる栄光[69]」とか「存在物の観想から生じるものとして、神的な力に関する知[70]」とも表現している。だが、この段階はさらに深い「闇」へ向かう途中の段階であって、最終到達地点ではない。

「闇」

この段階はオリゲネスの神秘思想には見られないものであるが、グレゴリオスにとっては神体験の最も重要でかつ究極的段階である。彼はこの表象をモーセが二度目にシナイ山に登り、そこで神の呼び声がする雲のなかに自ら入っていったエピソード（出二四・一五―一八参照）から解釈している。

「ところで、『モーセは闇（ギ gnophos）のうちに入り、そこにおいて神を見た』（出二〇・二一）とあるのは、一体何を意味するのか。なぜなら、そのような表現は、最初の神の顕現と何らか反対のことであると思われるからである。つまり、かつては光のうちで神的なものが見られたが、今は闇のうちでとされている。だが、このことは、霊的に観想されてきた一連の事柄と矛盾すると見なされてはならない。聖書の言葉はこれによって次のことを教えているのである。すなわち、敬虔の知はその最初の現れにあっては、それが生じる者において光として生起する。それゆえ、敬虔に対立すると考えられているのは闇（ギ skotos）である。したがって、闇から向き直ることは光の分有によって生じるのだ。しかし、理性（ギ nous）がより大で、より完全な志向を通して前進し、諸々の存在者についての知・把握（ギ katanoēsis）を思惟のうちで生み出そうとするとき、神的本質の観想に接近すればするほど、それだけ一層、かの神的本質の観想されざるものたること（ギ atheoreton）を明白に見るに至るのである。たしかに、すべての現象を、つまり感覚が把握する限りでのものだけでなく、思惟が見ていると思う限りのものも、いずれをも後にして、常により内なるものに入りゆき、ついには思惟の真摯な憧憬によって、見られえず知られえぬかのものに参与するに至るならば、そこにおいて神を見るということになろう。このことのうちに、探し求められているものの真の知・観想（ギ eidesis）があるが、それは見ぬことにおいて見ることである。なぜなら、探求されているものはあらゆる知（ギ eidesis）を超えており、何らか闇によってであるかのごとく、把握されえぬというそのことによって、周りを囲まれている。それゆえ、この輝く闇（ギ ho lampros gnophos）に参入した人たる崇高なヨハネも『何人も未だかつて神を見たことがない』（ヨハ一・一八）と言うのである。この表現によってヨハネは、神的本質についての知（ギ gnōsis）は、単に人間にとってではなく、あらゆる可知的本性にとっても到達されえぬものだと主張しているのだ。それゆえ、モーセが知においてより大いなる者となったとき、彼は闇のうちで神を見たと語るのである。すなわち、すべての知と把握とを超えているかのものこそ、本性上神的なものだということをモーセは覚知する」[71]

この引用においてはまず前段階の観想に関して短く繰り返される。まず「光」の段階での観想においては「光のうちで神的なものが見られ」ることであり、それは不敬虔な事柄、つまり誤謬や、虚偽の実在への捕らわれという否定的意味での「闇」から解放されるために「光の分有」が必要であることが説かれた。第二段階については「諸々の存在者についての知・把握」と表現されているが、これは「雲」の段階であり、オリゲネス的用語を使えば「自然的観想」である。しかし、今問題となっている第三段階での神体験、すなわち「闇」において、人間はもはや言表不可能で、極めてパラドクシカルな神秘体験に突入する。それは、神がまったく捉えがたい方であることの自覚のうちに突入することを意味している。ここでは「見る」こと、つまり観想は「観想されざるもの」を見ることによって成り立つ。見られないということを「明白に見るに至る」のであり、「見られえず知られえぬかのものに参与する」ことが「神を見るということ」になる。「それは見ぬことにおいて見ることである」。なぜなら、「神的本質についての知は」絶対的に「到達されえぬもの」だからである。「すべての知と把握とを超えているかのものこそ、本性上神的なものだ」からである。こうして、人は感覚的に経験しうる世界を背後において見えざるものの内に、グレゴリオスの表現を使えば「輝く闇」の中で神を観想しつつ、神がすべての知識や理解を越えた存在であるという認識に至る。しかし、それは単なる認識ではなく、「見られえず知られえぬかのものに参与する」体験である。第二の段階ではモーセは雲の中に入っていったわけではなく、雲の外にいた。しかし、ここではすでにモーセは雲の中に入った段階である。つまり、モーセは闇において神の本質に再接近したのである。だが、神の本質は無限である。最接近したとはいえ、神に到達するわけではない。接近したとしても絶えず神は彼方にいる方である。したがって、神への到達、神との合一は実現不可能なものである。あるのはただ合一を欲する欲求のみである。ここにエペクタシスの存する所以がある。

④脱自およびエペクタシスの原動力としての愛

神体験は通常の感覚的、理性認識的体験ではない。グレゴリオスにとっては、それらを超越した体験であるが、そのことを彼はしばしば「脱自状態」（ギ ekstasis）と表現する。先にあげた第三段階、つまり「闇」の段階での説明においては「感覚が把握する限りでのものだけでなく、思惟が見ていると思う限りのものも、いずれをも後にして」と語られているが、これは自己の通常の感覚把握、理性的把握を捨て去ってしまうことが意図されている。「脱自状態」は意識が自己という殻から超出した状態であるが、すでに最初期の著作『処女性について』は「自己を超越すること」とか「自分の本性を超越すること」について述べている。[72] また、『雅歌講話』の第六講話は「感性的認知を超える」あるいは「感覚的事柄を棄て」というような表現を使っている。[73] さらにまた、グレゴリオスはオリゲネスに倣い、「醒めた酩酊」（ギ nephailios mēthē）という表現を持ち出し、これを「人間が物体的なものから神的なものへと脱自（ギ ekstasis）するような酩酊」と説明し、[74] また「その酩酊による脱自状態は、霊魂にとってはより神的になる途である」[75] と語る。あるいは、「眠ったまま目覚めている」という状況[76]も同じであり、すべての身体感覚が捨象され、つまり「眠っている」が、魂は神の顕現に「目覚めた」状態であり、それは「それまでの自分自身に比べてより高められた者と成った（ギ hypselotera gegonen heautes）」[77] ことを意味する。ここで注意すべきは、脱自状態が「最も高められた」ではなく「より高められた」という比較級で表現されていることである。つまり、脱自はそれ自身で完結する究極の至福状態ではないことが示唆されている。脱自とはいえ「魂の最終的安息状態などというものは存在しない」[78] のである。

ところで、先にも論じたようにエペクタシスとは、汲み尽くすことのできない無限の神の本性へ向けての人間の留まることなき絶えざる上昇ないし前進運動を表現するものである。そして、かかる無限に上昇する人間のあり方こそ、その「完全性」の意味するところのものであった。このエペクタシスの教説は、魂と神との間に介在する越えがたい深淵についてのグレゴリオスの理解が前提になっていることはすでに指摘しておいた。

では、この絶対の深淵にもかかわらず、それを乗り越えて、神へ近づこうとする人間のエペクタシスの原動力とは何であろうか。それは、まさに先ほど見たように「霊的感覚」が感知する神現存の甘美さである。ここでいう神現存の感覚はあまりにも魅惑的であるがゆえに、もうこれで充足するというようなもの、つまり「飽き」を覚えるような代物ではない。神経験には終局がない。むしろ、味わえば味わうほど、さらに神への憧れは増すばかりである。そして、このような神のうちに無際限に引き込まれていくという状態が、グレゴリオスの意味する「自己の外に引き出される状態」、つまり脱自状態である。それは「魂が一層深い神の知を慕い求め続けるという意味」である。[79] 魂は神を味わうことによって、深い喜びを感じるが、その一方で、さらになお神を求めようとする激しい経験である。エペクタシスは、このエクスタシスが絶えず生起し続けることに他ならない。

このような人間のエペクタシスの原動力、絶えざる脱自運動、つまり神に向かって自己の外へ引き出そうとする推進力は「愛」である。グレゴリオスは「愛」について「アガペー」と「エロース」という二つの言葉を使用しているが、アガペーは神から人間に向かう愛のことを指し、具体的には受肉した独り子において示され、人間を神に招き入れる愛である。[80] そして、このような愛に感動して、神を慕い求める情熱愛が人間のうちに生ずる。この情熱愛がエロースである。[81]

「エロース」をキリスト教神秘思想の概念として論じたのはオリゲネスが最初であるが[82]、彼自身はこの概念をプラトンの『饗宴』から引き継いだ。もちろん、彼はエロースの目指すものが絶対的な美のイデアとするプラトンの考えを修正し、その究極目的を神のみことばとの一致であるとした。グレゴリオスもオリゲネスに倣い、エロースを神に対する人間の憧れ、熱望の根源とみなし、多くの修徳的著作の主題として論じている。[83] たとえば『処女性について』は、エロースを肉体的な愛から精神的な愛へと移し替えているし、この概念は『キリスト教綱要』の中心的動機ともなっている。イェーガーが指摘するように、このプラトン的概念はグレゴリオスの全著作に浸透している。[84] とりわけ顕著なのが『雅歌講話』で、そのなかでもとくに「私は恋に病んでいますから」

（雅歌二・五）という一節を解釈する箇所は印象深い。そこでは愛の射手なる御父が、愛の矢である御子を放って、花嫁なる魂を射抜いたと解釈され、「実にそれは善き負傷、甘き痛みであり、これにより命が魂を貫く」が、その結果、花嫁なる魂そのものが清められ、自らが愛の矢となると説く[85]。

その『雅歌講話』で、先に挙げた神から人間へ向かう愛である「アガペー」がエロースと共に人間の神に向かう愛としても表現されることもある。この場合、厳密にはアガペーとエロースは同一のものではなく、エロースは神を知ろうとして自らの外へ身を乗り出す、つまりエペクタシス的憧れに駆り立てられるというアガペーの脱自的な側面を強調するものとして使用されている。すなわちグレゴリオスが「エロースとは延び広げられた愛（ギ epitetamēnē agapē）[86]」と表現しているように、「エロース」は「アガペー」のエクスタシス的側面を指す。この神のアガペーに感動することによって生じる「延び広げられたアガペー」すなわちエロースこそがエペクタシスの原動力なのである。

第三節　総　括

ニュッサのグレゴリオスは、神を観るということ、神を知るということはどういうことなのかという問題に生涯をかけて取り組んだ。その結果、初代キリスト教霊性神秘思想は、彼において最終的な体系づけを見ることとなった。

その体系の根底にあるのは、神性の「無限性」とその「知解不可能性」をラディカルに主張する「否定神学」である。これは対エウノミオス論争という特殊な文脈のなかで鮮明化されることとなったが、同時に神の有限性を是とするオリゲネス神学の大きな路線変更ともなった。

この無限で不可知の神性という神論に対応する人間論が問題となったところに、グレゴリオスの神秘思想が本格的に開始する。無限で不可知の神に対して人間がとるべき理想的生き方は何かを追求すること、これが彼の神秘思想の根本動機であった。グレゴリオスの人間論の出発点は、福音書に示された「人間の完全性」すなわち「徳」であったが、その内実とは、無限の神に向かう絶えざる歩みであった。神は無限であるがゆえに、これに対応する人間の神への上昇運動も停止しえない。彼はこれを「エペクタシス」と呼ぶ。つまり、人間は神の無限性にエペクタシスという運動によって参与しているのである。そして、人間の完全性とは、神に達するための運動のその極点における停止ではなく、まさにいま運動し、前進し、上昇しているプロセスそのものをいう。神秘思想のプロセス中心主義はすでにユダヤ人フィロンが主張していたことであるが、グレゴリオスはこれをキリスト教の枠内で主張した最初の教父である。

では、そのプロセスの中身はどうなっているのか。すなわち、神を見る、神を知るという神体験の道程をグレゴリオスはどのように描いているのか。彼は、人間に神体験を可能とするものとして「鏡としての魂」および「霊的感覚」を挙げ、それらによって可能となる神体験、すなわち魂の神へ向けての上昇を三段階に分けた。すなわち、「光」の段階から「雲」の段階を経て「闇」の段階へ至る過程で、言い換えれば、見える段階から見えない段階への移行であり、究極的にはまったく見えざる段階においてこそ真に神が存在し、そこにおいてこそ真の神を体験すると考えた。まず「光」の段階では誤謬や虚偽の実在への捕らわれから解放され、「雲」の段階において、オリゲネス的用語を使えば「自然的観想」に入る。そして、究極段階である「闇」において、神は見られないということが明白に見えること、見ぬことにおいて見るといった、もはや言表不可能で、極めてパラドクシカルな神秘体験に突入する。なぜなら、神的本質には絶対的に到達不可能だからである。神の本質は無限である。接近したとしても絶えず神は彼方にいる。魂はそういうことを明白に認識するが、しかし、それでも神へ到達したいという欲求、神との合一を欲する欲求、神を絶えず慕い求める情熱愛すなわち「エロース」が働く。このエロースを原動力とした、無限の神の本性へ向けての人間の留まることなき絶えざる前進運動、すなわちエペクタシス。これこそ、グレゴリオスが理想とする人間の完全性、「徳」にほかならない。

カッパドキア三教父の初代キリスト教霊性史における役割の大きさは強調しすぎるということはない。まず、グレゴリオスの兄バシレイオスの霊性史上の最大の貢献は、パコミオスによって創始された共修制を完成させたことである。それも単に共修制の制度的、法的な確立に貢献したばかりではなく、その具体的な中味にまで分け入り、修道生活における様々な局面での指針を策定し、後世の東方ばかりでなく西方の修道規則の雛形を作った。

一方、バシレイオスの友人ナジアンゾスのグレゴリオスは、バシレイオスのように修道生活の制度や指針ではなく、霊性全般にわたる「神学的理論」を展開することをテーマとしていた。その理論の主題は神化思想と神認識の二重構造（神的本質の不可知性と神的業において顕現する神の可知性）の二点であったが、これらの主題は実際、後世の東方神秘思想の骨格となった。初期キリスト教の霊性は、以上二人のカッパドキア教父の貢献によりさらに深まり、さらに豊かなものとなったが、しかし、霊性に欠かせないもう一つの伝統、すなわち神秘思想の確立に貢献したのがニュッサのグレゴリオスである。大まかな言い方が許されるとするならば、バシレイオスは霊性の修道制度的側面、ナジアンゾスのグレゴリオスは霊性の神学理論的側面、そしてニュッサのグレゴリオスは霊性の神秘思想的側面の深化に貢献したと言えるであろう。とくに、ニュッサのグレゴリオスは初期キリスト教神秘主義を一つの完成に導き、のちの東方教会の神秘思想、とくにアレオパゴスのディオニュシオスの否定神学や神秘神学に決定的な影響を与えたばかりか、ビザンツ霊性の神学的根拠をなす神における本質と働きの区別という考え方の道筋をつけた。さらに、東方教会のみならず、西方教会におけるいわゆる「夜の神秘主義」での神観想の思想の成立にも影響を与えた。後世の霊性思想における彼の影響の大きさについてはまだ研究し尽くされていない。今後の課題として指摘しておきたい。

注

1 ブイエ、二六四頁。

2 Cf. Gregorius Naz., Epist. 11 = PG 37, 41-44.

3 批判的編集は、M. Aubineau, Grégoire de Nysse. Traité de la virginité (SC 119), Paris 1966.

4 本書では、グレゴリオスは既婚者であったため、あたかも自ら祝宴を準備し、みずからはそれに参加できない者として処女性を賛美している（Cf. De virginitate 3, 1 = SC 119, 274）。逆に、結婚生活に対してかなり消極的な見方をしているのは次の引用でも分かろう。「もし結婚する前に、夫婦の経験を持つことが可能であるならば、もし結婚が何をもたらすかをある程度の確実性をもって予測できるような手段があるとするならば、結婚の代わりに処女性を選択する者の数は膨大なものとなろう」（Ibid. 3 = 280 (vv. 12-16)）。

5 批判的編集は、P. Maraval (ed.), Grégoire de Nysse. Vie de sainte Macrine (SC 178), Paris 1971.

6 批判的編集は、W. Jaeger (ed.), Gregorii Nysseni opera VIII, 1, Opera ascetica, Leiden 1952, 129-142.

7 批判的編集は、ibid., 173-214.

8 PG 46, 287-306.

9 W. Jaeger (ed.), Gregorii Nysseni opera VIII, 1, Opera ascetica, Leiden 1952, 40-89.

10 Id., Two Rediscovered Works of Ancient Christian Literature. Gregory of Nyssa and Macarius, Leiden 1954, 1-89.

11 本書二三六頁以下参照。

12 批判的編集は、R. Staats (ed.), Makarios-Symeon. Epistola Magna. Eine messakianische Mönchsregel und ihre Umschrift in Gregors von Nyssa "De instituto christiano", Göttingen 1984.

13 批判的編集は、J. Daniélou (ed.), Grégiore de Nysse. La vie de Moïse (SC 1bis), Paris 1968. 邦訳として、谷隆一郎訳「モーセの生涯」『キリスト教神秘主義著作集第一巻　ギリシア教父の神秘主義』（教文館、一九九二年）七－一三六頁があるが、これは底本として、J. Jaeger / (ed.), Gregorii Nysseni opera VII/1. De Vita Moysis (ed. H. Musurillo), Leiden 1944を使用している。

14 批判的編集は、J. Jaeger (ed.), Gregorii Nysseni opera VI. In Canticum canticorum (ed. H. Langerbeck), Leiden 1960. 邦訳は、大森正樹・宮本久雄・谷隆一郎・篠崎榮・秋山学共訳『雅歌講話』（新世社、一九九一年）。ただし、これは底本としてPG 44, 756-1120を用い、随時Langerbeck版を参照している。便宜のため、訳文下段にLangerbeck版の頁数が付されてある。

15　だが、『モーセの生涯』については、それは「神秘思想」の書ではなく「霊性神学書」と見なすべきであるという見解については、川島忍「観想と実践――ニュッサのグレゴリオスの『モーセの生涯』における霊性神学」『南山神学別冊』第四号（一九八五年）一－八〇頁参照。本研究では『モーセの生涯』は観想の神秘体験を称揚しているのではなく、エウノミオス等の異端との闘いを背景に、若い司牧者がこれに惑わされず、彼らに徳において不断に成長していくよう勧告する霊性神学書であることを、説得力ある仕方で論じている。ただ、主張の根幹である「神秘思想」の書と霊性神学書との違いが明確ではない。我々としては、霊性神学には神秘思想も含まれるという立場をとっているため、本書はそういう意味においては霊性神学書と名づけるが、神秘思想を排除したものとは考えていない。

16　Cf. M. Viller / K. Rahner, op. cit. 136.

17　グレゴリオスを神秘主義の思想家として捉えた代表的な研究者は、W・フェルカーとJ・ダニエルーであるが（Cf. W. Völker, *Gregor von Nyssa als Mystiker*, Wiesbaden 1955; J. Daniélou, *Platonisme et théologie mystique. Doctrine spirituelle de saint Grégoire de Nysse*, Paris 1953）、一九六〇年代から、とくにE・ミューレンベルクの研究以来（Cf. E. Mühlenberg, *Die Unendlichkeit Gottes bei Gregor von Nyssa. Gregors Kritik am Gottesbegriff der klassischen Metaphysik*, Göttingen 1965）、グレゴリオスを神秘主義的に解釈する傾向は弱められてきている。欧米に較べ、本邦でのグレゴリオス研究はまだ立ち遅れているなかで、土井健司の『神認識とエペクタシス』（創文社、一九九八年）は邦語による唯一といってよい本格的研究書であるが、土井も神秘主義者としてのグレゴリオス解釈の立場をとっていない。土井はグレゴリオス解釈の要を神認識とし、神秘主義的な神認識論でほぼ占められている先行研究に対抗し、グレゴリオスの神認識を「神秘主義的でない仕方で解釈することを試み、これを組織的に仕上げる」（同書一二頁）ことを本書で目論んでいる。先行研究の綿密な対論と緻密な原典読解による説得力ある論の展開は見事であるが、本稿では、こうした先端を行く研究のバックボーンとしての神秘主義的解釈を提供するに留めておく。

18　神の無限性や知解不可能性について詳しくは、手塚奈々子「ニュッサのグレゴリオスにおける神の無限」『日本カトリック神学会誌』第七号（一九九六年）三六－五三頁参照。

19　Cf. Origenes, De principiis. 2, 9, 1; 4, 4, 8 = P. Koetschau (ed.), Origenes Werke. Fünfter Band. De principiis (GCS), Leipzig 1913, 164 (vv. 3-6); 359 (vv. 16-17). なお、両テキストはルフィヌスによるラテン語版（SC 252, 352-354; SC 268, 420）にはないが、ユスティニアーヌスのマンナス宛ての書簡の中（SC 253, 211-212; SC 269, 262-263）に引用されている。

20　Cf. Origenes, De princip. 2, 9, 1 = ed. P. Koetschau, op. cit., 164 (vv. 3-6).

21　Cf. Gregorius. Nys., De vit Moys. 2, 236-237 = SC 1bis, 107-108.

22 Cf. Origenes, De princip. 2, 8, 3 = ed. P. Koetschau, op. cit., 159 (vv. 5-9).

23 Cf. ibid. 2, 9, 6 = 169 (v. 30)-170 (v. 12).

24 Cf. Gregorius Nys., De vit. Moys. 2, 236-239 = SC 1bis, 107-109.

25 彼の思想はサラミスのエピファニオス（三一五頃－四〇三）の『全異端反駁論』に収められている小論 Syntagmation によって知られる。同小論の批判的校訂本は、L. R. Wickham (ed.), The Syntagmation of Aetius the Anomoean, JTS 19 (1968), 532-569。

26 たとえば、ユスティノスは「生まれざる神」と呼んでいる（1 Apologia, 14）がその例である。

27 Cf. A. Meredith, *The Cappadocians*, St. Vladimir's Seminary Press, New York 1995, 64.

28 M. F. Wiles, Eunomius: hair-splitting dialectician or defender of the accessibility of salvation, in: Rowan Williams (ed.), *The Making of Orthodoxy: Essays in Honour of Henry Chadwick*, Cambridge 1989, 169.

29 H・I・マルー著、橋口倫介監訳『キリスト教史第二巻　教父時代』（講談社、一九八〇年）七八－七九頁参照。

30 たとえば Basilius, Adv. Eunomium = PG 29, 540C; Socrates, Historia ecclesiastica = PG 67, 473B.

31 Cf. Gregorius Nys., Contra Eunomium 3, 105 = W. Jaeger (ed.), Gregorii Nysseni opera I-II. Contra Eunomium Libri (ed. W. Jaeger), Leiden 1960, II. 39 (vv. 6-17).

32 Cf. PG 44, 1268B.

33 バシレイオスについては大森正樹『エネルゲイアと光の神学――グレゴリオス・パラマス研究』（創文社、二〇〇〇年）一五三－一五九頁参照。

34 Cf. Ibid. 2, 12-13 = ibid. I, 230 (vv. 18-30).

35 Id. De beatitudinibus 6 = J. F. Callahan (ed.), Gregorii Nysseni opera VII/2, Leiden/ New York/ Köln 1992, 141 (vv. 25-27).

36 Cf. A. Meredith, op. cit., 59-60.

37 手塚奈々子、前掲書四二－四四頁参照。

38 ディオニュシオスに至る否定神学の発展を方向づけたグレゴリオスの役割については、H.-Ch. Peuch, *En quete de la Gnose I*, Paris 1978, 119-141参照。

39 Gregorius Nys., De vit. Moys. I, 5 = SC 1bis, 2-3. 傍点は筆者による。

40 Gregorius Nys., In Cant. 8 = ed. H. Langerbeck, 245 (v. 11)-247 (v. 18).

41 Ibid. De vit. Moys. I, 10 = SC 1bis, 4.
42 Ibid. De perfectione = W. Jaeger (ed.), Gregorii Nysseni opera VIII/I. Opera ascetica (ed. W. Jaeger / J. P. Cavarnos / V. W. Callahan), Leiden 1967, 214. 邦訳は、手塚奈々子、前掲書四九頁。
43 Id. De beatitudinibus 6 = ed. J. F. Callahan, 142 (vv. 13-15).
44 Id. De beatitudinibus 6 = ed. J. F. Callahan, 142 (vv. 20-22).
45 Id. In Cant. 3 = ed. H. Langerbeck, 90(vv. 6-16).
46 Gregorius Nys., In Cant. 15 = ed. H. Langerbeck, 439 (vv. 5-11).
47 Cf. ibid. 440 (v. 7)-441 (v. 6). 以上のグレゴリオスの教えは確かにキリスト教的ではあるが、しかし、やはり新プラトン主義の影響も顕著である。たとえば、もし新プラトン主義の大家プロティノス（二〇五頃－二六九または二七〇）の『エンネアデス』を読めば、グレゴリオスの教えが新プラトン主義といかに関係が深いかが分かる。なぜなら、新プラトン主義においても、浄化による神との類似化、浄化が情念と質料的なものの脱却であり、徳の獲得であること、神との似姿性が魂の美しさであり、その美しい魂は、それによって神の美を見る鏡であることなどが教えられているからである。グレゴリオスの教えとプロティノスのそれの近似性については F. Diekamp, Die Gotteslehre des hl. Gregor von Nyssa I, Münster 1869, 83-86および G. Horn, Le “miroir”, la “nuée”, deux manières de voir Dieu d'après S. Grégoire de Nysse, RAM 8 (1927), 114-122参照。
48 これについて詳しくは K. Rahner, Le début d'une doctrin des cinq sens spirituels chez Origène, in: RAM 13 (1932), 113-145参照。
49 たとえば Origenes, Contra Celsum 1, 48 = H. Borret, Origène. Contre Celse I. Livre I et II (SC 132), Paris 1967, 202-204参照。
50 Gregorius Nys., In Cant. 11 = ed. H. Langerbeck, 324 (vv. 7-12)
51 Ibid. 1 = 34 (vv. 2-18).
52 Cf. ibid. 4 = 117 (vv. 4-14).
53 Ibid. = 119 (vv. 6-7).
54 本書二三三頁以下参照。
55 オリゲネスの三段階説については、本書一六〇頁参照。
56 Cf. Gregorius Nys., In Cant. 1 = ed. H. Langerbeck, 16 (v. 14)-18 (v. 7).

57 Ibid. 11 = 322 (v. 9)-323 (v. 9).
58 ラウス、一四五頁参照。
59 手塚奈々子、前掲書三八－三九頁参照。
60 Cf. Gregorius Nys., De vit. Moys., I, 20-21; II, 19-41 = SC 1bis, 9-10; 37-43.
61 Cf. ibid. II, 23-24; II, 25 = 38; 38-39.
62 Ibid. II, 157 = 79.
63 グレゴリオスの第三の道のりである「闇」はギリシア語で gnophos であり、これと混同してはならない。
64 Gregorius Nys., De vit. Moys. II, 162 = SC 1bis, 80-81.
65 Cf. ibid. II, 154 = 78.
66 Cf. ibid. I, 42-49; II, 152-169 = 43-45; 77-84.
67 Cf. ibid. II, 152 = 77.
68 Cf. ibid. II, 156 = 78-79.
69 Gregorius Nys., De vit. Moys., II, 168 = SC 1bis, 83.
70 Ibid. II, 169 = 83-84.
71 Ibid. II, 162-164 = 80-82. 引用はブイエ、三〇六－三〇七頁。
72 Cf. id., De virginitate 10 = SC 119, 368-378.
73 Cf. id., In Cant. 6 = ed. H. Langerbeck, 173 (vv. 10-11); 181 (v. 13).
74 Cf. ibid. 5 = 156 (vv. 18-20).
75 Ibid. 11 = 310 (v. 20).
76 これは、『雅歌』五章二節「私は眠っていても、心は目覚めています」という文言にちなんで語られている。
77 Cf. ibid. 10 = 312 (vv. 7-8).
78 ラウス、一六四頁。
79 同上、一六三頁参照。
80 グレゴリオスは、「私は愛の痛手を受けている」（雅二・五）という『雅歌』の言葉の解釈に際し、アガペーそのものである神を「矢の射手」に、独り子を「矢」に譬え、神はそれを人間に向けて射放ったからだと説く。矢の鏃が突き刺さった人は、矢のみならず、射手、すなわちアガペーそのものも貫通する。その傷は美しく、甘美なるものである。Cf.

Gregorius Nys., In Cant. 4 = ed. H. Langerbeck, 127 (v. 7)-128 (v. 7).

81 大森他『雅歌講話』一一頁参照。

82 Cf. A. Meredith, op. cit., 16.

83 Cf. G. Horn, L'amour divin. Note sur le mot "Eros" dans saint Grégoire de Nysse, in: RAM 8 (1927), 113-31.

84 Cf. W. Jaeger, Two Rediscovered Works, 76.

85 Cf. Gregorius Nys., In Canticum canticorum 4 = Gregorii Nysseni opera VI, 127, 7. 類似の比喩は ibid. 5; 13 = ibid. 138, 4; 383, 9にも見られる。

86 Gregorius Nys., In Cant. 13 = ed. H. Langerbeck, 383 (v. 9). 大森他『雅歌講話』三一〇頁では、epitetamēnē agapē「高められた愛」と訳されているが、これだとやや運動的ニュアンスが薄れているように思われる。

第五部　東方修道神秘思想の成立

我々は第三部において、キリスト教における「修道制」の始まりについて概観した。修道生活はエジプトの砂漠地帯に生まれ、人の寄りつかない土地環境の中で完全な孤独と静寂のうちに生きる「隠修制」、緩やかな共同的絆のもとに生活を営む「半隠修制」、そして大人数の修道者たちからなる組織的な共住体制をとる「共修制」という形態を出発点とした。その際、我々はこのへんのいきさつを証言するアタナシオスの『アントニオス伝』およびパコミオスの文書を史料として概観した。両史料に共通している点は、こうした修道運動の主要な担い手が、教会のエリート層ではなく「民衆」であるという点である。その意味では、初代教会初期から見られた殉教と純潔の霊性という民衆の霊性運動の延長上に位置づけられる。

だが、エジプトの修道制は単に民衆の素朴な実践的霊性のみを特徴としたわけではない。そこには、初代教会から受け継がれたもう一つの霊的遺産が花開く場でもあった。それが、すでに以前に検討していた「神秘思想」という理論的、思索的遺産である。神秘思想はすでに修道制成立以前に、とりわけアレクサンドレイア派のキリスト教教養人たちによって基礎づけがなされていたが、エジプトの修道師父の中に、この過去の遺産を引き継いで、いわば修道的神秘思想とも言うべき思想体系を構築した者がいる。エジプトにおけるその修道的神秘思想の基礎を打ち立てた者のうちで筆頭に挙げられるのが、ポントスのエウアグリオスおよびいわゆる「マカリオス文書集」の著者である擬マカリオスである。事実、彼らの貢献は、後世の霊性史に絶えることのない影響力を及ぼした。以下、それぞれの思想を概観してみたい。

第九章　ポントスのエウアグリオス

エジプトで始まった隠修制および共修制は物理的、外的発展をとげる一方で、修道制の内的深化も同時に進んだ。その最大の立役者はポントスのエウアグリオスである。彼は東方修道制の理論的、学究的基礎付けに貢献した修道師父であり、後のビザンツ修道世界に決定的影響を与えた人物である。

彼は小アジアのポントス地方イボラの出身で、三七九年にコンスタンティノポリスでナジアンゾスのグレゴリオスによって輔祭（助祭）に叙階された。三八一年のコンスタンティノポリス公会議にも出席して反アレイオス派として活躍するが、翌年エルサレム巡礼の折りに、同地における女子修道院設立者として名高い大メラーニア（三八三頃－四三八または三八九）に感化され、以後、エジプトのニトリアやケリアで隠修士となり活躍。スケーティス砂漠の隠修士エジプトのマカリオス（三〇〇頃－三九〇頃。「大マカリオス」とも呼ばれる）は、エウアグリオスの師にあたるが、エウアグリオスはカッパドキア三教父からも多くのものを学んだ。

彼はエジプトの修道士としては最も多くの著作を残したが、思想的にはクレメンスやオリゲネスに著しく影響を受け、その思想を土台にした彼の霊性体系はその後の東方の霊性思想家に深い影響を与えた。しかし、そのオリゲネス主義的傾向のゆえに、彼の著作は五五三年のコンスタンティノポリスにおける第五回公会議を皮切りにしばしば異端として弾劾された。

彼の主要な著作は『修行論』（Capita practica）[1]、『認識者』（Gnosticus）[2]および『認識の摘要』（Kephalaia gnostica）[3]の三部作であるが、ギリシア語原版は第一の作品のみで、残りはシリア語やアルメニア語の全訳ないしギリシア語では断片しか残っていない。シリアやアルメニアでは彼は正統と見なされていたためである。他にも『祈りについて』（De oratione）[4]や『悪しき想念について』（De malignis cogitationibus）[5]などの修徳書を著したが、これはアンキュラのネイロス（不詳－四三〇頃）の名のもとに普及伝播し、三部作同様、ビザンツの修道者たちからいわば教科書と言えるほどに愛読された。たとえ、教義的には異端に近いとは判断されても、その霊的著作の教えの権威はいささかも損なわれることがなかった。

エウアグリオス最大の貢献は何と言っても、旧アレクサンドレイア学派によって提唱された霊的向上の二段階説ないし三段階説を[6]、「修道生活」における霊的進歩の段階として再解釈したことである。

従来、二段階とは「実践」（プラクシス）と「観想」（テオリア）ないし「認識」（グノーシス）であった。神の「観想」と「認識」はクレメンス以来、本質的には同じ意味内容であるから、ここでは「観想」という表象を用いる。エウアグリオスにとってキリスト者の究極目的は神の観想であり、この点ではアレクサンドレイア派と異ならないが、これを修道生活という枠内に限って論じるという点では後者と異なる。また、観想に至る条件としての「プラクシス」は、従来は「徳の実践」という一般的な意味合いを持っていたが、エウアグリオスは、これを断食や徹夜の祈り、謙遜や従順、あるいは清貧生活の実践、手仕事や霊的読書そして生活全般を貫く節制と禁欲などいっさいの修道者固有の「修行」という意味に限定した。エウアグリオスが提唱した修道制の二段階説はしたがって「修行」と「観想」の二要素からなる。

三段階説とは、オリゲネスから継承したもので、彼と同じように観想をさらに二つに区分したことによる。一つはオリゲネスが「自然学」と呼んだことを受けて、「自然的観想」（ギ theōria physikē）あるいは省略して単に「自然的なるもの」（ギ physikē）と名づけている。これは被造界の現実を神との関わりにおいて認識し、あらゆる被造物のうちに隠されている「神的事柄」（ロゴイ）を読み取ることを指す。いま一つは、オリゲネスが「観想学」と表現したもので、エウアグリオスはこれを「神智的観想」（ギ theōria theologikē）ないし単に「神智的なるもの」（ギ theologikē）あるいは「神智」（ギ theologia）と呼ぶ。この第三の道を「テオロギケー」ないし「テオロギア」と呼んだのはエウアグリオスが最初である。[7] この修道制の段階構造は、その後のビザンツ時代を経て、今に至るまで変更はない。それでは、各段階について、エウアグリオスの考えを素描してみよう。

第一節　修　行

「修行」に関する理論は『修行論』のテーマである。[8] この中で修行は次のように定義されている。「修行的なるもの（ギ praktikē）とは魂の情動的部分を浄化しきる霊的な方法である」。[9]「プラクティケー」は本来形容詞 praktikos の女性形であるが、エウアグリオス以後これは「プラクシス」（修行）の別表現としてこの形のまま名詞として用いられ、両者とも修徳のための心身修行一切を総称するものとなった。「魂の情動的部分」という表現は魂の「非理性的部分」（ギ alogon）で、「情念」（ギ pathē）がそれをとおって魂全体を侵しはじめる関門であるため「魂の情動的部分」と呼ばれる。したがって、修行とは、厳密に言えば、この非理性的魂部分を浄化する「霊的な方法」（methōdos pneumatikē）を指す。

この「方法」とは具体的には「神の掟を行うこと」であり、その意味で修行は「倫理的なるもの」（ギ ethikē）と呼ばれる。[10] ただし、この場合の「掟」とは広義のそれではなく、修徳的著作においてそうであるように、修道者固有の心身的修行実践を指す。「掟を行うこと」も「倫理的なるもの」も「修徳」つまり「徳を修める道」であって、これらすべての表現は情念の「浄化」を目的とする修行を意味する。

ところで、修行は情念を浄化する方法であると定義したが、「情念」は「想念」(ギ logismoi) とも呼ばれる。アントニオス以来、砂漠の師父たちの間では「悪魔」との闘いが禁欲的修行の意味であり、その闘いぶりは劇的に描かれているが[11]、この「悪魔」は修徳的著作ではしばしば「想念」と呼ばれている。これは logismos の複数形であるが、たとえ他の否定的修飾語が付されていなくとも、この言葉自体で魂を悪へと誘う「悪い考え」という否定的意味で用いられている[12]。いずれにしても「情念」と同義である。エウアグリオスは、修道者が浄化すべき想念のうち最も重要なものを八つとりあげる。それは、食い意地、邪淫、貪欲、悲嘆、怒り、倦怠、虚栄、傲慢であって、これについては先に挙げた『悪しき想念について』[13]や『修行論』[14]の中で詳しく説明されている。もっとも、この八つの悪徳説はすでにオリゲネスに遡るものであるが[15]、エウアグリオスの貢献によって、その後の霊性の伝統となった。

ところで、修行は単に「浄化」という消極的意味のみならず、同時に「徳を修める」という積極的意味も持っている。修行は本質的に「徳の道」でもある[16]。では、エウアグリオスはどのような徳目を重視しているのであるか。これについて、彼は『修行論』の「序言」で次のように述べている。「信仰を堅固にするのは神への畏れである。そして神への畏れを固くするのは自制である。自制を不偏のものにするには忍耐と希望である。忍耐と希望からアパテイアが生まれる。アパテイアの娘が愛である。愛は自然的認識への扉である。自然的認識を継承するのは神智である。そして最後に来るものが至福である」[17]。

ここで、「自然的認識」(ギ gnōsis physikē) は言うまでもなく「自然的観想」の別表現であり、最後の「神智」と並んで「観想」に属する。したがって、三段階説からすれば、「修行」とはそれ以前のすべての徳目、すなわち「信仰」から「愛」までの全徳目を獲得する段階ということになる。愛はしたがって修行の最終段階であるが、エウアグリオスの基本的考えは「愛はアパテイアの娘である」[18]から、愛はアパテイアを獲得した者に必然的に生まれるものである。したがって、修道者の修行の目標はアパテイアにあることになる。なぜなら、彼ははっきりと「アパテイアは修行の華である」[19]と明言しているからである。そして、このアパテイアこそ、人間が本来持っていた純粋さを再び取り戻したという意味で「魂の健康」[20]と彼は呼ぶ。「魂の情動的部分を浄化しきる霊的な方法」、すなわち修行とは魂が浄化されてアパテイアとなることを目指している。だが、このアパテイアとは、具体的にどういうことなのだろうか。

アパテイアをキリスト教の理想として掲げたのは、既述したように、アレクサンドレイアのクレメンスであったが、オリゲネスはこれを現実離れとして消極視した。だが、エウアグリオスは再びアパテイアを復権させ、修行の究極目的として称揚した。しかしながら、それはクレメンスが考えた理想を修正したうえでのことであった。すなわち、アパテイアは情念の完全なる「不在」を意味するものではないということである。換言すれば、修行によって魂が情念から完全に浄化されるということは、それをもって永久に情念が消え去ってしまうということではないのである。エウアグリオス自身「アパテイアを有している魂はもろもろの事物を前にして何の情動も感じない魂ではない」[21]と言っている。情念の誘惑はたとえアパテイアを獲得した者にとっても一生あり続ける[22]。つまり、アパテイアとは超然とした無感動の境地なのではなく、「想念の禁断の快楽になびいてしまう」[23]ことのない魂、つまり、諸情念に同調しない内的抵抗力の強さ、それらを前にして「動じることなくあり続ける」[24]ことである。以上のようなアパテイア観は以後の東方修道思想にそのまま継承されていった[25]。

第二節　観　想

アパテイアは確かに修行の目的ではある。しかし、修道生活全体の目的ではない。すでに述べたように、エウアグリオスによれば修道生活の究極目的は「観想」にあるのであり、修行の目的たるアパテイアは観想という上位の段階へ入ることを可能にせしめる前提にすぎない。なぜ観想のためにアパテイアが必要なのであろうか。それは、アパテイアとは魂が浄化されていかなる情念にも屈しない状態を言うが、もし情念が魂を曇らせるようなことではその魂の最も崇高な能力であり、観想の主体たる「ヌース」（知性）は神を観ることはできない、という信念があるからである。

では、「観想」とは何であろうか。前述のように、観想には二種類ある。まずは、「自然的観想」（ギ theōria physikē）である。これは「自然的認識」（ギ gnōsis physikē）あるいは「存在する諸事物の観想」（ギ theōria tōn ontōn）とも呼ばれるもので、あらゆる被造物に隠されている神的事柄（ロゴイ）、すなわち事象の裏にある神の意志とか業を読み取ること、言い換えれば被造物の神との関連性における霊的認識を指す。これは直接的な神の観想、つまり「神智的観想」への前段階であるため、「第二の観想」とも呼ばれる。エウアグリオスは、知識（グノーシス）について次の五種をとりあげる。第一のものは「三位一体の知識」、第二と第三は「無形の存在および有形の存在の知識」、第四と第五は「裁きの知識と摂理の知識」である。[26] このうち、第一のものはこのあとで詳しく取り扱う「神智的観想」を指す。したがって、残り四つが「自然的観想」に属する。そのうち最初の一組「無形の存在および有形の存在の知識」は、換言すると、不可視的被造物の観想および可視的被造物の観想のことであり、前者は「可感的なものの」[27]、あるいは「この可視的世界の」[28] 観想などとも呼ばれる。一方、後者は「霊的なものの」[29]、あるいは「精神的なものの」[30] 観想などと呼ばれる。この後者の場合の対象となるのは、感覚では捉えられないものであるが、具体的には人間の外部と内部で繰り広げられる天使と悪霊とがどのように戦い合っているかを洞察する、というのがこの種の観想の内容である。言い換えるならば、不可視的なものの観想とはいわゆる「霊的識別」に他ならない。[31]

さて、観想のもう一つの形態が「神智的観想」ないし「神智」（ギ theologia）と呼ばれる。これは「聖なる三位一体の認識」（ギ gnōsis tēs hagias triados）[32]とも呼ばれ、その前段階である「自然的観想」が「第二の観想」と呼ばれるならば、この最終段階の観想は「第一の観想」（ギ theōria protē）[33]と呼ばれる。

この第一と第二の観想の決定的な相違は「ヌースの純性」にある。神智的観想はヌースの絶対的な純性、エウアグリオスの表現を使えば「真っ裸」の状態を要求する。[34]すなわち、情念のみならず、思念も概念的把握もイメージすることをも脱ぎ去ったタブラ・ラサの状態において初めて可能となる。自然的観想では、確かにアパテイアが前提とはされているものの、その裸の状態は神智的観想ほどには徹底されていない。なぜなら、そこではヌースは確かに「情念」からは浄化されているが、「思い」はつきまとっているからである。たとえ、それがほんのわずかではあっても、あるいはそれが清く敬虔な思いであっても、神智的観想にとっては邪魔なものとなる。[35]その意味でエウアグリオスは言う。「情念から生ずる諸念は徳を妨げる。しかし、ひとかけらの単なる思いすら（神を）観ることを妨げる」。[36]なぜなら、神は人間のあらゆる思考を越えたところに存する超越者であるから、ヌースは神をいかなる「像」としても把握できないし、「像や形」で神を捉えようとすることは間違いだからである。[37]

しかしながら、ヌースのこうした徹底した純性において可能となる観想の境地は完全に選ばれた者にのみ与えられる「見神の霊的賜物」[38]に依存していることを強調しておかねばならない。自然的観想もなるほど単なる人間の努力では到達できず、神の助けを必要とするが、神智的観想はもはや全面的に恵みに依存し、ふさわしい者にのみ与えられる特権的恵みなのである。[39]

この神智的観想は、自然的観想のように被造物を媒介としない無媒介的な三位一体の観想であるが、とはいえ、誤解してはならないのは、神の本性を直接見る、把握するということではないということである。東方神学では、人間はこの世においてはもちろん、西方神学とは違い、来世に訪れる終末的至福状態においてすら神の本性を直視することはできない。[40]こうした人間の神の本性への絶対的な接近不可能性はエウアグリオスも堅持している。しかしながら、彼は、矛盾のように聞こえるが、人間はこの世で神を見るとも考えているのである。「神を見たことのない者は、神について語ってはならず、語ることもできない」[41]とさえ言っている。もし、神智的観想が神の本性を直視することでないとしたら、神を見ることができるというエウアグリオスの主張の意味は何であろうか。

結論を先取りすれば、エウアグリオスの唱える神智的観想とは、すなわち、祈りにおいて光に照らされたヌースの自己直視による神の観想なのである。つまり、それが生起する場は「祈っているとき」だということ、そのときヌースが「自分自身を見る」ということ、しかもその時のヌースは「光に照らされた状態」であるということ、そして、そうした光に照らされているヌースの自己直視が、すなわち神を観想していることと同一視されているということが意図されている。

エウアグリオスによると、ヌースは神智的観想にあるとき、自分自身を「光の姿」（ギ photoeides）として捉えるとされる[42]。つまりヌースは「光り輝いている」のである。神智的観想にある者は「そのヌースに固有の光輝」（ギ to oikeion pheggos tou nou）[43]を持っており、「自己固有の光を（ギ oikeion pheggos）見始める」[44]のである。しかし、この光はヌースが自分で作り出す光なのではなく、光そのものである神（一ヨハ一・五参照）からの光である[45]。つまりヌースの光輝は三位一体の光の「反射」として捉えられている。ヌースは「祈りの際、聖なる三位一体の光に参与する」[46]。ブンゲの言葉を使えば、ヌースはまさに鏡なのであって、「その鏡の中に同時に神を間接的に見る」[47]のである。「間接的」、なぜなら人は決して神を直接見ることはできないからである。だからこそ、エウアグリオスは、人が見るのは神自身ではなく、常に神の「場」であり、「光」だと語る。

さらに、このような境地においては、本来神の似姿であるところのヌースが、その原像であるところの神に対する最高度の似姿性を獲得した状態であるとされており、その意味でエウアグリオスは「ヌースが聖なる三位一体の観想にふさわしいとされるなら、ヌースはそのとき恩恵によって神と呼ばれる。創造者の似姿として自己完成するからである[48]」と説く。つまり、ヌース自身が「神」と呼ばれるほどに類似したものとなるのであり、そのような神の似姿としてのヌース自身の完成された自己を直視することが、すなわち三位一体の観想の実相なのである。神智的観想とは、結局三位一体の似姿としてのヌースの完全なる開花に他ならない。

もう一つ重要なことは、彼にとって「祈り」とは「観想と同義語である[49]」ということだ。エウアグリオスはそれを言葉を伴う「行為」としての祈りと区別するため、しばしば「無形の祈り」（ギ aulos proseuchē[50]）ないし「純粋な祈り」（ギ kathara proseuchē[51]）と呼ぶ。神智的観想とは結局このような祈りと一体をなしているため、次のような有名な格言の意味も容易に理解される。「お前がもし神智者（ギ theologos）ならば、お前は真に祈っている。お前が真に祈っているなら、お前は神智者である[52]」。

第三節　総　括

エウアグリオスの神秘思想は、「神智的観想」において頂点に達する。ここにおいて体験される「光」を、彼は三位一体の光を反射するヌースの光として解釈しているところに、これまでのキリスト教神秘思想には見られない新しさがある。ただ、「三位一体」と言っても、エウアグリオスは三位一体の神学そのものにはまったく触れていない。彼にとって「三位一体」とは「神性」の別表現であるにすぎない。根本的な関心事は三位一体の教義的思弁ではなく、三位一体を観る「体験」の可能性をできる限りの言語で表現しようとするところにある。

その叙述に関して興味深いのは、エウアグリオスが神の本性自身ではなく、本性からあふれる「光」を見ると主張することで、神的本性の絶対的把握不可能性という東方神学の鉄則をきちんと踏んでいることである。もし、この鉄則を無視するかないしはそれについて無知であったなら、このようなこだわりは見られなかったろう。そういう意味では、エウアグリオスの神秘思想は、神に関する神学思弁に枠付けされたものと見ることができる。これに加え、観想の主体がヌースであるという点は、明白にプラトンに影響を受けたものであることを思えば、体験の内実、たとえば光の体験や恍惚といったものがいかに普遍的なものであっても、それを表現する叙述は、まったく時代に制約を受けたものと言わざるを得ない。エウアグリオスも時代の子であった。

注

1　本書は一〇〇章からなる。各章は簡潔に要約された説明文からなり、このような文学様式は Centuria（「百章」）と呼ばれて、東方修道文学では好んで用いられている。エウアグリオスはこの様式の発明者である。『修行論』の批判的編集は、A. Guillaumont / C. Guillaumont (ed), Évagre le Pontique. Traité Pratique ou le Moine II (SC 171), Paris 1971. これを底本とした邦訳は、エウアグリオス・ポンティコス著、佐藤研訳「修行論」上智大学中世思想研究所編『中世思想原典集成3　後期ギリシア教父・ビザンティン思想』（平凡社、一九九四年）（以下「集成3」と略記）三四－八一頁。

2　本書は五〇章からなる。かつて、W・フランケンベルクがシリア語版とそのギリシア語への逆翻訳の試みを出版したが（W. Frankenberg, Euagrius Ponticus. Gnosticus, Berlin 1912, 546-553）、その後ギヨーモン夫妻がギリシア語断片のみを校訂した。すなわち、A. Guillaumont / C. Guillaumont (ed), Évagre le Pontique. Le Gnostique ou a celui qui est devenu digne de la science (SC 356), Paris 1989. しかし、同語断片が欠損しているテキスト部分はシリア語およびアルメニア語からの仏語訳のみを付している。

3　本書は計六つの Centuria（つまり計六〇〇章）からなる。前書と同様に、W・フランケンベルクがシリア語版とそのギリシア語への逆翻訳の試みを出版したが（W. Frankenberg, Euagrius Ponticus. Capitula prognostica, Berlin 1912, 49-471）、A・ギヨーモンが新たなギリシア語再構成を出版した。すなわち、A. Guillaumont (ed), Les six Centuries des "Kephalaia Gnostica" d'Évagre le Pontique (PO 28), Turnhout 1977.

4　PG 79, 1165-1200.

5　PG 79, 1200-1233. ネイロスの名で伝承された同作品は『八つの悪しき霊について』（De octo spiritibus malitiae）という表題である。

6　これについては、本書一六〇頁参照。

7　Euagrius, Cap. prac. 1 = SC 171, 498 (vv. 1-2).

8　これに対し『認識者』および『認識の摘要』は「観想」をテーマとしている。エウアグリオス自身そのつもりで「三部作」を著したことを『修行論』の「序言」で認めている。Cf. Euagrius, Capita prac. Prol. 9 = SC 171, 492 (vv. 56-58)

9　Ibid., 78 = 666 (vv. 1-2).

10　Cf. id., Scholia in Proverbia 1, 1 = SC 340, 90; 342.

11　Cf. G. Switek, Wüstenväter und Dämonen. Beitrag zur Geschichte des „Geistlichen Kampfes", in: GuL 37 (1964), 340-358.

12　Cf. H. Bacht, Art. Logismoi, DSp 9 (1976), 955-958.

13　Cf. Euagrius, De malignis cogitationibus = PG 79, 1200-1233.

14　Cf. Id., Capita prac. 6-33 = SC 171, 506-576.

15　Cf. I. Hausherr, L'origine de la théorie orientale des huits péchés capitaux, in: OrChr[R] 30/3 (1933), 164-175.

16　Cf. G. Bunge, *Evagrios Pontikos. Praktikos oder der Mönch. Hundert Kapitel über das geistliche Leben (Koinonia-Oriens 32)*, Köln 1989, 29.

17　Euagrius, Capita prac. Prol. 8 = SC 171, 492 (vv. 47-50). このように徳目の間に系図的な連鎖関係を見るのはストア以来で、使徒教父によってキリスト教に取り入れられたものであるが、引用部分は直接にはアレクサンドレイアのクレメンスに遡る。Cf. Clemens Alex., Stromata II, 31, 1-2 = SC 38, 57 (v. 19)-58 (v. 6).

18　Euagrius, Capita prac. 81 = SC 171, 670 (v. 1).

19　Ibid. = 670 (vv. 1-2)

20　Ibid. 56 = 630 (v. 3).

21　Ibid. 67 = 652 (vv. 1-2).

22　Cf. Ibid. 100 = 710 (v. 5)-712 (v. 11).

23　Ibid. 75 = 662 (vv. 3-4).

24　Ibid. 67 = 652 (v. 2-3).

25　詳しくは、拙稿「東方修道制におけるアパテイア」『南山神学』第一七号（一九九四年）一－二二頁参照。

26 Cf. Euagrius, Kephalaia gnostica 1, 27 = A. Guillaumont (ed), Les six Centuries, op. cit., 29.
27 Ibid. 2, 47 = 161.
28 Ibid. 2, 88 = 178.
29 Ibid. 2, 72 = 179.
30 Ibid. 2, 47 = 161.
31 以上、Th. Spidlik, *La spiritualité de l'Orient chrétien I. Manuel systématique (OrChrA 206)*, Rome 1978, 325参照。
32 Euagrius, Capita prac. 3 = SC 171, 500 (vv. 1-3).
33 Id., Kephalaia gnostica 2, 72 = A. Guillaumont (ed), Les six Centuries, op. cit., 88.
34 Cf. Ibid. 3, 6; 3, 19; 3, 70 = 100; 104; 126.
35 「アパテイアに到達した者が必ずしも純粋な祈りに達したというわけではない。なぜなら、彼はいまだに思念に支配されているかも知れないからだ。この場合、思念は、たとえ情念に汚されてなくても、彼の気を散漫にさせ、神から離れたままにしておくものだ」(Id., De oratione 56 = PG 79, 1177B.)
36 Id., Epistula 41 = W. Frankenberg, op. cit., 595.
37 Id., De oratione 114 = PG 79, 1192D.
38 Id., Supplementum 2 = W. Frankenberg (ed.), op. cit., 425.
39 Cf. id., Kephalaia gnostica 5, 79 = A. Guillaumont (ed.), Les six, op. cit., 355; Scholia in Psalmos = PG 12, 1424.
40 これについて詳しくはH・J・マルクス「死の彼方——フィレンツェ公会議による教理決議の前史」『南山神学』第一三号（一九九〇年）一－八〇頁、特に五三－六六頁参照。
41 Euagrius, Kephalaia gnostica 5, 26 = A. Guillaumont (ed), Les six Centuries, op. cit., 329.
42 Cf. ibid. 12 = 52.
43 Id., Gnosticus 45 = Guillaumont / C. Guillaumont (ed), Évagre le Pontique. Le Gnostique ou a celui qui est devenu digne de la science (SC 356), Paris 1989, 178 (v. 7).
44 Id., Capita prac. 64 = SC 171, 648 (vv. 1-2).
45 Cf. id., Kephalaia gnostica 1, 35 = A. Guillaumont (ed.), Les six, op. cit., 33.
46 Id., Capita cognoscitiva 3 = J. Muyldermans (ed.), op. cit., 51.
47 G. Bunge, *Das Geistgebet. Studien zum Traktat De oratione des Evagrios Pontikos*, Köln 1987, 69.

48　Ibid. 5, 82 = 210.
49　G. Bunge, Geistgebet, op. cit., 25.
50　Euagrius, De oratione 119 = PG 79, 1193B.
51　Ibid. 70; 72; 97 = 1181C; 1181D; 1188D.
52　Ibid. 60 = 1180B.

第一〇章　「マカリオス文書集」

初期キリスト教修道霊性・神秘思想を知る上で欠かすことのできない史料の一つとして、エジプト（あるいは「スケーティスの」）のマカリオス（三〇〇頃－三九〇頃。「大マカリオス」とも称される）の名で伝わる一群の文書、いわゆる「マカリオス文書集」がある。この文書集は同時代に生きた修道理論の大成者ポントスのエウアグリオスの文書と同じ程度に後世の修道霊性に決定的な影響を与えた。「マカリオス文書集」の大部分は説教集であるが、なかでも最も名高いのは『霊的講話集』（Homoliae spirituales）[1]である。さらに説教以外では『大書簡』（Epistula magna）[2]が有名である。

この文書集に冠された「マカリオス」なる人物は、ナイル河口北西部のスケーティス砂漠で活躍した修道師父で、エウアグリオスの師でもあり、そういう事情からその文書集は東方で絶大な権威を有することとなり、西欧でも一六世紀以降、キリスト教の古典著作として大きな影響を与えた。

しかし、今世紀に入ってからのテキスト批判研究により「マカリオス文書集」の真の著者はメソポタミアのシュメオン（四または五世紀）であるとの説が有力となっている。シュメオンは三八〇年から四三〇年にかけて小アジアあるいはメソポタミア、シリアで活躍した人物で、しかもいわゆる「メッサリア派」（ギ Messalianoi）

の指導者だったと言われる。

メッサリア派とは東方教会の熱狂主義的分派で、エフェソス公会議（四三一年）で異端として断罪されたにもかかわらずその後も根強く存続した。メッサリア派とは「祈る人々」を意味するシリア語のギリシア語音訳で、その意味をとって「エウキタイ派」（ギ Euchitai）とも呼ばれる。この一派は、人間の心には悪魔が巣食っているため、これを撃退するためにひたすら祈ることのみの必要性を強調し、その代わり修徳修行や教会的組織や秘跡を否定もしくは無視した。とくに秘跡の否定に関して、彼らは霊的体験と五感体験を同一視するあまり、恵みがあるかないかはそれが感覚されうるかどうかにかかっていると主張し、たとえば、洗礼は受洗者に対して感覚的変化を与えはしないので、恵みをもたらすものではないと考えた[3]。

「マカリオス文書集」は、したがって最近はその著者名として「（擬）マカリオス／シュメオン」と表記されることが多い。本稿では「マカリオス文書集」の著者を便宜上「擬マカリオス」と表記することにする。しかし、問題は、もし著者がシュメオンであるとするならば、「マカリオス文書集」はメッサリア派の手になる異端の書であり、ひいてはそれを修道精神の手本とする後の東方修道世界全体が同じ異端のレッテルを貼られることになりはしないか、ということである。確かに、同文書集は祈りや霊的体験を重視する点では「メッサリア派的」ではあるが、決して「異端的な」意味でのそれではない。なぜなら、同文書集には教会的組織も秘跡も決して否定されてはおらず、むしろその各々の意義を明確に提示しようとする意図が明らかだからだ。それに、確かに祈りを徳行の第一位に位置づけているとはいえ、その他の修行の必要性も説かれている。したがって「マカリオス文書集」、そしてそれを手本とする東方修道世界は、メッサリア派「的」ではあっても、異端的であるとは決して言えないというのが正しい[4]。

ところで、「マカリオス文書集」のうち『大書簡』に関して別のいまだ未解決の問題が議論されている[5]。それは、本書の内容がニュッサのグレゴリオスの著とされる『キリスト教綱要』（De instituto christiano）と酷似していることから来る両者の依存関係の問題である。この問題は一九二〇年にL・ヴィルクールによって提起されて以来[6]、どちらがどちらに影響を受けて成立したかという論点で争われている。結局のところ、現時点では、どちらかが一方的に依存しているというよりも、非常にあいまいではあるが、双方が互いに影響しあって成立したという解釈に落ち着いているようである[7]。我々としては、この問題に立ち入ることはできない。では、「マカリオス文書集」の思想とはいったいどのようなものであろうか。以下、それについて検討したい。

第一節　人間に内在する光と闇

擬マカリオスの霊性の出発点は、人間の心に潜む悪に関する洞察である。彼は『霊的講話集』の第二五章で、悪は秘密裡にもろもろの悪へと人類を欺いては迷わせ、目に見えない仕方で心にあらゆる不敬虔を教え込む、と述べている[8]。しかも、多くの人は、かかる悪しき思いが「何か自然な動き（ギ physiken tina agogen）であると思って受け容れるのである」[9]。だが、この人間に内在する悪の力は人間の自然本性に従うものではなく、あくまで「自然に反する」（ギ para physin）ものである[10]。

悪の源泉について、擬マカリオスは再三繰り返し、それがアダムの堕罪であることを強調する。「悪は最初の人間の罪以来、魂に侵入している」[11]。つまり「アダムの堕罪以来、諸悪が魂につきまとってはおおっぴらに戦いをいどんでくる」[12]ようになった。「アダムの堕罪以来、全人類は自らの自然本性の内に死、闇、罪という苦い薬を受け容れた」[13]。言い換えれば「アダムが神に背いてからというもの、精神や魂は肉体もろとも悪しき罪に堕ち、ほんとうの貧しさ、つまり悪しき情念の闇に巣食う貧しさの内に沈んでいた」[14]。悪の源泉たるアダムの罪の強調は、いわゆる「原罪」と直結すると予想されるが、擬マカリオスは西方神学に見られるような原罪論は展開させていない。

擬マカリオスはさらに、人間には悪のみならず恵みも、闇のみならず光も、悪霊のみならず聖霊も内在しており、両者は同一の人間において互いに戦っていると考えている。この聖霊の内在は洗礼によって始まる。マニ教にも、神と悪魔との人間における共存と戦いは説かれている。擬マカリオスの場合はこの善悪二元論とは異なり、このような善悪の共存は、初めから人間に与えられた実存規定ではなく、アダムの堕罪という契機によって起こった異常な状態として考えられている。マニ教と異なるのは、さらに、その戦いにおいて、人間の「自由意志」（ギ proairesis）が決定的な役割を果たしている点である。つまり、人間の責任が最大限に強調されているのである。彼は言う。

「秘密裡にもろもろの悪へと人類を欺いては迷わせ、目に見えない仕方で心にあらゆる不敬虔を教え込む、そうした悪に対して、一方ではそれに敵対する力もまた存する。（実際ひとたび悪の種子が）人間の心中に秘密裡にそっと埋め込まれたならば、後は誰であろうと、皆自らのその悪を自由な意志に従って実行に移すばかりである[15]」

つまり、悪魔は人間を強制的に悪へと導くのではなく、人間が「自由な意志に従って」選び取るのである。悪魔は誘惑の対象がどう決定を下すのかを強制することはできず、ただ無力に待つのみである。逆に、悪に逆らって「キリストと固く結ばれたいと願う」のも「自らの自由意志」に属する[16]。「我々の自由意志はものごとの劣った面と優れた面という二つの面に向かうべきではなく、ただ立派な面だけに携わり、悪から完全に遠ざかるべきである[17]」。要するに「敵対する者たちに屈服するにせよ、恩恵の助けを借りて情念と戦い、それに勝利するにせよ、いずれにしても勝利や敗北はその者の自由な意志によって生じるものである[18]」。

かかる人間側の主体的選択の決定性はマニ教には見られないものである。なぜなら、彼らにおいては、戦うのは悪の原理と善の原理のみであって、人間はその戦いにいかなる干渉もできないからである。擬マカリオスでは、この両者の戦いを無力なまま傍観するのではなく、「魂が主の救いを得て悪の諸霊（エフェ六・一二参照）と戦う」[19]。つまり、魂も共に戦うのである。だから「それぞれの魂は、精神的で邪まな闇の力、悪の諸霊、悪しき情念から自らが解放されるために、大いなる戦い、大いなる努力を繰り返しなさなければならない」[20]。この「大いなる戦い、大いなる努力」が、すなわち修道者固有の禁欲的修行にほかならない。この修行の第一の徳目が、次に見る「絶えざる祈り」である。

第二節　絶えざる祈り

マカリオスにとって「祈り」は修道者の最も重要な活動である。「あなたがたにあっては、他のいかなる掟よりも祈りを尊重し、祈りに専心するよう心を定めていかなければならない」[21]。擬マカリオスは祈りの、他のあらゆる徳目に対する関係を「頭の手足に対する関係」に譬えている[22]。さらにまた、祈りは他のすべての修行を吸収するか、あるいは少なくとも満たすことのできるものである。このことは擬マカリオスの次の言葉に明確に現れている。

「善を目指すあらゆる努力の頂点に立ち、様々な有徳な行いの筆頭に挙げられるのは、忍耐強く祈り続けることである。実際そのように祈り続けることによって、神から求められているその他の徳をも我々は日々着実に修得し続けていくことができるのである[23]」

ところで、このような祈りの最優先はメッサリア派の中心的な教えでもあり、その意味で擬マカリオスはメッサリア主義的であると言えよう。この異端においては、悪魔と戦う唯一の手段は祈りである。しかし、この祈りは、純然たる人間的な努力で、神の助けを借りないで生まれるものである。つまり、洗礼は何の効力も持たない。しかし、擬マカリオスにとって、祈りはもちろん他のすべての修行の出発点は「洗礼」である。洗礼が出発点であるのは、人間の悪からの解放が洗礼を絶対条件としているからである。「悪魔によって密かに損なわれた知性を直しに来られるのは主なのである。目に見えるこの世界で農夫が種子を地に蒔くように、主こそが天上の種子を魂という地に蒔きに来られるのである[24]」。この「天上の種子」は具体的に洗礼のときに授けられる「聖霊」である。

「使徒たちに与えられ、さらに彼らを通して唯一の真なる教会に神からもたらされた救い主なる神の霊が、洗礼の際に信仰に応じたさまざまな仕方で、純粋に信仰によって洗礼に与った人のおのおのに与えられたからである[25]」

修道生活全体は、洗礼のときに授かったこの聖霊という「天上の種子」を発育させるためにある。人はこのようにして「託された金額（聖霊の賜物）を何倍にも殖やし、活かし、大きくしていかなければならないのである[26]」。

結局、修道生活のあらゆる修行は、洗礼によって与えられた聖霊への「人間の側からの協働（ギ synergia）と努力[27]」として必要なのである。なぜなら、「神の力と恩恵によるだけで人が前へ前へと成長し続けていくことはできないし、逆に聖霊からの協力と救いなしに、人間自身の力と努力と強さによるだけで、……自由と浄化にまで至ることはできない」[28]からである。かかる「人間の側からの協働と努力」の中で最も重要なのが祈り、これが擬マカリオスの意図である。この点で、洗礼を否認し、恩恵によらない祈りの自立的効力を説くメッサリア派とは完全に一線を画す。

擬マカリオスにとって、この祈りの倦むことなき実践の強調は、福音書にその根拠を置いている。

「(自分を訴えている)相手から苦しめられながらも不正な支配者に立ち向かい、長い間忍耐強く恥をも厭わず自ら裁判を求め続け、ついにはその時を得た寡婦の話を主自身がなさっている。それは我々が失望せずに願い続けるよう教えられるためである。すなわち『失望せずに絶えず祈るべきだと教えるために、主は彼らに譬えによって話した』(ルカ一八・一)。こうして、失望せずに忍耐強く祈り続けることを示唆した後で、主は言われた。『この不正な裁判官が言っていることを見るがよい。まして我々の天の父が、夜も昼も自らに向かって叫び求める人々のために、裁きを行わずにおられようか。あなたがたに言っておくが、神は速やかに裁きを行われるであろう』(ルカ一八・六－八)[29]」

絶えず祈り続けることの聖書的根拠として、擬マカリオスは他にパウロ書簡のいくつかの箇所を挙げている。[30]ところでここで言う「祈り」(ギ proseuchē)とは、他の初代教会修道文学においてそうであるように、詩編朗誦やその他の共同の祈りとは区別された、個人で行う一定の唱句の絶えざる復唱であり、この唱句は聖書の引用であったり、自作のあるいは教えられた句であったりする。とにかくそれは短い言葉からなる祈りであって、この短い祈りの絶えざる繰り返しの伝統が、後の東方固有の「イエスの祈り」の源泉となった。[31]しかし、擬マカリオスにおいてはどのよう唱句が奨励されていたかは史料からはよくわからない。

そのことは別にしても、この種の祈りに関する彼の教えは極めて具体的で、細心の注意が払われている。まず、祈りの効果について、擬マカリオスは次のように述べる。

「唯一の神に向かう神聖な働きが生じ、霊の働きによって神秘的な神との交わりがもたらされ、さらに主に対する言語に絶する愛の内に精神そのものが秩序づけられるようになるのも皆、祈りによる。したがって、ひたすら祈り続けるよう自らに強いる者は、神がもたらす霊的な愛によって神に対する思慕（ギ erōs）や燃えるような憧れへと日ごとに引き寄せられ、神からもたらされた完全性という霊的な恩恵を自らの自由意志によって受け取るまでになるのである。なるほどそれは『（神が）私の心に喜びを与えた』（詩四・八）と言われ、主もまた『天の国はあなたがたのあいだにある』（ルカ一七・二一）と言われている通りである[32]」

ここで明らかなとおり、祈りの効果である「神秘的な神との交わり」や「神に対する思慕や燃えるような憧れ」そして天上的な喜びといったものは、祈りによって自動的に生ずるのではなく、すべて「霊の働き」ないし「神がもたらす霊的な愛」によるもの、つまり純粋に上からの賜物の力に依存し、決して自力では到達できないことが強調されている。擬マカリオスが祈りに関するコンテキストで幾度となく「聖霊の働き」ないし「聖霊」が「内に宿る」と語っていることで分かるように[33]、祈りの直接の目的はその最終目的を成就してくれる聖霊が、祈る人のなかで十分に働くことができるよう準備することにある。否、祈りばかりではなく、断食、徹夜、詩編朗誦、奉仕活動など「徳のための我々によって成し遂げられる限りのすべての労苦についても」「霊が働き宿ることがなければ、無に等しい[34]」と彼は断言する。

「霊の働き」のための準備としての祈りが簡単でないことも、擬マカリオスは強調する。

「祈り続ける者が引き受ける仕事はとても大変である。というのも、彼がひたすら祈りに専心している間も悪は数多くの妨害、たとえば眠気、疲れ、肉体的な圧迫、集中力の欠落、不安、慢心、耐え性のなさ、無気力などといったいろいろな悪しき働きかけを受けるため、並外れて大変な戦い、多くの労苦、たゆまぬ努力を引き受けざるをえないからである[35]」

したがって、祈り続ける者は「節制、努力、肉体的戦いと霊的戦い、忍耐といったすべての点において完全に成熟した者にならなければならない。彼は天の国のために、戦いや多くの労苦、悲嘆（ギ penthos）[36]や苦難において実際に常に十字架に耐えうる者でなければならず、しかも決して自惚れてはならない[37]」。さらに、誰かが祈りに専心している場合、兄弟は彼が「ひたすら祈り続けられるよう静かに見守り、またそうできるよう喜んで助力しなければならない[38]」として、兄弟からの援助、協力の必要性も訴えている。ただし、祈り続ける者の側もそうではない者、つまり祈りにおいて未熟な者やもっぱら他のさまざまな奉仕活動に従事する兄弟たちに対して「高圧的な態度」や「思い上がった傲慢な態度」をとってはならず、「兄弟のあいだでの実直さや愛、謙遜、互いに妬むことのない心だけを変わることなく持ち続け」るようにと戒めている[39]。

また、祈りの心がけとして、擬マカリオスが強調するのは、祈りにおける「覚醒」（ギ nēpsis）ないし「注意」（ギ prosochē）である。その目的は、いわゆる「霊的識別」である。各人は祈りのうちで、心の持つもろもろの思いや思考の働きがどこから生じるのか、つまりこの世の霊なのか、神からの霊なのか、さらには誰が心を養うのか、天から来る人々なのか、この世から来る人々なのか、そうしたことをよく調べてみなければならない[40]。以後、かかる「覚醒」と「注意」といった概念は、東方修道文学のキーワードとして重視されることになった[41]。

それとは別に注目すべきは、「心」（ギ kardia）という言葉である。先にも述べたように、修道者の祈りは洗礼のときに授けられた聖霊という種子を育てることを目的としているが、それを育てる場は「心」である。

「恩寵は光の子らの心に聖霊の法を刻む。したがって、彼らは単に聖書の文字だけから確信を汲み取るべきではない。なぜなら、神の恩寵もまた聖霊の法と天上の神秘とを心の銘板に刻むからである（二コリ三・三参照）。実際、心は体全体に命令しそれを支配する。恩寵はひとたび心の牧場を占領するや、肢体のすべてと思いのすべてを支配する。なぜなら、心の内にこそ知性（ヌース）と魂のあらゆる思いと、その期待とが存在するからである。心を通じて恩寵は肢体すべての中に伝わる。同様に、闇の子らである者たちには、罪が彼らの心を支配し、彼らの肢体すべての中に伝わる[42]」

ここで、「心」とは「体全体」の働き、つまり知性や魂といった精神的活動と「肢体すべて」つまり身体的活動の統括原理として理解されていることが分かる。「知性」（ヌース）が「心の内に」存在するという考え、つまり知性の座が心であるという考えは、J・メイエンドルフも述べているように「東方キリスト教会の神秘思想において、特別に親しまれる考えである[43]」が、擬マカリオスこそこの考えを普及させた第一人者である。

彼は「心」に関する考察を説教一五（第二集成）において展開している。「心」は、第一に、身体的構造をコントロールする要素である。「心は、肉体の他のすべての器官を指導し統治する[44]」。「心」は同様に、知性（ヌース）が宿る場である。「というのは、心の中に、知性と魂のすべての思考とそのすべての希望が留まっているからだ[45]」。擬マカリオスにおいては、「頭」と「心」という二分割は知られていない。つまり、人間は「心で」考えるのである。さらに「心」は倫理的な中核として、恵みと罪が経験される場でもある[46]。「心」はこうして、我々が神と出会う、いわば自己超越の地点として理解されている。心は「キリストの宮殿」であり、そこで彼は「王国を立てる[47]」。したがって「心」を通して、神的恵みは全人的に我々に浸透するが、その際、恵みは魂を変容させるのみならず、「肉体の全部分を通じて」我々に浸透するのである[48]。「心」は我々の人格的統一の象徴であり、身体的、非身体的なもの、被造的なものと非造的なものが合流する場である。

エウアグリオスの場合、祈りにおいて中心的役割を果たすのは「知性」（ヌース）であり、しばしば彼の祈りは「知性の祈り」と呼ばれている。だから彼の霊性はいわば「知性主義」とも称される。ただし、彼の言う「知性」とは単なる知的、合理的理解の装置ではなく、神の現存と人格的に出会う全人間的経験能力を意味していたのであるから、ヌースで祈るとは単に「頭で」ではなく、人格の中枢において祈ることを言う。[49]

だが、擬マカリオスにおいては、神との人格的、経験的出会いの場、人格の中枢は「心」である。それは身体的生命および精神的生命の中枢であり、ホリスティックな人間の根元、身体と魂の諸活動を統括する統一の原理と理解されている。この考え方はある意味で、プラトニズムあるいはネオプラトニズムからの脱却である。そこでは本来の自己とは魂のみに存し、肉体はそれを包む衣服にすぎない。エウアグリオスにとっての本来の自己もこれと同じで、人格の中枢がヌースだという発想は、肉体性の排除と表裏一体をなしている。しかし、擬マカリオスが、本来の自己を魂のみならず、肉体を含めた全人的生命の根元である心に見出していることは、心身二元論とは無縁の元来の聖書的、ヘブライ的な人間観に忠実だと言える。いずれにせよ、エウアグリオス的な「知性主義」とつり合いを保たせ、これが排他的な優位を占めることを防止した擬マカリオスの功績は絶大である。[50]

第三節　霊的感覚

擬マカリオスは、エウアグリオスと同様に[51]、神の光を見るという神秘体験にたびたび言及する。次の引用はその典型である。

「子を持つ母が、我が子を愛し、大きな愛情をもって我が子を胸に抱くように、聖霊も魂のところへやってきては、大きな安らぎと喜びをもたらしながら魂を胸に抱く。するとその人間は神的な力の働きを受けて聖霊に思い焦がれ、天へと引き上げられ、天上の神秘の虜になる。こうして神の思いが彼の内に生じるのである。まさにこのときこそ、日々の安逸によって魂の内に積もり積もったもろもろの肉的なものどもは粉々に粉砕され、魂と身体において支配的な力を揮った偶像の誘惑はすべて追い払われ、何一つ跡をとどめないのである。この者が、愛と喜び、そして大いなる謙虚さに身も心もふらふらになって酔いしれるのも（ギ methuon）、まさにこのときなのである[52]」

だが、エウアグリオスに比して顕著なのは、神秘体験に関わるその現実性が極めて強調されている点である。この現実性は擬マカリオスがよく使う「確信」（ギ plerophōria）あるいは「感覚」（ギ aisthēsis）あるいは「霊的感覚」（ギ aisthēsis noera）という言葉に現れている。彼にとって、聖霊の光体験は何か抽象的、観念的なものではなく、霊的感覚に基づく体験から来る確信を生むものである。そして、このような確信が霊的向上の完成の鍵となっている。

「もし、あなたが神の玉座となり、天の御者があなたの上に坐り、あなたの魂がすべて霊の目となり、すべて光となり、あなたが聖霊の糧で養われ、あなたが生命の水を飲み、えも言われぬ光の衣をまとい、あなたの内的人間（つまり心）がこれらすべてのことの体験と確信（ギ en peira kai plerophōria）に打ち立てられるならば、あなたは真に永遠の生命を生きる。しかし、もしあなたがこれらのことを自分自身の内に何も意識しなかったら（ギ synoidas seauto）、泣け、悲しめ、嘆け。なぜなら、あなたはいまだ永遠の天の宝の分配に十分に与っていないからであり、いまだ真の生命を十分に受けていないからである[53]」

このように霊的体験の有無は決定的である。また「確信と霊的感覚」がなければ「貞潔のための労苦は無駄になり、祈りや詩編朗誦、断食や徹夜のための労苦もまた空しいものとなる」[54]と述べ、修道者のあらゆる活動においても霊的感覚の必要性が説かれている[55]。

霊的感覚の可能性は、神の霊の「働き」（ギ energeia）の可感性にある。擬マカリオスはこの霊の働きを「実在的」（ギ enhypostatos）と表現しているが[56]、これは霊の働きが実際に魂に感得されることによって、その実在を露わにしていることを意図している[57]。事実は、擬マカリオスは「神的な力の働き（エネルゲイア）を自身の内で感得する者（ギ aisthanomenos）もいる[58]」と明言する。しかも、そういう人は「神的本性に近づき、与る。すなわちあなたがたは『神の性質に与らせていただく』（二ペト一・四）ために、……聖霊に与るのである[59]」と述べ、いわゆる人間の「神化」への保証とさえ考えているのである。

擬マカリオスにおいては、確かにこの光が極めて現実的なものとして魂に経験されることは明らかであるが、問題はこれを具体的にはどう理解すべきか、ということである。メッサリア派は、先に述べたように、霊的体験と五感体験を同一視するあまり、恵みがあるかないかはそれが感覚されうるかどうかに掛かっていると主張しているが、擬マカリオスにおいてはこのような極論は見当たらない。とくにメッサリア派は神の光は肉眼でも見えるという主張をしたことでも知られているが、擬マカリオスにはこのような主張は決して見出されない。彼の眼目はそのような感性的感覚ではなく、あくまで「霊的感覚」にある。しかし、それが単なる「印象」なのかどうか、その体験の具体性の内実は何なのかは我々には確実には知りえない。

第四節 人間の変容

悪に支配された心の状態から、聖霊の助けによる罪と悪への人間の戦いの勝利の段階を経て、人間が到達する霊的成長の完成は、全人的変容である。人間の最終目的はキリストにおける成長の完成である。擬マカリオスは、キリスト者の完成のモデルを、神性と人性を兼ね持つキリストにあるとし、このキリストの完全性という目標へ到達するよう、キリスト自身が招いていることを強調する。[60]

完成された者となるためには、ひたすら天上の「主を探し求め、主につき随い、主によって支配されることを望む[61]」者とならねばならない。そうすれば、「上方から主自身の霊に光り輝く神的な似姿、すなわち天上的な人間が送り付けられてくるのである。ひとたびこうした似姿が魂の内に刻印され、混ぜ合わせられるなら、その魂は安らぎと喜びが満ち、言語に絶する歓喜が訪れる[62]」。擬マカリオスにとっては、この「天上的な人間」は「聖霊の力」と同一である。[63]これを比喩的に「聖なる火の本性」(ギ physis tou hagiou pyros)[64]と呼んで、これが人間の本性を変容させ、悪と罪の力を撲滅させるとして、次のように述べている。

「そのような(注:邪悪で汚れた)我々の本性にも、神の力によって変化がもたらされ、(霊なる)火と光によって火が灯されたのである。たとえ悪霊どもが、古くからの習慣に従って魂に近づき、悪の限りを尽くしたとしても、魂を真っ赤に燃え立たせる火と魂を包み込む光とによって彼らは焼き尽くされ、追い払われるのである。なぜなら、人間自身が自らの変容を感じ取り、現世的な考え方に対して最初に抱いていた思いをもはやもちえないとわかるほど、それほどに人間の本性が変化したからである。そうした変化が生じたのも、魂が神と親しく交わり、自らの本性を神のかたちへと変換していったからこそなのである[65]」

かかる変容を、擬マカリオスはまた一つの「衣替え」にたとえ、「魂がまとっていた汚れた闇の衣服の代わりに、今こそ神の霊の光り輝く衣服、信仰や愛や善、そうしたあらゆる徳の衣服を魂はまとうのである」[66]と述べる。魂はこのとき「あらゆる聖なる果実つまり聖霊の善性の虜」[67]にされる。だが、このように変容された人間、完成された人間でも、この地上にある限り、絶対的な完成にあるとは言えない。なぜなら、そのような人間でさえ、悪の誘惑にさらされ、堕落への傾きはなおも存続するからである。「サタンは決して静まることはない。……人がこの世に生活し、肉のうちに生きている限り、警戒を必要とする」[68]。悪との戦いは、地上の生にあっては決して免除されることはない、ということである。

第五節　総　括

擬マカリオスの説教集は、確かに系統だった叙述から程遠いものであって、しばしば理解しにくい表現や装飾的言い回しに翻弄されるきらいもあるが、その基底をなすメッセージは極めて単純である。一言でいえば、彼の霊性は「心の霊性」として展開している。それは以下の三段階を踏まえる仕方で展開している。第一段階は、心における悪の支配である。これは、アダムの不従順による帰結である。擬マカリオスは、堕罪という現実を冷めた目で見据え、人間の宿命的な罪人性を浮き彫りにさせて、この悪の支配からの解放が恩恵の助けなしに不可能であることを強調する。第二段階は、心における霊的戦いである。心は洗礼以来、聖霊の恩恵が与えられ、こうして悪と善、罪と恵みが心に共存し、互いに戦っていると、擬マカリオスは考える。だが、この戦いを人間は傍観するわけにはいかない。人間は自由意志の力で恵みに協力する義務を持つ。この協力という人間側の貢献なくして、悪は心から撃退されることはない。そして、この貢献は一般的に禁欲的、修徳的生活によって具体化されるが、その最上のものが「絶えざる祈り」である。第三段階は、心が罪の力に勝った状態を指し、そのとき魂はキリストと固く結ばれ、聖霊に混ぜ合わせられ、神一人に属する者となる。このような状態は神化されたものであり、キリスト者における完成を意味する。結局、悪に支配された心から、悪と恵みの共存する心の段階を経て、ただ神にのみ支配される心へ至るという図式が、擬マカリオスの考えるキリスト者の成長の基本パターンである。

エウアグリオスと擬マカリオスの霊性・神秘思想には対照的な特徴がある。まず、記述の特徴について言えば、エウアグリオスは理論的、思弁的であるのに対し、擬マカリオスでは具体的、実践的な傾向が強い。また叙述内容については、次のように言える。エウアグリオスは、修道者の霊的成長を修行と観想の二段階に、さらに観想を自然的観想と神智的観想に区分することにより、三段階のステップに分けて、それぞれの段階の目的とそのための方法について理論的に解説している。こうして、修道者の霊的完成のプロセスをいわば構造的に体系化したと言える。事実、この構造的枠組み理論は以後の東方ビザンツ修道制に多大な影響を及ぼした。一方、擬マカリオスは、エウアグリオス的な枠組み理論を展開させてはおらず、非体系的であるが、修道者の生活の中身について具体的な指針を与えるという体裁をとっている。両者の神秘思想において最も中心的な役割を果たすものについても対照的な違いがある。エウアグリオスの思想における中核概念は「ヌース」であり、擬マカリオスでは「心」だからである。このような中核概念の違いはやはりその霊性思想のもつ傾向を大きく規定する。ヌースを強調するエウアグリオスは、観想至上主義的であり、人間内部の意識の純化を厳しく要求するため、情緒的なもの、感覚的なものがことごとく排除され、厳格な主知主義に貫かれている。端的に言えば、その神秘思想は、非常に高尚な精神的境地、禅の悟りに比されるごとき境地を目指すものである。一方、擬マカリオスは「心」を重視する。「心」とはその最高能力であるところのヌースのみならず、人間の意識能力、すなわち情緒的なもの感覚的なものを包含した総体的能力である。そのため、エウアグリオス的な厳格な主知主義は抑えられ、逆に「体験」や「確信」あるいは「霊的感覚」といった感性的な表象が前面に出てくる。主知主義に対していわば「主感主義」とでも呼んでもよい。そのためであろうか、エウアグリオスの思想に比べ、人間性への暖かな眼差しといったものを感じさせる。

しかし、両者の神秘思想がその後のキリスト教霊性に決定的影響を残したことは事実である。エウアグリオスの唱える「三段階説」、「アパテイア」、「純粋な祈り」、「観想」という究極的理想、そして擬マカリオスの唱える「絶えざる祈り」や「霊的感覚」の必要性などすべてがその後の東方霊性に絶えず見出されることになる。ビザンティン霊性の頂点ともいうべき「静寂主義」は、まぎれもなく、この両者の遺産を統合発展させたものである。

注

1　全部で五〇の説教からなり、これは「マカリオス文書集」の四つの写本集成中、第二集成（PG 34, 449-822. この批判版として H. Dörries / E. Klostermann / M. Kroeger, Die 50 geistlichen Homilien des Makarios〈PTS 4〉, Berlin 1964〈以下、PTS 4と略記〉）に収められているが、第三集成の批判的編集である Pseudo-Macarire, Œuvres Spirituelles I. Homélies propres à la Collection III, introduction, traduction et notes (avec le texte grec) par Vincent Despres (SC 275), Paris 1980（以下、SC 275と略記）に収録されているのは計二八の説教である。これを底本とした邦訳は、偽マカリオス著、土橋茂樹訳「説教集」集成3、二三九－二七三頁。ただし全訳ではなく、一八－二二、二四－二五の七つの説教のみである。

2　全一三章からなる。批判的編集は R. Staats (ed.), Makarios-Symeon. Epistola Magna. Eine messalianische Mönchsregel und ihre Umschrift in Gregors von Nyssa "De instituto christiano", Göttingen 1984. これを底本とした邦訳は、偽マカリオス著、土橋茂樹訳「大書簡」集成3、二八〇－三三七頁。

3　Cf. I. Hausherr, "L'erreur fondamentale et la logique du Messalianisme", OrChrP 1 (1935), 328-360.

4　詳しくは、集成3、二三三一二三七頁参照。

5　批判的編集は、W. Jaeger (ed.), Tow Rediscovered Works of Ancient Christian Literature. Gregory of Nyssa and Macarius, Leiden 1954, 1-89.

6　Cf. L. Villecourt, "La date et l'origine des "Homélies spirituelles" attribuées à Macaire", CRAI (1920), 250-258.

7　集成3、二七六－二七七頁参照。

8　Cf. Hom sp. 25, 1, 2 = SC 275, 268-270 (vv. 16-18).

9　Ibid. = 270 (vv. 21-22).

10　Cf. ibid. = vv. 22. この悪の反自然性はアレクサンドレイアのクレメンス以来、ギリシア教父一般に受け入れられている考えである。

11　Hom. sp. 45, 1 (Coll. II) = PTS 4, 297 (vv. 14-16).

12　Ibid. 25, 2, 2 = SC 275, 272 (vv. 16-17).

13　Ibid. 18, 1, 3 = 220 (vv. 23-26).

14　Ibid. 25, 5, 1 = 282 (vv. 69-81).

15　Ibid. 25, 1, 2 = 268-270 (vv. 16-20).

16　Cf. ibid. 25, 4, 2 = 278 (vv. 29-30).

17　Ep. mag. 3, 9 = R. Staats, op. cit., 108 (vv. 167-169).

18　Hom. sp. 25, 2, 2 = SC 275, 272 (vv. 21-24).

19　Ibid. 24, 1 = 262 (vv. 16-17).

20　Ibid. 25, 2, 2 = 272 (vv. 13-16).

21　Ep. mag. 11, 11 = R. Staats, op. cit., 171 (vv. 124-125).

22　Cf. ibid. 8, 4 = 146 (v. 41).

23　Ibid. 8, 3 = 144 (vv. 17-19).

24　Hom. sp. 20, 2, 2 = SC 275, 240 (vv. 30-33).

25　Ep. mag. 2, 3 = R. Staats, op. cit., 92 (vv. 23-27).

26　Ibid. = 92 (vv. 27-29).

27　Ibid. 3, 1 = 96 (vv. 9-10).

28 Ibid. = 96 (vv. 8-13).
29 Ibid. 3, 10 = 110 (vv. 176-185).
30 たとえば、一テサ五・一七、ロマ一二・一二、コロ四・二、エフェ六・一八など。Cf. Ep. mag. 9, 2 = R. Staats, op. cit., 146-148 (vv. 9-22).
31 これについて詳しくは拙稿「『イエスの祈り』の起源について」『エイコーン』第一四号（一九九五年）一〇四－一一九頁参照。
32 Ep. mag. 8, 3 = R. Staats, op. cit., 144 (vv. 20-28).
33 Cf. ibid. 9, 15.17 = 158 (vv. 147-162); 160 (vv. 175-189).
34 Cf. ibid. 9, 10-11 = 154 (vv. 88-105).
35 Ibid. 9, 6 = 150 (vv. 50-55).
36 これは罪人としての自己の存在を強く意識し、罪業の深さゆえに嘆くこと、つまり「罪についての悲嘆」であるが、東方修道霊性では一つの徳として称揚されている。これについて詳しくは I. Hausherr, *Pentos. La doctrine de la componction dans l'Orient chrétien (OrChrA 132)*, Rome 1944参照。
37 Ep. mag. 9, 7 = R. Staats, op. cit., 150 (vv. 59-62).
38 Ibid. 9, 3 =148 (vv. 23-24).
39 Cf. ibid. 11, 1-4 = 166-168 (vv. 1-44).
40 Cf. Hom. sp. 24, 5, 1 = SC 275, 266 (vv. 51-70).
41 これらの概念について詳しくは拙稿「静寂――古代東方修道制におけるその意義」『アカデミア人文・社会科学編』第六四号（一九九六年）五五－九〇頁参照。
42 Hom. sp. 15, 20 (Coll. II) = PTS 4, 139 (vv. 277-284). 邦訳は、ブイエ、三三四頁に従ったが、一部変更した。
43 J・メイエンドルフ著、岳野慶作訳『聖グレゴリオス・パラマス――東方キリスト教会の神秘生活』（中央出版社、一九八六年）四一頁。
44 Hom. sp. 15, 20 (Coll. II)= PTS 4, 139 (vv. 283-284).
45 Ibid. = 139 (vv. 285-286).
46 Cf. ibid. 15, 32 = 145 -146 (vv. 446-459).
47 Cf. ibid. 15, 33 = 146 (vv. 464-466).

48　Cf. ibid. 15, 20 = 139 (vv. 283-284).

49　Cf. G. Bunge, „Nach dem Intellekt Leben'. Zum sog. 'Intellektualismus' der evagrianischen Spiritualität", W. Nyssen (ed.), *Simandron: Der Wachklopfer (Gedenkschrift für K. Gamber ⟨1919-1989⟩*, Köln 1989, 95-109.

50　J・メイエンドルフ、前掲書、四一頁参照。

51　エウアグリオスによる光の神秘体験について、詳しくは拙稿「東方修道制における観想――ポントスのエウアグリオスを中心にして」『日本カトリック神学会誌』第六号（一九九五年）一－二一頁参照。

52　Hom. sp. 22, 3, 3 = SC 275, 260, 22-33.

53　Ibid. 1, 12 (Coll. II) = PTS 4, 12-13 (vv. 257-267). 邦訳は、ブイエ、三二九－三三〇頁に従ったが、一部変更した。

54　Ep. mag. 9, 12 = R. Staats, op. cit., 154 156 (vv. 111-113)

55　「霊的感覚」という概念をキリスト教霊性に初めて導入したのはオリゲネスである。これについて詳しくは K. Rahner, "Le début d'une doctrin des cinq sens spirituels chez Origène", RAM 13 (1932), 113-145参照。オリゲネスは、霊的感覚を身体的五感と対応するものとして捉え、その両者の機能の違いについて議論している。Cf. Origenes, Contra Celsum 1, 48 = H. Borret, Origène. Contre Celse I. Livre I et II (SC 132), Paris 1967, 202-204.

56　Hom. sp. 18, 1, 4 = SC 275, 220 (v. 44); 222 (v. 46).

57　集成3、二七一頁（注七）参照。

58　Hom. sp. 18, 1, 4 = SC 275, 222 (vv. 50-51).

59　Ibid. = 222 (vv. 51-54).

60　Cf. Hom. sp. 21, 1-2 = SC 275, 248 (vv. 1-16).

61　Ibid. 19, 2 = 230 (vv. 37-39).

62　Ibid. = 230 (vv. 39-42).

63　Ibid. 22, 3, 1 = 258 (vv. 1-2).

64　Ibid.= 258 (v. 4).

65　Ibid. 22, 3, 2 = 258-260 (vv. 13-21).

66　Ibid. 25, 5, 3 = 282-284 (vv. 25-28).

67　Ibid. 25, 5, 4 = 284 (vv. 37-38).

68　Ibid. 26, 14 (Coll. II) = PTS 4, 211 (vv. 174-175).

第六部　東方神化思想の成立

これまで、我々は初期の東方キリスト教霊性の特質を概観してきたが、その中でたびたび出会った言葉がある。すなわち「神化」という表現である。この概念こそ、実は東方キリスト教霊性の最も重要なキーワードなのである。西方においてはほとんど定着せず、むしろ異端的なニュアンスを持つものとして見なされがちであるが、これは東方神学の救済論の核をなしている。[1] 東方キリスト教霊性の成立経緯の検討を終えるにあたり、我々は改めて、この概念を取り上げ、できるかぎり体系的に記述して、理解を深めたい。

一般的には「神化」と訳され、正教会用語で「神成《しんせい》」と訳される「テオーシス」(Θέωσις)という概念は『ペトロの手紙二』一章四節にある「神の性質にあずかる者となる」(γένησθε θείας κοινωνοὶ φύσεως)という言葉を、新約聖書における直接的な根拠としている。ごく一般的に、これは「神に似たものになる」あるいは「神と一つになる」ということであるが[2]、これは以下に見るように、さまざまな側面を含み持つ包括概念である。

この言葉の「定義」を初めて提示したのは、六世紀初頭の擬ディオニュシオスである[3]。彼こそテオーシスを神学的省察の一つの中核的概念として扱った最初の神学者であり、彼の影響のもとで、テオーシスは「単に神学的議論の独立した主題としてより組織的に考察されるようになったばかりでなく、ビザンツ神学の、ひいては東方正教の一つの基本原理となった」[4]。さらに七世紀のビザンツ神学者マクシモス(五八〇頃―六六二)は、この路線をさらに押し進め、テオーシスそれ自体をおのれの中心思想として論じ、霊性全体が神化を目的としていることを主張した人物である。この二人の貢献は、以後のビザンツ神化論に大きな影響を及ぼすことになった。このビザンツ神学における神化論が一つの頂点を迎えるのに貢献した神学者が、一〇世紀から一一世紀に活躍した新神学者シュメオン(九四九―一〇二二)であり、一四世紀の後期ビザンツ最大の神学者グレゴリオス・パラマス(一二九六―一三五九)である。シュメオンは神化論を展開する際、伝統的な用語を使用しながらも、神の光の観照という個人的な神秘体験を前面に打ち出しており、ここにおいて、終末的完成としてのテオーシスが、その前味として体験可能と考えられた「観想」（theōria）とワンセットで論じられるビザンツ固有の神化論が確立した。この体験の言語化こそ、パラマスを代表とする一四世紀のヘシュカズムにおける神的光を求める修道神秘主義的運動の直接の源泉となった。パラマスは、シュメオン同様、神秘体験に基づく光への参与体験をこの世における神化の先取りとして強調し、その可能性の理論的根拠である神における「本質」と「働き」の区別に関する東方独自の神学を完成させた。

第六部では、ディオニュシオスによって明確な主題として議論が開始される以前の、神化論の成立の土台となったカッパドキア教父までのギリシア教父伝承を概観したい。

注

1 もっとも、西方においても「神化」の概念が重視されていたとして再評価されている。最近出版された田島照久・阿部善彦編『テオーシス――東方・西方教会における人間神化思想の伝統』（教友社、二〇一八年）は、この点を如実に示している。

2 「神に似たものになる」ないし「神と一つになる」という表象は、擬ディオニュシオスによる Θέωσις の「定義」に基づく。左記注4参照。

3 「神化はあたう限りで神に似たものとなり、神と一致することである」（Hier. Ec. 1.3=PG3, 376A: Θέωσις ἐστιν ἡ πρὸς Θεὸν ὡς ἐφικτόν, ἀφομοίωσίς τε καὶ ἕνωσις.）

4 Vladimir Kharlamov, *Theōsis: Deification in Christian Theology, Vol. II,* (James Clarke & Co. Cambridge 2012), 11.

第一一章　神化論の思想的素材

本章では、神化思想の素材と枠組を与えた思想的伝統を少し概観したい。既述のごとく、神化思想はカッパドキア教父においても体系的な思弁の対象ではなかった。その意味や扱いについては教父の間で種々異なっている。[1] テオーシスのそうした様々な解釈の仕方は、その文脈で使用される語彙の多様性にも反映されている。

第一節　用　語

神化に言及する際、使用される用語は実に多様である。まず神的なものになるという意味を明示的に指すギリシア語用語として theōsis 以外に apotheōsis, theopoiēsis, ektheōsis が挙げられる。[2] ドゥレワリーは「神化の内容と属性」を表現するものとして、teleiōsis（倫理的完成）、apatheia（不動心）、aphtharsia（不滅性）、athanasia（不死性）を挙げている。[3] フィンランはこうした属性獲得に至る道筋を表すものとして神的なものとの henōsis（一致）、metousia（共有）、metochos（分与）、koinōnia（与り）という関連用語を列挙しているが、[4] 第一の「一致」の体験的概念としての「観想」もここに付け加えることができよう。

第二節　聖書的モチーフ

さらに、これらの諸要素を素材とする神化のその思想的側面を示すモチーフとしては、次の六点があげられ、それぞれについて、教父たちからよく引用される「聖書的根拠」を示すと、

①　神を模倣すること。このモチーフについては、『マタイによる福音書』五章四八節[5]と『エフェソの信徒への手紙』五章一節[6]が挙げられる。

②　神の性質に与ること。これについては先に引用した『ペトロの手紙二』一章四節及び『ヨハネによる福音書』一〇章三四節[7]が根拠とされる。

③　神の霊が内住すること。このモチーフについては『ヨハネによる福音書』一四章一七節[8]並びに『ローマの信徒への手紙』八章一六節[9]を根拠としている。

④　神によって変容させられること。このモチーフは『ヨハネによる福音書』三章六節による[10]。

⑤　キリストと同じ姿に変えられること。これついては、『フィリピの信徒への手紙』三章二一節[11]及び『ローマの信徒への手紙』八章二九節[12]が引き合いに出される。

⑥　万物の最終的神化。これは、『ハバクク書』二章一四節[13]に基づいている。

それぞれのモチーフについて言及しておくと、第一のモチーフ「神の模倣」は「神の性質への与り」というう第二のモチーフにつながるもので、第三の「神の霊の内住」というのはテオーシスとは同義ではないが、その神学においては不可欠の要素である。第四の「神による変容」は第二の「神の性質への与り」と同様に、テオーシ

スに直結するモチーフである。パウロによればこれは第五の「キリストと同じ姿に変えられる」というモチーフと軌を一にしている。信徒は、キリストの姿へと変えられ（ロマ八・二九）、「キリストの心」を持つとさえ言われている（フィリ二・五）、また死んだのち「天に属している形をとるであろう」（一コリ一五・四九）と言明する。

第三節　古代ギリシア哲学

こうした聖書的素材を利用しつつ、教父たちは、また、古代のギリシア哲学からも思想的枠組みを取り入れて神化思想を形成させた。とりわけ、神化論のもっとも直接的な聖書的根拠として知られる『ペトロの手紙二』一章四節「あなたがたが、世にある欲のために滅びることを免れ、神の性質にあずかる者となるためである」という表現の思想的背景としてよく議論されているプラトン哲学やストア哲学は、キリスト教的神化思想に決定的な影響を与えた。[14]

プラトンの場合、のちの神化思想の成立に寄与したのはその教育論、「パイデイア思想」である。プラトンの最大の関心事は教育の「規範」（eidos）とは何かという問いに向けられていた。彼は、責任ある社会人を育てるための教育的規範は経験上の世界、すなわち「感性界」にではなく、「英知界」のなかに探求されるべきであると考えた。[15]経験上の世界は永遠でかつ不可変的な実在の「映像」（eikōn）の模倣によるはかない「紛い物」（homoiōma）にすぎない。しかし、真理を求める人は相似的にではあるが、その映像の原型である実在を感知することができる。[16]

この感性界と英知界、映像と原型との対比がプラトンの教育論の枠組みとなっている。すなわち、感性界が神聖なる英知界の具象化であれば、人は感性界の観察を通して英知界の「真・善・美」そのものを看取することができ、人はその不可変的な規範を「模倣」することによって、すなわち、「徳」の実践を通じて、責任ある社会人に成長することができる、とした。プラトンにとって至高の原型とは真・善・美の極致である「神」に他ならないのであるから、教育の究極目的は規範の模倣を通じて「神との類似性」に到達することである。[17]ところで、こうした教育論には「不死性」(athanasia)の理念が密接に結び付いている。すなわち神は不死であり、この原型を模倣することによって、人がますます神に類似したものになるのであれば、神的原型がますます人間のうちに具象化されることを意味し、人間が不死性という神的要素を共有することにもなる。以上の「映像」「類似性」「模倣」「不死性」といった概念は、ギリシア教父の神化思想の基本的素材として導入された。[18]

一方、ストア学派の思想家たちも、人間の教育に最大の関心を示したが、彼らの接したプラトンの二元論的解決法はアリストテレスの批判を経たものであった。つまり、ストア学派の創始者ゼノン（前三三五－二六三）が見抜いたように、プラトンの英知界とは「われわれの思考」だというふうに解釈された。[19]したがってまた、そのコスモロギもプラトンとは異なって、万物は「広がり」(diastasis)、「力」(dynamis)、「火」(pur)ないし「霊」(pneuma)を有する「物体」(sōma)であり、この唯物的一元論的世界を合理的に秩序づける究極原因が「ロゴス」と呼ばれる「神」である。そして、人間にはこの神的ロゴスの「映像」としての「理性」(logos)が備わっている。人間の自己完成は、この原型たるロゴスに秩序付けられている理性が、それを模倣し続けることによって可能となる。この原型たるロゴスは神的であるがゆえに、それを模倣する生き方は人間を「神との類似性」へともたらす。[20]

第四節　古代哲学の教父による継承と再解釈

教父たちは、以上のような教育論の異教的要素を拒否しつつも、その根本的な関心事と概念的な枠組みを受け継いだ。とくに、以下の四点は教父神学にそのまま受け継がれた。

① 人間の教育の目的は、できる限り神に似る者となることである。この目的達成のために、人間は神自身のロゴスを「模倣」しなければならない。そして、神のロゴスの模倣は、具体的には日常生活の中で「徳」を実践することである。

② 神との類似性の獲得は「不死性への与り」という側面をもつ。

③ 人間の本性には神的ロゴスの映像が刻印されており、この映像が神的原型との完全な類似性をめざして力強く人間のうちに働いている。

④ 神的ロゴスの「映像」(eikōn, imago) が人間の本性に刻印されているのに対して、神的ロゴスとの「類似性」(homoiōsis, similitudo) は人間の教育をとおして達成されるべき目的である。言い換えれば、「映像」は人間の教育ないし成長の発端に置かれた「範例因」(causa exemplaris) であり、「類似性」はその前方に置かれた「目的因」(causa finalis) である。そして、古代人の理解によれば、範例因と目的因は相互に働きかけ、前向きのプロセスを推進する。

このうち、④については、そのキリスト教的再解釈によって、教父神学の神化思想の根本的枠組みとなった。すなわち、ギリシア教父たちの手元にあった七〇人訳聖書によれば、神は人を創造する際「われわれにかたどり、われわれに似せて (kat' eikona ... kai kath' homoiōsin)」造られたとなっている(創一・二六－二七参照)。プラトン以来の古代教育論に慣れ親しんでいたギリシア教父たちは、この部分を文字どおり「われわれの映像 (eikōn) にしたがって、またわれわれの類似性 (homoiōsis) にしたがって」というふうに理解した。つまり、「映像」と「類似性」という二つの意味の区別をはっきりつけて[21]、しかも、前者を人間の神化の範例因、後者をその目的因と見なした。さらに、この部分の解釈については以下の二つの点が注目される。第一に「われわれに……」という複数形の意味を、教父たちは三位一体論的に解釈し、父が子と聖霊に語りかけて、彼らと共に人間を創造したと考えた。第二に、「にしたがって」（kata）という表現から、教父たちは、直接的な「神の映像」とは「ロゴス」、すなわち子であるキリストであり、人間はこの神の映像たる子の映像として造られた、と理解した。

このとらえ方はエイレナイオスを代表とする小アジア伝承、次のアンティオケイアおよびアレクサンドレイア両伝承によって採りあげられた。

では、それ以前の教父伝承においては、神化はどう扱われていたか。[22] まず、『使徒教父文書』。これらの文書では神化を表す直接的表現はまだ見いだされないが、後に神化思想に結び付くようなテーマはすでに存在する。使徒教父らは、純粋教義的関心よりもむしろ勧告的意図から、神化の救済論的モデルを提示している。その文脈で最も重要な役割を果たすのが「キリストへの模倣」である。端的に、救われるということは、可能な限り「キリストに似たもの」となることである。とりわけ、アンティオケイアのイグナティオスに強調されるように「殉教」こそ、その模倣の頂点に位置づけられている。Deification はつまり christification であるが、それはオントロジカルな意味ではなく、キリストの有徳で罪のない生き方とその受難に倣うことである。こうしたキリスト中心的発想は、使徒教父文書の思想を特徴づける終末期待、聖餐の意味づけ、監督（主教、司教）の役割といった教えにも反映されている。

次の弁証神学者あるいは護教的教父の神学的議論は、ユスティノスを除けば、使徒教父ほどキリスト中心的ではない。彼らは思弁的理性を重んじて、キリスト教神学における伝統的な方法論の基礎を築いた。彼らは、当時の哲学的議論を通してキリスト教的真理をヘレニズム文化において正当に評価される道を模索したわけであるが、そのような文脈で、のちに神化の概念史において顕著な役割を担うことになるいくつかの神学的テーマが提示された。たとえば、「不死性」ないし「不滅性」の獲得がそうであるし、ユスティノスでは、神化の概念のための専門語彙は使用しないものの、神の「養子」となるという考えを示している。護教的教父は、またさらに、神を見ること、すなわち「観想」の可能性を、神を認識する人間の自然的能力として強調している。彼らは確かに、神の観想をただちに神化と同一視しはしないものの、神化の観念の不可欠な部分をなす神秘思想の確立、とりわけずっと後代のヘシュカズム運動にも間接的に結び付く貢献を果たした。ただ、護教的教父においても、それ以前の使徒教父同様、神化は、独立した神学的主題としては扱われるに至らず、あくまで他の神学議論の文脈の中で副次的に触れられる程度である。

注

1 Cf. Donald F. Windslow, *The Dynamics of Salvation: A Study in Gregory of Nazianzus* (Cambridge, Mass.: Philadelphia Patristic Foundation 1979), 193-198.

2 Cf. Norman Russell, *The Doctrine of Deification in the Greek Patristic Tradition* (Oxford: Oxford University Press 2004) 333-344.

3 Cf. Benjamin Drewery, "*Deification*", *in: Christian Spirituality: Essays in Honour of Gordon Rupp*, ed. Peter Brooks (London: SCM Press 1975) 381.

4 Cf. Stephen Finlan / Vladimir Kharlamov, *Theosis:Deification in Christian Theology* (Princeton Theological Monograph vol. 1) Wipf & Stock Pub., 2006, 6.

5 「それだから、あなたがたの天の父が完全であられるように、あなたがたも完全な者となりなさい」

6 「こうして、あなたがたは、神に愛されている子供として、神にならう者になりなさい」

7 「あなたがたの律法に、『わたしは言う、あなたがたは神々である』と書いてあるではないか」

8 「なぜなら、それ（真理の霊）はあなたがたと共におり、またあなたがたのうちにいるからである」

9 「御霊みずから、わたしたちの霊と共に、わたしたちが神の子であることをあかしして下さる」

10 「肉から生まれる者は肉であり、霊から生まれる者は霊である」

11 「彼は、万物をご自身に従わせうる力の働きによって、わたしたちの卑しいからだを、ご自身の栄光のからだと同じかたちに変えて下さるであろう」

12　「神はあらかじめ知っておられる者たちを、更に御子のかたちに似たものとしようとして、あらかじめ定めて下さった」

13　「海が水でおおわれているように、地は主の栄光の知識で満たされるからである」

14　Cf. Stephen Finlan / Vladimir Kharlamov, op. cit., 32-50.

15　Cf. Werner Jaeger, *Humanismus und Theologie*, Heidelberg 1960, 69-70; Olof Gigon, *Die antike Kultur und das Christentum*, Gütersloh 1966, 164.

16　Cf. Phaidr. 250b.

17　Cf. Hubert Merki, *Homoiosis Theou. Von der platonischen Angleichung an Gott zur Gottähnlichkeit bei Gregor von Nyssa*, Freiburg (Schw.) 1952, 1-3の指摘によれば、この考え方はピュタゴラス（前五八〇－五〇〇）によってギリシア思想に導入された。

18　Cf. Henri Irenee Marrou, *Geschichte der Erziehung im klassischen Altertum*, München 1957, 149-150.

19　Cf. Aethius I, 10, 5; Dox. Gr. 309,8-10.

20　Cf. Hans Willms, *Eikon. Eine begriffsgeschichtliche Untersuchung zum Platonismus*, München 1935, 25; Friedrich-Wilhelm Eltester, *Eikon im Neuen Testamentum*, Berlin 1958, 13; Edvin Larsson, Christus als Vorbild, Upsala 1962, 114.

21　ここをヘブライ語に従って直訳すると、神は「自分のかたちにしたがって」（b^{e}tsalmenu）、「自分にかたどって」（kid^{e}mutenu）人間を造ろうと決意し、そしてこの決意を実行して「自分のかたちに」人間を造った（創一・二六－二七）と書かれている。教父たちの大半は、このふたつの用語（「かたち」と「かたどり」）は区別された意味を持つものとして解釈するが、聖書学的見地からすれば、この二つの用語は単なる「二詞一義」（hendiadyoin）という叙述方法であって、同じ意味の繰り返しにすぎない（Cf. H. D. Preuss, art. damah, d^{e}muth, in: TDOT III, 259）。ただし、最初の「かたち」が何か彫刻物のように具体的な模型を連想させがちであるので（Cf. Ludwig Koehler, Die Grundstelle des Imago-Dei-Lehre, Genesis 1, 26, in: Leo Scheffczyk (ed.), *Der Mensch als Bild Gottes*, Darmstadt 1960, 4-5.）、第二番目の「かたどって」という弱い表現を並記して意味をやわらげることによって、ややもすれば神との同等な人間という誤解を避けている。このようにしてP資料の著者は他の被造物に対する人間のすぐれた地位を印象づけるとともに、神と人間との違いをも意識させようという意図をもっている。

22　ここでは、Stephan Finlan / Vladimir Kharlamov, op.cit., 51-85の分析の結論的部分のみを紹介したい。

第一二章　初代ギリシア教父の神化思想

神化論の思想的素材は、前章で見たように、聖書と古代ギリシア哲学から汲み取られたが、これら素材を利用して神化思想を独立した霊性神学的主題として議論し始めたのは、護教的教父時代以後の初代ギリシア教父にさかのぼる。[1]まず、その最初の例が小アジア伝承のエイレナイオス（一三〇頃–二〇二）であり、その後アレクサンドレイア派の諸教父およびカッパドキア教父たちへとつながっていく。ただし、体系的な考察はカッパドキア教父も含めまだなされてはいなかった。そもそも「テオーシス」という言葉自体を最初に使用した教父は、ナジアンゾスのグレゴリオス（三二五または三三〇–三八九または三九〇頃）であるが、[2]神化思想のキーワードとしてはまだ定着していなかったわけである。ただし、キーワードとしての定着はまだなかったにしても、神化論の基本思想は、カッパドキア教父時代までには固まっていた。本章では、その基本思想を概観する。

第一節　エイレナイオスの神化思想

① 神との始原的な類似性獲得＝神化

エイレナイオスの神化理解の前提には、既述した人間における神の「映像」(eikōn) と神との「類似性」(homoiōsis) に係る解釈が控えている。教父の多くは、神はご自分「にかたどり」(kat' eikona) またご自分「に似せて」(kath' homoiōsin)、人を創造された(創一・二六－二七) という表現を、古代異教哲学の概念構造に従い、アダムには神の「映像」(eikōn) と神の「類似性」(homoiōsis) が備わっていたと考え、かつ堕罪によって喪失してしまったのは神の「類似性」であって、神の「映像」そのものは保たれたと解釈している。[3] エイレナイオスによれば、人祖において、映像の原型は神そのものではなく、子たるみことば(ロゴス) であって、これがまだ目に見えるかたちでは存在していなかったため、神との類似性を簡単に失ってしまった、が、今やみことばの受肉によって、原型が見える形になったので、神との類似性獲得は再び可能となった、と主張する。[4] この神との始原的な類似性獲得が彼の言う神化である。

ただし、エイレナイオスのこの神化論を理解するうえで知っておくべきことは、堕罪以前のアダムの状態、いわば「始原状態」は決して理想視されてはいないという点である。彼は、グノーシス主義に対して、この世の人間の課題、とくにその成長の必要性を力説した。神は人類の成長の時期を待つ気の長い方であり、成長のための充分な時間を人類に与え、その成長過程においてすべてを適当な時期に配置する、と彼は考える。人類はそのような長い成長過程を経て、初めてその完全さに至るのであるから、時間もしくは歴史というものが極めて重要な意味を持つことになる。注目すべきは、そのような歴史経過の中にあって、始原状態は人類成長の前向きの一段階にすぎず、人類の黄金の日々のようなものでは決してないとエイレナイオスが強調している点である。[5] この根本主張は小アジアおよびアンティオケイア伝承を貫いており、その点で始原状態を理想化しがちであったアレクサンドレイア伝承とはかなり異なっている。

②神化の可能性の契機としてのみことばの「受肉」

ここでもっとも重要なことは、エイレナイオスによれば、神化の可能性の決定的契機はみことばの「受肉」だと解釈されている点である。それは、今日に至るまで、絶えず引き合いに出されるエイレナイオスの次の有名な一節に明確に表明されている。「神の子である方が人の子となった。それは人間が神のことばと混ぜ合わせられ、（神の）子とする恵みを受けて神の子となるためであった」[6]。すなわち、キリストの受肉の目的は、人間の神化にあるということを意図するもので、受肉論を土台にした人間神化論という神化理解がここに明白に表れている。この神の人間化と人間の神化の関係を「聖なる交換」と言い、この交換思想はそのまま東方教父神学へ継承される。

③聖霊による三段階教育

エイレナイオスの神化理解のもう一つの特徴は、人間の本来的自己は神と本性上同一のものであるというグノーシス主義的神化論への反論という文脈の中で、彼独自の神化論が語られていることである。ただし、グノーシス主義者は神的生命への変容という意味での神化それ自体を説いたのではなく、「本性として」神に近い存在者である人間の神的領域への「回帰」を説いた。これに対し、エイレナイオスは、神と人間の本性上の基本的差異を押さえた上で、「聖霊」の導きによって自分の神化に向かって成長していくものであると主張した。まず、彼は、神と人間との本性上の違いについて、神は創造者であり、生まれざる不滅の者、完全であらゆる善の源である一方、人間は被造物であり、自分の力だけでは成長することができない不完全な幼児のような者であるから、その「幼児」が成長するためには「教育」が不可欠となってくる。そのような教育をなす主体が「聖霊」である。その教育過程は大きく三段階に区別される。

その第一段階は「子」の受肉以前の段階であり、聖霊は預言的な仕方で将来の「救いの営み」や「子」について啓示する。[7] つまり、「霊」は「子」を予示的に見せ、それを通して「父」を見せる。[8]

第二段階は受肉の時期で、聖霊はまだ弱く不完全な人間に「子とする恵み」および「不滅性の保証」として働きかける。「子」がもたらした救いの決定的な出来事、すなわち「受肉」はかつてアダムが見ることのできなかった「神の映像」を人間に明示した。[9] エイレナイオスによると、その際直接的な「神の映像」たるみことばが初めて五感の対象として人間に示されたばかりではなく、かつてアダムによって失われた「類似性」も再び人間に獲得させる可能性を与えた、と考える。「救いの営み」における「子」の役割は「父」を啓示するということであるが、[10] それを通して「子」は救いの可能性、すなわち「子」との類似性を通して「父」との類似性である「不死性」に到達する可能性を開いたのである。この不死性到達可能性はもちろん「霊」の授与によって開かれた。

エイレナイオス

第三段階は受肉以後終末までのことであり、ついに人間を「神との類似性」によって完成させる。「霊」は人間を「不死性」ならびに「神との類似性」もしくは「神化」へと導く。エイレナイオスは、父からの「霊」は人間を神に向けて新たなものとし、[11] 人間を神に聴き従うことのできるものとする、と説く。[12] この第三段階の特徴として、聖霊が人間を神化に向かって成長させる場は「教会」であると主張する点である。すなわち「キリストとの交わり、不滅性の手付け、私たちの信仰の確証、神への上昇のはしごである聖霊は教会の中に任せられている」[13]と述べているとおりである。ここで「霊」は「不滅性の手付け」すなわち「保証」と言われているばかりではなく、「神への上昇のはしご」とさえ言われている。これは「神化」を意味し、「不滅性の保証」である「霊」は人間を神へ導くとされる。しかも「キリストとの交わり」と言われているように、いつも「子」と共に働きながらそうするのである。こうして「子とする恵み」とか「不滅性の保証」と呼ばれる「霊」の恵みは最終的には一つのこと、すなわち人間を神に似たものにすること、「子」と共に人間を「神の映像」および「神との類似性」にしたがって完成することを目指す。

第二節　アンティオケイア伝承

さて、四、五世紀のアンティオケイア派の教父たちは、人間の自由意志を軽視した宿命論的善悪二元論を説くマニ教への反発から、小アジア伝承に比べて堕罪以前の始原状態における「自由意志」をより強調するようになった。たとえば、ボストラのティトス（不詳－三七八）によると、ロゴスの映像の特質は、自由意志の所有にあると断言して「神が本性上の自由によって善であるように、人間は意志の自由によって神を模倣しなければならない」[14]と語る。ここで、「自由」とは人間にとって少なくとも二つの事柄の間のどちらか一方を選択する能力である。そこで、神は人間の本性に初めから「情欲」を植え付けたとされる。その際、情欲自体は罪ではなく、理性が情欲に支配されることが罪である、としている。[15]堕罪以前のアダムにあってもこの選択は課されていた。ともかく、情欲にせよ他の肉体的諸要素にせよ、始原状態と堕罪以後の状態との間にはいかなる本質的相違もなく、人間は初めから現在のありさまで創造された、というのがティトスの主張である。[16]

アンティオケイア派の代表的神学者で、ネストリオスの師でもあったモプスエスティアのテオドロス（三五〇頃－四二八頃）の始原論も同様な傾向を持つ。彼は始原状態を人類の「幼児期」ととらえており、人類はこの状態から神の望まれる完全な状態にまで成長していかなければならなかった、と説いている。[17] 彼によれば、始原状態における人間アダムは不死ではなかった、とされる。[18] なぜなら、死は人間が謙虚さと感謝のうちに神の生命にあずかるための教育手段として初めから人間に付与されていたからだ、と述べている。そういう意味で、彼も始原状態と堕罪以後の状態との間に本質的相違を認めていない。[19]

そもそも、始原状態、堕罪以後の現世から終末まで、そして終末以後の状態というふうに明確に異なる三つの状態ないし時代を想定するアレクサンドレイア派とは異なり、アンティオケイア派には現世と終末以後の二区分しかない。始原状態と堕罪以後の現世は一続きの歴史であり、異質の時代として分断されない。以下に見るように、アレクサンドレイア派の唱える神化とは、堕罪以前の、現世とは異質の不死なる神的で理想的な人間状況の回復を意味するが、アンティオケイア派はそのような理想郷を想定していない。堕罪以前の始原状態は決して理想化されておらず、むしろ強調されていたのは、人間の「未完成」の状態である。この点に関する限り、アンティオケイア派はエイレナイオスの考えを受け継いでいる。だが、始原状態の回復を意味するその神化論については、これを拒否する方向へと向かった。

アンティオケイア派の神化思想への否定的態度には、その動機として、第一に、グノーシス主義の神化思想への反発がある。グノーシス主義者にとって、人間の本来の「自己」というものは「霊」と呼ばれ、これは「知られざる神」と呼ばれる究極的存在者に遡源するものであり、その神と本性上同一のものである。したがって、究極的存在は個々のグノーシス主義者の内に散在している「霊」が「身体」と「心魂」（psychē）の装いを脱ぎ、世界とその歴史の束縛を脱することによって次第に自己の本来的統一性を回復する。こうした反歴史的な垂直的世界観の枠組みと人間のうちに神的本性が宿るという非聖書的人間観に立脚した救済観は、水平的に前進する歴史観に鼓舞され、かつ被造物における神的本性の刻印を拒否するアンティオケイア派とは相いれない。

もう一つの反対動機は、同派に特徴的なキリスト論的解釈の傾向に見られる。神化論を肯定的に強調するアレクサンドレイア学派とこれを否定するアンティケイア学派の考え方の違いについては、アンティオケイア伝承の代表モプスエスティアのテオドロスとアレクサンドレイア学派における同時代の代表的神学者キュリロス（三七六‐四四四）によるキリスト論的解釈を比較検討したエロウスキーの論文が参考になる。[20] そもそも、テオーシス論者にとって、人間本性の神性への参与もしくは一致ということの可能性の根拠は、みことばの受肉によるキリストのペルソナにおける神性と人性の一致にある。神的なみことばが受肉により人性を引き受けられたという事実の「効力」が、我々の人性一般に及んで、我々が神性と一致できる可能性を開いた、と考えられた。つまり、テオーシスの人間学的根拠はキリスト論に基づく。そして、まさにこのキリスト論的解釈、すなわち、キリストにおける人性と神性との「関係」を巡る解釈がアンティオケイア派とアレクサンドレイア派とでは異なっているところに、テオーシスへの態度の違いが現れている、というのがエロウスキーの主張である。その結論部分は以下のように要約される。

みことばである神の「唯一の本性」（mia physis）ないし「唯一の神的本性」（mia theotētos physis）における神人としての「単一主体キリスト論」（one-subject Christology）を唱えるキュリロスは、受肉によって、みことばなる神が我々の人性を引き受け、そのことによって我々の人性を神的なものに変容させた、と考える。神性と人性は区別されるが、「実体的に」（substantially）相互交流が可能である。この受肉の秘儀の効果によって、我々の人間性も実体的に神的なものと一致できるないし神的に変容される、すなわち神化すると主張する。

一方、モプスエスティアのテオドロスは、神的領域と被造物との絶対的差異を重視する意図から、キリストにおける神性と人性の「区別」（distinction）を強調する。彼によれば、みことばは確かに「実体的に」父なる神と一致している、つまり本性として神的であるが、受肉の際に人性を引き受けたときの、その神性と人性の「一致」は実体的なものではない、つまり真の意味で一つになったわけではなく、あくまで両性は区別されたまま、言い換えれば「相対的」な一致であるとして、この関係を表現するために synapheia（結合）あるいは oikeiōsis（親和）というギリシア語を意図的に用いている。要するに、人性は神性に限りなく近づいたが、決して神性の領分に入り込むことはないし、神性が人性を内に取り込むこともない。こうした、いわばキリストの位格における神性と人性の「アンティオケイア的二主体キリスト論」（antiochene two-subject christology）からすれば、人性の神性への一致ないし参与というアレクサンドレイア的神化論は不可能となる。[21] こうしたキリスト論的問題との関わりにおいて、アレクサンドレイア的キリスト論の極論たる「アポリナリス主義」というキリストにおける人性否定の異端が生まれてきたこともあって、[22] アンティオケイア派の教父たちの神化思想への否定的態度はますます強固なものとなった。

第三節　アレクサンドレイア伝承

① 堕罪以前の始原状態の理想化傾向と神化の強調

アレクサンドレイア伝承における神化思想の強調は、その背景として堕罪以前の始原状態を理想化する傾向と連動する。理想化の理由は、既述のごとく、神化がこの始原状態の回復を意味するからである。

いわゆる「旧アレクサンドレイア学派」の創始者であるクレメンスの場合、堕罪以前の始原状態の理想化は、まだかなり控え目である。彼は、人間理性を神自身の映像である「宇宙理性」（nous）ないし「ことば」（logos）の「映像」（eikōn）と解し、またストア的教育論に則して、人間成長の目標はその原型との完全な「類似性」への達成だと考えた。なお、堕罪以前の始原状態には「不死性」が結びついていた。その点に限って、始原状態は堕罪以後の状態に優っていた。しかし、クレメンスの考えでは、ただ単に不死性を有するだけでは人間はまだ完全とは言えないとされる[23]。「霊的人間」(pneumatikoi)になって初めて完全と言えると考えているが、それが具体的にどういう人間かは定かでない。いずれにしても、霊的人間になったとき、人は自分の原型にまったく類似する者となっている、と言う。そして霊的人間になる成長過程においては、「情念」を規制して「アパテイア」(不動心)を獲得することが求められる。そのように、クレメンスは始原状態をも前向きの成長ないし教育の出発点であり、その目標は神の映像によって媒介される神自身の「共有」(methexis)であり、人間の神化である、と考えた[24]。

「新アレクサンドレイア学派」の開拓者アタナシオスは「創造」によるアダムの「本性」(physis)と「恩恵」によるその「高揚」(thēsis)とを区別する。前者によってアダムは「理性」と「自由意志」を有し、後者(高揚)によって「神の養子」となる。神の養子に高揚されて初めて人は神のことばないしはひとり子の映像である、とアタナシオスは考える[25]。したがって、アタナシオスの理解によれば、「映像」は「恩恵」の秩序に属するものであって、この「映像の恩恵」が、「理性」と「自由意志」と共にアダムに備わっていた。

アタナシオスは初期の著作ではプラトン主義にならって、堕罪を「英知界の観想」からの離反として扱っており、それによってアダムが「不死性」と共に元来の「映像の恩恵」をも喪失した、と考えていた[26]。アダムの子孫も次第に英知界の観想から離反し、そうすることによってわが身を情欲の支配に引き渡した。しかし、回心の道は常に開かれている。すなわち、情欲の罪を痛悔する人は誰でも神のもとに返ることができる[27]。だが、元来あった「不死性」の回復はみことばの受肉を前提としている[28]。

ところで、アタナシオスは後期の著作で、右の堕罪説をさらに展開させた。堕罪の結果、アダムはまず「映像の恩恵」を失い、ついで情欲および死という「肉の特質」に引き渡される。アダムの子孫は彼から派生するのであるから、やはりアダムと同じ「肉の特質」を身にまとう。堕罪の結果はこのようにして、いわば生物学的依存性によって全人類に及ぶ[29]。一方、「映像の恩恵」の喪失はアダムにふりかかった不幸ではあるが、その同じ不幸が自動的に人類にふりかかるとは考えない。つまり、各自は「映像の恩恵」を持って生まれる。しかし、それは各自の罪によって初めて消えうせる。が、堕罪以後の人間であっても、預言者エレミアや洗礼者ヨハネの例にもあるように、「映像の恩恵」を終生保ち続けることも不可能ではない[30]。したがって、人類がアダムから引き継いだ損害は彼自身の「罪責」ではなく、その堕落した本性のみである。しかし、アタナシオスに特徴的なのは、右の議論からも分かるように、「映像」と「類似性」という概念の区別が明白ではない、ということである。なぜなら、アダムは「不死性」すなわち「神との類似性」を喪失したということのみならず、元来の「映像の恩恵」をも喪失した、と言っているからである。カッパドキア教父たちに固有の「映像」と「類似性」の混同、とりわけニュッサのグレゴリオスが主張した、堕罪ゆえの（類似性ではなく）「映像」の喪失はこのアタナシオスの見解に影響を受けている[31]。

②神化の恩恵性の強調

さて、アレクサンドレイア伝承の教父たちにとって、「救いの営み」の終末的目的は、言うまでもなく、人間の神化である。しかし、彼らもまず創造者である神と被造物にすぎない人間との間の無限の質的差違を強調し、両者の間に関係があるとすれば、それは何らかの共通の「本性」によるのではなく、もっぱら「恩恵」によるとする[32]。

まず、アレクサンドレイアのクレメンスは、すべての人間には「何らかの神的なものが注ぎこまれて[33]」おり、それは人間を人間たらしめる「理性」（nous）にほかならないとした。その理性の所有によってすべての人間はロゴスの映像であり、またロゴス自身も神の映像であるために、すべての人間はロゴスの媒介によって神自身の「共有」に開かれたものと考えた[34]。したがって、ロゴスに則した生活の目標は人が自ら「神になる」ことである[35]。これはストア学派によるロゴスの模倣論によく似ているが、クレメンスが人間は「自力で」ロゴスに則した生活ができるとは考えていない点で、ストアとは一線を画す。人間はロゴスに則した生活ができるように、まずロゴス自らによって教育されねばならない。ロゴスによる教育という恩恵的働きかけが前提となって、初めて学びが可能となる、という構図である。ところで、ロゴスは聖書を用いて人類を教育するばかりではなく、自ら人となって神化への道を目で見える形で示した。「神のロゴスが人となったのは、人が神からどのようにして真の神になりうるかを学ぶことができるためであった」[36]。つまり、受肉したロゴスのうちに人間は自己の原型を認め、それを模倣することによって神化の目標に向かって前進できるようになった。これはエイレナイオスの神化思想にそった考えである。

ところで、クレメンスは「徳の実践」ばかりでなく、「秘跡」への参加も重視している。なぜなら、とくに「ユーカリスティア」（聖餐、ミサ）の秘跡によって、人間は存在論的にも神のロゴスに結びつけられてくるからである。「イエスの血を飲むことは、主の不滅性にあずかることを意味する。ユーカリスティアの飲み物は神のロゴスとの結合をもたらす。それを信仰のうちに受け入れる人は体と魂において神化される」[37]と、クレメンスが述べるごとくである。

さて、オリゲネスの神化論は、人間創造の秩序に関わるその独自の考えに出発点を置く。彼によれば、人間はまずその「被造性」のゆえに「父なる神」の存在にあずかり、その「精神性」において「神のロゴス」（＝子）にあずかる、という二重のあずかりないし「共有」を有している。その上で、この共有状態は「罪」によっても取り消されることはない、とした[38]。しかし、神は父と子と聖霊という三位一体であるから、「聖霊」にもあずからなければ、完全な人間とは言えないとして、神の完全なる「共有」は、次のような三位一体的構造をとることになる、と説明する。すなわち、「父なる神」は人間を存在に至らしめ、その「ひとり子」は人間を理性的な自律存在にせしめ、「聖霊」は「自分自身を分かち合うことによって」人間を神化させる[39]。つまり、人間の神化は「聖霊」の働きなのであり、したがって、純粋に恩恵による事柄である。だが、同時に人間は徳を実践することによって聖霊の働きに「協力」しなければならない。この「聖霊」にあずかっているという状態は「父」や「子」とのあずかりと違って、「罪」によって取り消されうる、[40] つまり協力を怠ることは、聖霊喪失の原因ともなりうる、と述べている。だから、『ペトロの手紙二』一章四節に言われているように、徳に則して生きる、という協力的働きをなす人が初めて「神の性質にあずかる者」になると考えた。[41]「シュネルゲイア」（協働）の強調がここにはっきり表れている。

なお、オリゲネスも、神の本性と人間の本性との交わりは、ロゴスの受肉をもって開始した、と考える。つまり、ロゴスが人となったのは、人間の本性が神の本性と交わることによって自ら神化されるためであった。「洗礼」によってこの交わりはすべてのキリスト者に延長される。なぜなら、洗礼によって人はキリストの死と復活にあずかり、またそうすることによって神自身の存在領域にまで高揚させられるからである。[42] 別の観点からいえば、ロゴスの受肉と十字架上の死をもって神はへりくだり、あますことなく自分自身を人間にふさわしいものとさせた。それゆえ、人間もまた自分自身を神にふさわしいものとすることができ、神との完全な類似性に到達しうるようになった、ということである。[43] つまり、洗礼の受肉論的解釈がここに現れている。受肉による神の「人間化」という下降運動と洗礼とシュネルゲイアによる人間の「神化」という上昇運動との相互作用、すなわち「交換思想」が「救いの営み」を前進させる契機なのである。[44]

アタナシオスはこの「交換思想」をさらに明確にし、神の子が人となったのは、人が神の本性にあずかることができるためであった、という命題を自分の思索の中心に据えた。すでに初期の著作の中で、彼は次のように述べている。「神の子が人となったのは、アダムの子らを神の子らにせしめるためであった。……実に、神の子は死をも味わった。……それは人の子らが霊に従って、彼らの父である神により、神の生命にあずかる者とせしめるためであった。それゆえ、キリストは本性によって神の子であるが、われわれは恩恵によって神の子らである」。[45] このテキストから明らかなとおり、アタナシオスも異教の神化思想に対して明白に、人間本性の「創造による秩序」と人間本性の「高揚」を可能にせしめた受肉という「恩恵の秩序」とを区別している。すなわち、神自身の本性から生まれたキリストのみが「本性」として神の子であるが、その受肉によって、神のひとり子は人間の本性を神の本性と一体化させ、その死と復活によって人間本性に固有の苦難と死を神の本性のうちに止揚した。そのような計り知れない「恩恵」によって、人はひとり子の兄弟姉妹となり、父なる神の子らとなったのである。

なお、アタナシオスの宿敵アレイオスは、神のひとり子は被造界と同じように「無から創造された」と考えた。彼はいわゆる『タレイア』（饗宴歌）の中で「子の存在しなかったときがあった」とアレクサンドレイアの市民に歌わせ、かつ、父なる神と異なる本質の者である、と明白に述べた（DS 126参照）。アタナシオスは前述した交換思想に基づいてアレイオスを論駁し、もし子が単なる被造物にすぎないと考えるならば、他の被造物と変わらない仕方でしか神の本性にあずからないことになり、そうであれば、救いの業はまったく不確かなものとなってしまう、と主張した。なぜなら、もしアレイオスの言うとおりであるなら、子が担った人間の本性は真に神の本性と一体化されておらず、人間の神化は依然として不可能になってしまうからである。[46] だが、アレイオスはさらに『フィリピの信徒への手紙』二章五 - 一一節を引用して、先在において「無から造られた」ロゴスが人となり、十字架の死に至るまでその模範的な献身生活を送ったので、神によって高く上げられ、神の子に定められた、と主張した。しかし、アタナシオスはこの高揚キリスト論を論駁して、キリストが高く上げられたのは、彼自身がそれ以前により低い者であって、完全なる徳を実践した「ごほうび」のためではなく、彼は初めから本性上神の子であったのだ、と主張する。彼がまとった人間の本性のみが低いものであったために、それが高く上げられたのである。アタナシオスは言う。「キリストは人間として真に高く上げられたが、彼はそこで神としては以前から持っていたものを受けた、と言われている。それは、受け入れられたその恩恵がわれわれの方に溢れ出るためであった。つまり、ロゴスは体をまとうということによって自ら（その神性）が減少したのではなく、……むしろまとったものを神化したのである」[47]。

アタナシオスは同じ考えに基づいて、ヨルダン川におけるイエスの洗礼を次のように解釈する。洗礼時にキリストの上に現れた聖霊は、受肉によりキリストがまとった人間の本性を神化した、それゆえ、キリスト者も洗礼のときに、彼らの上に降ってくる聖霊によって神の子らとなると述べ、次のように記している。「人々の創造者である方が、後に恩恵によって彼らの父にもなろうということは、神の慈愛によるものである。こうしたことが起こるのは、創造された人々が使徒の言う『アッバ、父よ』と叫ぶ霊を自分の心に受けるとき（すなわち洗礼）である。……彼らは本性では被造物にすぎないが、神の子らとなりうる方法は、本性上真の（神の）子である方の霊を受けることである」[48]。

アタナシオスはさらに、「聖霊」はその働き（dynamis）においてのみならず、「本性」（ousia）においても人間のうちに宿る、と唱えた。したがって、恩恵は人間の心のうちに注がれた聖霊それ自身にほかならない。そして、一人ひとりの信徒のうちに宿るこの聖霊はまず各信徒を子の兄弟とせしめ、そうすることによってすべての信徒を父なる神の子らとせしめる。聖霊はこのような働きの結果、ただ一つの生命の流れが三位一体の神と各信徒に流れて、同時に個々の信徒の中から溢れ出て、「教会」というすべての信徒からなる共同体の内部に浸透していく。そのために、教会こそ三位一体の神における永遠の愛の交わりの歴史的な模範として成立したと考えた[49]。

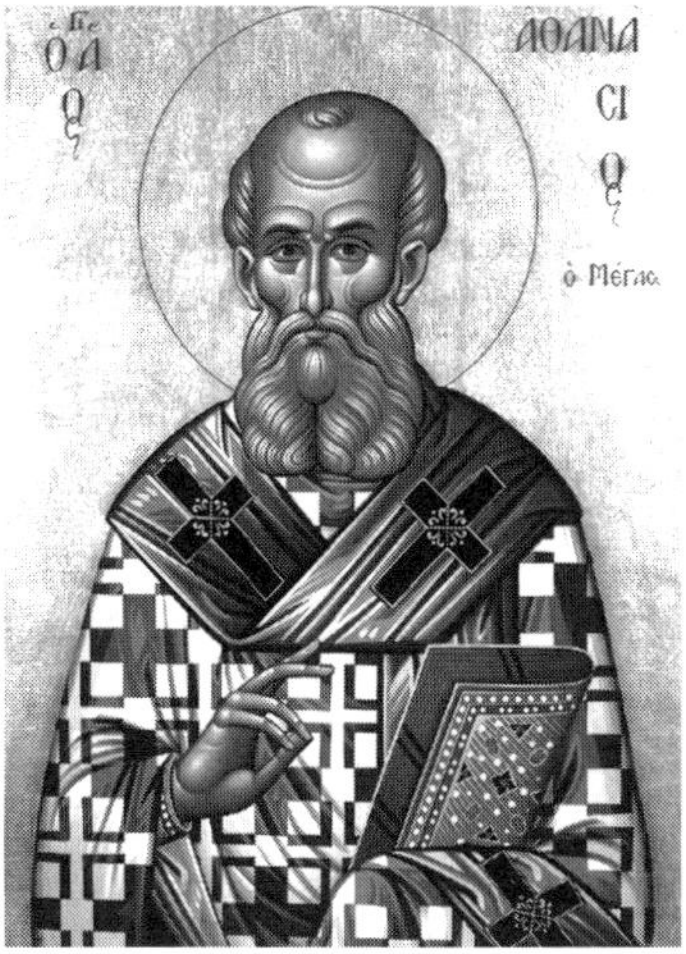

アタナシオス

第四節　カッパドキア教父

①始原状態の理想化の強調

カッパドキア教父の神化論の特徴は、旧アレクサンドレイア派に始まった始原状態の「理想化」の強調にある。たとえばバシレイオスによれば、堕罪以前のアダムは天使のような生活を送り、神と英知界の観想にまったく魅せられていたとされる。[50] それゆえ、彼は物質的なものに関心を持たず、情念や情欲も知らなかった、すなわち「アパテイア」であったとされる。[51] ナジアンゾスのグレゴリオスは始原状態の理想化をさらに推し進めて、軽い身体しか持っていなかったアダムは神の至福直観の中に生き、[52] その最高段階のみが彼にまだ与えられていなかったとする。それは徳に対する報いとしてまだ留保されていたからである。[53] もっとも、徳の生活はアダムにはきわめて容易であった。なぜなら、神のことばの映像として造られたアダムの霊魂はいわば自然発生的に自己の原型との一致に向かって前進するよう方向づけられていたからである。[54]

ニュッサのグレゴリオスにおいて、始原状態の理想化はその頂点に達する。彼は『創世記』一章二六－二七節（「神は言われた。『我々にかたどり、我々に似せて、人を造ろう。そして海の魚、空の鳥、家畜、地の獣、地を這うものすべてを支配させよう』。神は御自分にかたどって人を創造された。神にかたどって創造された。男と女に創造された」）を人間の「類的本性」の創造と解し、[55] それを神自身のことばの映像として「人間性の充満」であるとした。[56] この類的本性はいかなる特質も有しておらず、とくに男女の性別も持たなかった。グレゴリオスはさらに『創世記』二章七節（主なる神は、土（アダマ）の塵で人（アダム）を形づくり、その鼻に命の息を吹き入れられた。人はこうして生きる者となった）を「地上的人間」の創造と解し、これを類的本性の最初の具現化と考えた。[57] この人間は始原状態においては情念も情欲も知らなかったし、また不死性をも有していた。[58] そして、「神のみ顔を眺めて日々を過ごしていた」[59]。

アレクサンドレイア・カッパドキア両伝承が始原状態を理想化していることが、以上のおおざっぱな概観からくみとられよう。理想化の理由は、これが神化された人間の理想的状態を指すからであるが、そのためにまず神化されるべき人間の悲惨さを強調したいがために、始原状態と堕罪以降の落差を浮き彫りにさせようとした。小アジア・アンティオケイア伝承が始原状態を包括的な「救いの営み」の一途上として相対化し、堕罪の動機や性質に何の興味も示さないのに対して、アレクサンドレイア・カッパドキア両伝承は、この結果を、人間本性の徹底した堕落として重要視した。ただし、アダムの罪によって人間本性は確かに堕落したが、「自由意志」は依然として有効であり、誰でも自由意志に基づいて罪への傾きに抵抗することができ、またそうしなければならない。これは、小アジア・アンティオケイア伝承と共通である。本性として罪人という考えはない。各自は自分の犯した罪によって初めて罪人になる、というのが東方伝承の確固たる信念である。

② 聖霊の「神性」に関わる三位一体論の根拠としての神化思想

さて、カッパドキア教父に見られる神化思想で注目すべきは、神化思想が聖霊の「神性」に関わる三位一体論の教理の根拠として主張された、ということである。人が聖霊によって神化されるという思想は、四世紀前半ではどの神学者も認める一般説であったが、その聖霊は父なる神と同じ神性を有するという考えを拒否する思想（プネウマトマコイまたはマケドニオス派）が当時台頭していた。これに対する反論はすでにアタナシオスによって展開されていた。彼は、聖霊は被造物の存在領域に属してはならず、神自身の領域に属していなければならない、なぜなら、自ら神の存在領域に属しなければ人間をこの領域にまで高め、神化することはできないとして、次のように述べている。「もしも聖霊が創造されたものであったとしたら、われわれは聖霊を受けて神にあずかるということはまったくできず、反対に被造物に結び合わされ、神の本性とは何の関わりも持たない者となる。

……しかし、実際には、われわれは聖霊にあずかることによって神の本性にあずかるのである。それゆえ、愚かな人でもなければ『霊は創造された本性を持っていて神の本性を持っていない』とは言わないだろう。聖霊が神の本性を持っているからこそ、聖霊をうちに持っている人は神化されるのである。それで、聖霊が神化させるものであるから、聖霊の本性が神の本性であることに何ら疑いをはさむべき余地もないのである」[60]。結局、人間が神の本性にあずかり、次第に神化されていくという考えが正当であるなら、神と人間とを結合させる聖霊は神自身の領域に属し、自ら神でなければならない、ということになる。この考えは三八一年コンスタンティノポリス公会議によって、次のような信仰箇条としてまとめられた。

「……われは信ず、主なる聖霊、生命の与えぬし、聖霊は父より出で、父と共に崇められ……」（DS 150）

バシレイオスはコンスタンティノポリス公会議に先立って、右の信仰箇条の背後に横たわる救済論的関心事を次のように解き明かした。すなわち、「もし、聖霊自らが神的生命にあずかっていないならば、一体、どのようにして聖霊は神化の与え主でありえようか」[61]。バシレイオスによれば、聖霊の媒介によって神は人間のうちに宿り、人間は神のうちに宿る。この相互の宿りは次のような三段階を経て終末的完成に至る。人間はまず「神のうちに宿り」、次いで「神との類似性に向かって成長し」、最後にこの成長過程の頂点において「自ら神になる」[62]。

③ナジアンゾスのグレゴリオスおよびニュッサのグレゴリオスの神化思想

ナジアンゾスのグレゴリオスはこれを「大胆な表現」[63]と見なしながらも、バシレイオスより頻繁に「神化」について語っている。彼によれば、人間の目標は「神の子、いやむしろ神そのものになる」[64]ということである。彼はアタナシオスのように「聖なる交換」の思想に立脚して、人間に与えられた課題を次のように言い表す。

「われわれもキリストのようになろう。彼がわれわれに等しい者となったので、われわれも彼によって神となる。それは、彼がわれわれのために人間となったからである」[65]。グレゴリオスによると、キリストの受肉によって、神の本性と人間の本性とが彼のうちで一種の「混合」（mixis）ないし「結合」（krasis）が起こった、そしてこれによって、人間の本性はまったく変容された、と考えられる。つまり、「人間は神に混ぜ合わせられて、神と一体化した。……それは彼が人となったのと同じ度合においてわれわれも神となるためであった」[66]。神は人間の死すべき本性をあますところなく自分自身に受け入れ、自分の本性に一体化させた。この救済論的関心事を背景にすると、グレゴリオスの有名なキリスト論の根本命題の意味も容易に理解される。すなわち、もし神に「受け入れられないものがあれば、そのようなものは癒されないであろう。しかし、神が自分に一体化させたものは癒されるであろう」[67]。

以上の根本命題に基づいて、グレゴリオスはアポリナリスの「キリスト単性説」を次のように論駁する。キリストにおいて神の本性のみが現存していたとすれば、人間本性は救われておらず、救いの業は虚しくなる。もし「受け入れられないものがあれば、そのようなものは癒されない」のであるならば、人間本性が救われるためには、キリストには神性のみならず、人性も現存していなければならない、と説明する。

ニュッサのグレゴリオスは前述の混合思想を受け継いで、混合の仕方はあくまでも神秘と見なしながらも[68]、次の比喩をもってそれを説明する。燃料に火種を投ずるとき、炎となって燃え上がるように、聖霊の宿りによって人間本性に神の本性が混ぜ合わせられるとき、人間は神への愛に燃え上がり、神自身の愛の炎に一体化される[69]。このとき、人間の魂は種々の自然的感情をぬぐい去って、神との類似性に到達した後、より高次の神的生命にあずかって生きる[70]。

神の生命へのあずかりは「至福」もしくは「観想」とも呼ばれる。両者は認識論の次元に留まらず、神自身の「共有」という存在論的次元をも含む。たとえば『マタイによる福音書』五章八節で「心の清い人々は、幸いである、その人たちは神を見る」と記されているが、「神を見る」ということが主知主義的に誤解されないように、グレゴリオスはそれをただちに「至福」という表現で言い直し、「至福とは人が神について何かを認識するということにあるのではなく、人が神を自分自身のうちに持つということにある」と説明する。[71]

グレゴリオスによると、二つの道がこのような至福へと導く、とされる。一つは「徳の実践」、もう一つは「秘跡への参加」である。徳の実践が至福もしくは神化へと導くのは、「あらゆる徳の源は神の本性だからである」[72]。したがって、徳を行う人に対して『コリントの信徒への手紙二』一五章二八節の約束が成就する。すなわち「神がすべてにおいてすべてとなられたとき、地上的、物質的なものと共に悪そのものも取り除かれる。なぜなら、存在の充満になおかつ非存在という悪が対峙することは考えられないからである」[73]。もう一つの道は秘跡への参加である。それによって魂のみならず、肉および肉に関わるもの一切が神化される。「秘跡」と言うとき、グレゴリオスは主に洗礼とユーカリスティアのことを考えた。[74] 洗礼とユーカリスティアについて、グレゴリオスは次のように説明する。「彼は自分のうちに肉を受け入れ、それを神性にまで高めたが、この肉を通じて同類者をあますことなく救うために一つの道を開かなければならなかった。すなわち、彼は師と弟子たちとの間にしぐさによる一種の類似性を定めたのである」。「しぐさ」における第一の類似性はキリスト自身の洗礼とキリスト者のそれである。すなわち、キリストはヨルダン川の水の中に沈み、水の中から再び上がってきた。そのとき彼の人間本性は聖霊を受けて神化された。それと同様に、洗礼を通じてこのしぐさを模倣する人々の上には聖霊が降り、その人の本性を神化する。洗礼によって人間と神との間に共同体的な交わりが芽生えてくる。[75] しぐさにおける第二の類似性とは「最後の晩餐」と教会の「ユーカリスティア」との間にある。すなわち、最後の晩餐のときキリストは弟子たちにパンとブドウ酒を分け与えることによってあますことなく自分の生命を彼らに譲り渡した。それと同様に、教会のユーカリスティアにあずかる信徒はキリスト自身の生命を受け入れ、次第にキリストに類似するものに成長してゆく。[76]

第五節　総　括

以上、カッパドキア教父に至るまでの神化論には、以下の三点が特徴として挙げられる。

① 人間の神化は、堕罪によって失われた人間の始原的な「神との類似性[77]」の回復を意味する。

② 神化は、神と人間に通じている「本性」によるものではなく、神の子の受肉および聖霊の働きが前提となる、すなわち、あくまで恩恵による無償の賜物である。

③ 神化のためには、徳の実践及び秘跡への参与（とくに洗礼と聖餐）、すなわちシュネルゲイアが要求される。

以上の点を総括すれば、ギリシア教父の神化論とは、人間が神の映像と類似性に従って創造されたこと及び創造者と被造者との質的差異という創造論、堕罪によって、神との類似性を喪失したという堕罪論、神の子の受肉により、人性が神性と一致できる可能性が与えられたというキリスト論的効果、その効果を実現へともたらすのは、真に神的な聖霊であるという聖霊論、そして、その聖霊の働きの場である教会において、人間が主体的に徳の生活と秘跡への参与を通じて協働すべし、という教会論及びシュネルゲイア論が密接に連関した包括的学説である、と理解される。

さて、カッパドキア教父以降、神化に関する議論は五世紀末に至るまでほとんどなされていない。考えられる理由としては、とくにオリゲネス主義の異端視とその結果としての五五三年の第二コンスタンティノポリス公会議における公式の排斥がある。彼の排斥は彼を代表とするアレクサンドレイア主義的見解への疑いを生ぜしめ、その神学において強調されている神化説について堂々と議論できる環境にはなかったと思われる。こうしたアレクサンドレイア主義への懐疑主義に挑戦する形で、神化説をふたたび復興させ、ビザンツ神化論の基礎付けを与えたのが六世紀初期の擬ディオニュシオスと七世紀の告白者マクシモスである。

　ビザンツ神化論がそれまでの初代ギリシア教父の神化論と異なる点は、神化とはあくまでも終末における人間の完成形態を表現した神学的言説であるが、この神化論的人間完成はすでにこの世において、人間の具体的生の営みにおいて開始しているということが体験的に認識可能であるという点に注目し、それを主題化して論じているということで、換言すれば、神化論は、より神秘主義的に論じられるようになったということである。東方における神秘思想はポントスのエウアグリオスや擬マカリオスなどの修道文学においてすでに花開いていたが、神化論との関わりで神秘思想を主題化したのが擬ディオニュシオスであり、それをさらに深めて論じたのがマクシモス、それをヘシュカズム理論として完成させたのがパラマスである。この三名の神学的貢献の特色については、いずれ稿を改めて検討したい。

注

1　ギリシア教父の神化思想については Jules Gross, *La divinisation du chrétien d'après les pères grecs*. Paris, 1938が最も基本的な文献である。

2　本書一七八頁参照。

3　ところが、エイレナイオスの場合、失われたものはその両方であると語る一節（Cf. Adversus Haereses（略：AH）III. 18. 1 = SC 211. 342-344 (vv. 11-13) がある。ここでは、神の子が人の子（＝人間）となったのは、人間アダムにおいて失われたもの、「すなわち、神の映像と神の類似性にしたがって存在すること」（id est secundum imaginem et similitudines esse Dei）を回復することであった、と述べられ、解釈上の問題となっている。我々の立場としては、第一に、両者とも喪失したように受け取れる部分は、この箇所のみで、少なくともエイレナイオス自身の文書全体では映像と類似性とは一貫して区別されているので、この箇所もやはり著作全体から解決されるべきである。第二に、エイレナイオスによれば、映像は人間を人間たらしめる存在規定であり、類似性は人間をその完成に向かわせる聖霊の賜物であり、両者は「範例因」と「目的因」との相互関係にある。したがって、映像と類似性とはいわば一つのものとして同時に失われたというのではなく、救済史全体の中で実現されるべき人間存在の「範例因」と「目的因」としての「統合性」が堕罪によって失われたという大貫隆の解釈を支持したい。大貫隆「エイレナイオスにおける『再統合』と救済史」『福音と世界』（新教出版社、一九八〇年三月号）七四頁参照。

4　「確かに、以前人間は神の映像にしたがって造られた、と言われた。しかし、映像は示されていなかった。なぜなら、人間がその映像にしたがって造られたみことばはまだ見えざるものだったからである。だからこそ、人間は神との類似性をあれほど簡単に失ってしまったのである。しかし、神のみことばが肉となったとき、それは両方を確かなものにした。すなわち、みことば自身その映像であったところのものとなることによって、真の映像を明示し、かつ人間を今や目に見えるみことばによって人間の神との類似性を堅固にしたのである」（AH V, 16, 2 = SC 153, 216 (vv. 24-33)）。ここには、堕罪以後もなおみことばの映像としての存在規定は保たれていることが示唆されているが、ただし、創造のとき、彼に吹き入れられた聖霊は喪失してしまった。そもそもエイレナイオスによれば、完全な人間は「体」と「魂」と「霊」という三位一体として成り立つ、と言う。そしてさらに、体と魂の混合一致は神のことば（＝子）の映像であり、この映像とは人間の自然的な存在規定にほかならず、とくに理性と自由意志の所有のうちに現れてくる。しかし、そのような自然的な存在規定は人間を完全たらしめることはできない。完全になるためには人間は「神の霊」ないし「父の霊」、つまり「聖霊」を受けなければならない。それは、体と魂の混合一致からなる自然的状態にある人間に、そうした人間が自力で到達しえない神との完全な類似性を成就させるために神から与えられる超自然的な賜物なのである。Cf. K Prümm, Göttliche Planung und menschliche Entwicklung nach Ireaeus, in: Schol 13 (1938), 213-348; Alfred Bengsch, *Heilsgeschichte und Heilswissen. Eine Unter-suchung zur Struktur und Entfaltung des theologischen Denkens im Werk “Adversus Haereses” des hl. Irenäus von Lyon*, Leipzig 1957, 230.

5　Cf. AH III, 16, 7 = SC 211, 314 (vv. 224-228); AH IV, 20, 5 = SC 100, 638-639 (vv. 108-120)。

6　AH III, 19, 1 = SC 211, 374 (vv. 18-20).

7　「神は万事において力ある方であり、あるときは霊によって預言的に現れ、また子を通しては子がする仕方で現れたが、天の国では父として現れるだろう。霊は神の子に向けて人間を整え、子は父のもとに導き、父は不滅性と永遠の生命を与えるのであるが、この生命は神を見ることによって各々の人間に生じるのである」。Ibid., 20, 5 = 638-640 (vv. 111-117).

8　このほかにも「霊」は預言者に勧めを与え（Cf. ibid.,20, 8 = 650 (vv. 196-198)）、預言者を通して人々に忠告し、説明するといった働きをする（Cf. AH III, 10, 4 = SC 211, 128-130 (vv. 133-136); AH IV, 2, 4 = SC 100, 402 (vv. 43-46).）

9 Cf. AH V, 16, 2 = SC 153, 216 (vv. 29-32).

10 Cf. Epideixis 7 = SC 62, 41-42; AH III, 11, 5 = SC 211, 154 (vv. 127-131); IV, 20, 7 = SC 100, 648 (vv. 183-184).

11 Cf. AH III, 12, 1; 17, 1 = SC 211, 178 (vv. 19-20); 328 v. 7); V, 21, 2 = SC 153, 146 (vv. 25-26).

12 Cf. AH V, 20, 2 = SC 153, 260 (vv. 56-60).

13 AH III, 24, 1 = SC 154, 472 (vv. 19-22).

14 Titus Bost., Adversus Manich. II, 5 = PG 18, 1141B-C.

15 Cf. ibid. III, 21; 33 = 1136B-D; 1197D.

16 Cf. ibid. III, 21 = J. Seidensticker (ed.), *Titus von Bostra (TU 21)*, Leipzig 1901, 15.

17 Cf. Theodorus, In Gen. III, 7 = PG 46, 640B.

18 確かに、創世記においては、人間が不死なるものとして創造されたとは、少なくとも明示的には書かれていない。

19 Cf. Theodorus, In Joann. = PG 46, 317.

20 Cf. Joel C. Elowsky, "Bridge the Gap: Theosis in Antioch and Alexandria" (Vladimir Kharlamov, op.cit. 146-181).

21 キュリロス的キリスト論は、アンティオケイア派からは単性論的嫌疑をかけられたのは事実であるし、逆に、テオドロス的二主体論には、容易に想像されるように、キリストが意志し、行動したのはどちらの主体によるか、という難問がアレクサンドレイア派から突き付けられた。カルケドン公会議（四五一）におけるキリストにおける神人両性の関係に関わる思弁の限界を定めた「混ぜ合わされることなく、変化することなく、分割されることなく、引き離されることなく」という定式は、両学派のキリスト論の行き過ぎを防ぐためのものであった。

22 後期アレクサンドレイア学派は、受肉によってキリストの人性は神性の中に吸収されて消え、弱く罪深い肉体は「神化」されたと主張し、キリストの人性を軽視する方向へと向かい、その極端化された形がアポリナリス主義となって現れた。アポリナリス（三一〇頃－三九〇頃）は、神的ロゴス（ヨハネ一・一四の「ことば」）はイエスの霊に置き換えられ、そのロゴスがイエスの心とからだを支配したと考え、イエスを霊のない不完全な人間にすることによって、イエスの人性を否定した、と伝えられている。

23 Cf. Clemens Alex., Stromata II, 19, 3-4; VI, 11, 95, 5.

24 Cf. ibid. V, 14, 94.　なお、クレメンスの弟子オリゲネスの独特な始原論である「霊魂先在説」は意志の絶対的な自由を強調するためにしつらえられた思弁であるが、直接神化論に結び付かない。彼は、地上の人間は先在的霊魂の堕罪の結果この世に登場することになった、と説く。それゆえ、始原状態も先在的霊魂に限られていた。つまり、神は時間に先立って無数の理性的な無形物を創造し、神にすがるか、それとも下位の存在を求めるのかのいずれか一方を選ぶ自由を彼らに与えた（Cf. Origenes, De principiis II, 8, 3; 9, 1-2 = SC 252, 344 (vv. 130-133); 346 (vv. 150-158); 165-173 (vv. 352-356)）。イエスの霊魂に予定されていた者以外すべては下位の存在を選んだ（Cf. ibid. II, 6, 5 = 318-319）。この堕落の軽重如何によってある者は明るくて軽い形態に化して天使となり、ある者は暗くて重い形態に化して悪霊となった（Cf. ibid. II, 9, 6 = 364-366; Contra Cels. VI, 44 = SC 136, 288 (vv. 12-21)）。そして、両者の中間的次元に落下したものは人間の霊魂となった。言い換えれば、最初の人間を初め、一人ひとりの人間は罪人としてこの世に生まれてくるのだが、それはアダムのような他者の罪責のためではなく、時間に先立って各霊魂が自由意志をもって犯した罪のためである。つまり、意志の絶対的な自由を強調するために、オリゲネスは始原状態も堕罪の出来事も歴史から超時間的な次元に移したということができる。彼自ら警告しているように、この霊魂先在説は単なる推測に基づく思弁にすぎず、そのまま教会の伝承とは考えてはならない（Cf. ibid. II, 8, 4-5 = SC 252, 348 (vv. 189-190); 352 (vv. 232-235)）。

25　Cf. Athanasius, Oratio contra Arianos II, 59; 61; III, 10; 25 = PG 26, 272C-253A; 276C-277A; 344A; 376B-C.

26　Cf. Athanasius, Contra gentis 3:7 = PG 25, 7B-9B; 16A-B; De incarnatione IV, 4-6 = SC 199, 276-278 (vv. 13-39). これについてはJ.B. Schoemann, Eikon in den Schriften des hl. Athanasius, in: Schol 16 (1941), 335-350特に339参照。

27　Cf. Athanasius, Contra gen. 3-4; 30-34 = PG 25, 8B-12A; 60B-69A.

28　Cf. id., De incar. VII-VIII = SC 199, 286-294.

29　Cf. id., Orationes contra Arianos II, 59; 61; 65; 67; 69 = PG 26, 272C-273A; 276C-277B; 285A-C; 289C; 293A.

30　Cf. ibid. III, 33 = 393A.

31　ニュッサのグレゴリオスは、堕罪によっても神との類似性は完全に消えうせたのではないと説く。ちょうど錆びた鉄が、その錆の下に本来の輝きを保っているように、神との類似性も堕罪によって不透明になっただけである。一方、完全に喪失したのは映像の方である。それと共に映像の特徴である「無情念」（apatheia）と「不死性」も消えた、と考えている（Cf. Gregoriusu Nyss., De virg. 12 = PG 46, 372B; De hom. op. 18 = PG 44, 192C-D; De beat. or. 6 = PG 44, 1272A-C）。ここから明らかなように、グレゴリオスは映像と類似性を区別する場合——いつもそうとは限らないが——古代教育論や教父たちの大半とはちょうど反対の意味で用いている。すなわち、類似性は人間そのものの存在規定であり、理性と自由意志もこれに属する。それは堕罪で不透明になったが、徳の実践によって本来の美を回復することができる。それに対して映像の回復はその原型である神のひとり子ないしロゴスの受肉を前提とする、と彼は考えているのである。

32 Cf. Clemens Alex., Strom. II, 16, 74, 1; 4, 95, 4; Protr. IV, 54, 4-55, 3; X, 96, 4.
33 Id., Protr. VI, 68, 2.
34 Cf. ibid. X, 98, 3-4.
35 Cf. id., Strom. IV, 23, 149, 8; 16, 146, 3.
36 Id., Protr. I, 8, 4.
37 Id., Paed. II, II, 19-20.
38 Cf. Origenes, De princ. I, 3, 6; 8 = SC 252, 145; 162.
39 Cf. ibid. I, 3, 8 = 162 (vv. 277-278).
40 Cf. ibid. I, 3, 5 = 152-152 (vv. 146-154).
41 Cf. id. Contra Cels. I, 57 = SC 136, 230-232 (vv. 1-17); III, 28 = 68 (vv. 39-51).
42 Cf. Friedrich Normann, *Teilhabe. Ein Schlüsselwort der Vätertheologie*, Münster 1978, 174.
43 Cf. Origenes, Contra Cels. II, 64 = SC 132, 434-436; VI, 77 = 370-374.
44 Cf. F. Normann, op. cit., 175.
45 Athanasius, De incarnatione et contra Arianos 8 = PG 26, 996A-B.
46 Cf. id., Contra Arianos I, 38-39 = PG 26, 89B-93B.
47 Ibid. I, 47 = 108C-112A.
48 Ibid. II, 59 = 273A-B.
49 Cf. id., Ad Serapionem I, 24 = PG 26, 585B-C.
50 Cf. Basilius, Homilia quod Deus non et auctor mali 7 = PG 31, 344C.
51 Cf. ibid. 6; 9 = 344B; 348B-352B.
52 Cf. Gregorius Naz., Or. 38; 11; 45, 7 = PG 36, 321C-342A; 632A-B; Poem. mor. 1, 161 = PG 37, 535A.
53 Cf. id., Or. 38, 12 = PG 36, 324B-C.
54 Cf. id., Or. 2, 17 = PG 35, 425C; Or. 38, 11; 45, 6 = PG 36, 321D; 629C; Poem. mor. 10, 59-66 = PG 37, 685A.
55 Cf. Gregorius Nyss., De hominis opificio 22 = PG 44, 204C-D.
56 Cf. ibid. 16 = 184B-185D. これについては Ernest V. McClear, The Fall of Man and Original Sin in the Theology of Gregory of Nyssa, in: ThSt 9 (1948), 199-201.

57　この「類的本性」と「地上的人間」の二つの創造理解は、フィロンに遡る。フィロンにとって、『創世記』一章二六－二七節における人間創造の話は、具体的な経験上の個々の人間の創造を記したものではない。彼にとって、そこで言われている人間とは、いわば「天上的人間」であって、これは、個々の人間のうちに具現する人間の類的本性である。いわば、人間としての範型が創造されたと言える。一方、具体的な個々の人間、経験上の人間、いわば「地上的人間」の創造は創二・七に記されている。そして、この箇所を解釈するにあたって、フィロンは、天上的人間と地上的人間との区別をはっきり表明している。「この後、（モーセは）言う。『神は土から塵を取って人を造り、その顔に命の息を吹きいれられた』と。この言葉によって非常に明らかになることは、今形づくられた人間と以前に神の映像にしたがって造られた人間との差違は実に大きいということである。形づくられた感性的な人間はすでに質にあずかり、体と魂から成り立っており、また男と女であり、本性において死すべきものである。しかし、映像にしたがって造られた人間は何かのイデアあるいは類、あるいはまた刻印であり、あるいはまた英知的であり、体がなく、男も女もなく、本性において不可死的である。ここでは感性的でかつ個別的な人間は、土の本性と神的霊とによって構成されていると言われる。体は、匠が塵を取って、それから人間の姿を形づくるように造られた。だが、魂は決して被造物からではなく、父であり、万物の指導者自身から造られた。なぜなら、彼が吹き入れたのは幸いで至福なあの本性、すなわち、あたかもこの世という植民地へわれわれ人類のために送られた神的な霊にほかならないからである。それは、人間は可視的な側面では死すべきものであるとしても、少なくともその不可視的な側面は不死性を保つためである。したがって、人間は死すべき本性と不可死的本性との境界にあるとさえ言える。それは、人間が必然的に両者にあずかっており、死すべきものであると同時に、不可死的なものとして造られたためである。つまり、体において死すべきであるが、思考においては不可死的である」（De op. mundi 134-135= Pd'A I, 230-232)。

58　Cf. Gregorius Nyss., id. Oratio catechetica 6 = PG 45, 28A-29B; De anima et resurrectione = PG 46, 148A; De virginitate 12 = PG 46, 369B-376C.

59　Id., De virg. 12 = PG 46, 376C; De hom. op. 17 = PG 44, 188D-189A; De beat. Or. 3 = PG 44, 1225D-1228A.

60　Ibid. = 585B-588A

61　Basilius, Contra Eunomium III, 5 = PG 29, 665B.

62　Cf. id. De spiritu S. IX, 23 = PG 32, 109A-C.

63　Gregorius Naz., Or. 11, 5; 13, 23 = PG 35, 837C; 888A.

64　Ibid. 7, 23 = 785B.

65 Ibid. 1, 5 = 397C.

66 Ibid. 29, 19 = 100A.

67 Id. Ep. 101 = PG 37, 181C-184A.

68 Cf. Gregorius Nyss., Or. Catechetica 11 = PG 45, 44A-B.

69 Cf. ibid. 10 = 41D.

70 Cf. id., De anima et resurrectione = PG 46, 89B.

71 Id., De beat. or. 6 = PG 44, 1265A.

72 Cf. id., De an. et res. = PG 46, 104A-105A.

73 F. Normann, op. cit., 228-229.

74 Gregorius Nyss., Or. cat. 35 = PG 45, 85D-88A.

75 Cf. ibid. 36 = 88A-93A.

76 Cf. ibid. 37 = 93A-97B.

77 ただし、すでに見たように、アタナシオスによれば、アダムは堕罪により、映像と類似性の両方を喪失したが、その子孫は映像のみ保持しつつも、各自の罪により喪失すると解釈される場合もあれば、ニュッサのグレゴリオスのように、アダムは映像を喪失し、類似性は保ち、その子孫は類似性のみ保持している一方、神の子の受肉により映像の回復が可能となったとする考えもある。

参考文献

（邦語）


A・コルベジェ著、渡辺高明編訳『アンティオキアのイグナチオ――七つの手紙とその足跡』（風響社、一九九四年）。

P・シェルドレイク著、木寺廉太訳『キリスト教霊性の歴史』（教文館、二〇一〇年）。

G・ネラン著、川添利秋共訳『アンチオケのイグナチオ書簡』（みすず書房、第二版、一九七五年）。

L・ブイエ著、上智大学中世思想研究所翻訳・監修『キリスト教神秘思想史1　教父と東方の霊性』（平凡社、一九九六年）。

A・E・マクグラス著、稲垣久和・岩田三枝子・豊川慎訳『キリスト教の霊性』（教文館、二〇〇六年）。

H・I・マルー著、橋口倫介監訳『キリスト教史・第二巻・教父時代』（講談社、一九八〇年）七八－七九頁。

H・J・マルクス「死の彼方――フィレンツェ公会議による教理決議の前史」『南山神学』第一三号（一九九〇年）一－八〇頁。

G・A・マローニィ著、大森正樹訳『東方キリスト教神学入門――つくられざるエネルゲイア』（新世社、一九八八年）。

J・メイエンドルフ著、岳野慶作訳『聖グレゴリオス・パラマス――東方キリスト教会の神秘生活』（中央出版社、一九八六年）。

A・ラウス著、水落健治訳『キリスト教神秘思想の源流――プラトンからディオニシオスまで』（教文館、第三版、一九九五年）。

朝倉文市『修道院――禁欲と観想の中世』講談社現代新書一二五一（講談社、一九九五年）。

荒井献『初期キリスト教の霊性――宣教・女性・異端』（岩波書店、二〇〇九年）。

荒井献編『聖書の世界　別巻四・新約Ⅱ　使徒教父文書』（講談社、第二版、一九七八年）。

大森正樹「ビザンツの修道制」上智大学中世思想研究所編『中世の修道制』（創文社、一九九一年）一九－三九頁。

――『エネルゲイアと光の神学――グレゴリオス・パラマス研究』（創文社、二〇〇〇年）。

――「祈りの系譜（二）アケーディアとエヴァグリオスの祈り」『エイコーン』第一三号（一九九五年）一六－二七頁。

小高毅『霊性神学入門』（教文館、二〇一五年）。

小高毅訳『オリゲネス　ヨハネによる福音注解』（創文社、一九八四年）。

――『オリゲネス　ローマの信徒への手紙注解』（創文社、一九九〇年）。

――『オリゲネス　祈りについて・殉教の勧め』（創文社、一九八五年）。

金子晴勇『キリスト教霊性思想史』（教文館、二〇一二年）。

川島忍「観想と実践――ニュッサのグレゴリオスの『モーセの生涯』における霊性神学」『南山神学別冊』第四号（一九八五年）一－八〇頁。

北嶋廣敏『聖アントニウスの誘惑』（雪華社、一九八四年）。

熊谷賢二訳『レオ一世　キリストの神秘――説教全集』（創文社、一九六五年）。

桑原直己『東西修道霊性の歴史――愛に捉えられた人々』（知泉書館、二〇〇八年）。

佐藤清太郎訳『ヘルマスの牧者』（中央出版社、一九六七年）。

上智大学中世思想研究所編『中世研究第二号　キリスト教的プラトン主義』（創文社、一九八五年）。

――『中世思想原典集成1　初期ギリシア教父』（平凡社、一九九五年）。

――『中世思想原典集成2　盛期ギリシア教父』（平凡社、一九九二年）。

――『中世思想原典集成3　後期ギリシア教父・ビザンティン思想』（平凡社、一九九四年）。

田島照久・阿部善彦編『テオーシス――東方・西方教会における人間神化思想の伝統』（教友社、二〇一八年）。

手塚奈々子「ニュッサのグレゴリオスにおける神の無限」『日本カトリック神学会誌』第七号（一九九六年）三六－五三頁。

出村みや子訳『キリスト教教父著作集第八巻　オリゲネス三　ケルソス駁論一』（教文館、一九八七年）。

――『キリスト教教父著作集第九巻　オリゲネス四　ケルソス駁論二』（教文館、一九九七年）。

土井健司『神認識とエペクタシス――ニュッサのグレゴリオスによるキリスト教的神認識論の形成』（創文社、一九九八年）。

土岐正策・土岐健治共訳『キリスト教教父著作集第二二巻　殉教者行伝』（教文館、一九九〇年）。

戸田聡編訳『キリスト教修道制の成立』（創文社、二〇〇八年）。

――『砂漠に引きこもった人々――キリスト教聖人伝選集』（教文館、二〇一六年）。

久松英二「『イエスの祈り』の起源について」『エイコーン』第一四号（一九九五年）一〇四―一一九頁。

――「『イエスの祈り』の発展史」『エイコーン』第一六号（一九六六年）四九―七一頁。

――「ニュッサのグレゴリオスの復活説教 De tridui spatio における kardia tes ges」『南山神学別冊』第五号（一九八六年）二一一―二三八頁。

――「静寂――古代東方修道制におけるその意義」『アカデミア人文・社会科学編』第六四号（一九九六年）五五―九〇頁。

――「東方修道制におけるアパテイア」『南山神学』第一七号（一九九四年）一―二一頁。

――「東方修道制における観想――ポントスのエウアグリオスを中心にして」『日本カトリック神学会誌』第六号（一九九五年）一―二一頁。

平沢忠雄訳『ディオグネトスへ』（中央出版社、一九六五年）。

古谷功「東方キリスト教修道制の起源と展開」上智大学中世思想研究所編『中世の修道制』（創文社、一九九一年）。

吉田聖「ラテン教父の総合研究（七）キュプリアヌス著『おとめの身だしなみについて』――翻訳と注解」『南山神学』第二〇号（一九九七年）一四五―一八一頁。

（外国語）
Adam A., Grundbegriff des Mönchtums in sprachlicher Sicht, in: ZKG 65 (1953), . 209-239.

Adnès P., Art. Humilité, DSp 7/1 (1969), 1136-1187.

——, Art. Hésychasme, DSp 7/1 (1969), 381-399.

Altaner B. / Stuiber A., *Patorlogie*, Freiburg/Basel/Wien [8]1908.

Bacht H., "Meditatio" in den ältesten Mönchsquellen, in: GuL 28 (1955), 360-373.

——, *Das Vermächtnis des Ursprungs. Studien zum frühen Mönchtum II*, Würzburg 1983.

Bardy G., Art. Apatheia, DSp 1 (1937), 727-746.

——, La spiritualité de Clément d'Alexandrie, VS 39 (1934), 130-136.

——, *La vie spirituelle d'après les Pères des trois premiers siècles*, Paris 1935.

Bauer C., *Initia Patrum graecorum II (StT 181)*, Città del Vaticano 1955.

Bauer L., Untersuchungen über die Vergöttlichungslehre in der Theologie der griechischen Väter, TQ 99 (1917), 225-252.

Bengsch A., *Heilsgeschichte und Heilswissen. Eine Unter-suchung zur Struktur und Entfaltung des theologischen Denkens im Werk "Adversus Haereses" des hl. Irenäus von Lyon*, Leipzig 1957.

Bihlmeyer K., *Die Apostolischen Väter*, Tübingen [3]1970.

Boon A. (ed.), Pachomiana latina. Règle et Épîtres de S. Pachôme. Épître de S. Théodore et《Liber》 de Horsiesus. Texte latin de S. Jérome. Louvain 1932.

Bousset W., *Apophthegmata. Studien zur Geschichte des ältesten Mönchtums*, Tübingen 1923.

——, *Apophthegmata. Texte, Überlieferung und Charakter der Apophthegmata Patrum*, Tübingen 1923.

Bouyer L. / Leclercq J./ Vandenbroucke H./ Cognet L., *Histoire de la spiritualité, t.1-3,* Paris 1960-65.

Bradford D.T., *The spiritual tradition in eastern Christianity:ascetic psychology, mystical experience, and physical practices (Studies in Spirituality Supplements Series 26)*, Leuven 2016.

Bunge G., *Das Geistgebet. Studien zum Traktat De oratione des Evagrios Pontikos*, Köln 1987.

——, *Evagrios Pontikos. Praktikos oder der Mönch. Hundert Kapitel über das geistliche Leben (Koinonia-Oriens 32)*, Köln 1989.

Cadiou R., La bibliothèque de Césarée et la formation des Chaînes, RevSR 16 (1936), 474-483.

Canévet M., Art. “Sens spiritual” DSp 14 (1990), 598-617.

Capitaine, *Die Moral des Klemens von Alexandrien*, Paderborn 1903.

Chitty D. J., *A Note on the Chronology of the Pachomian Foundations, Studia Patristica 2 (=TU 64)*, 1957.

Cumont F., Le mysticisme astral dans l'antiquité, in: BAB5 (1909), 256-286.

Daniélou J., *Platonisme et théologie mystique. Doctrine spirituelle de saint Grégoire de Nysse*, Paris 1953^{2}.

Diekamp F., *Die Gotteslehre des hl. Gregor von Nyssa I*, Münster 1869, 83-86.

Drewery B., *“Deification”, in: Christian Spirituality: Essays in Honour of Gordon Rupp*, ed. Peter Brooks (London: SCM) 1975.

Drobner H., *Lehrbuch der Patrologie*, Freiburg im Breisgau 1994.

Dölger F. J., Christophoros als Ehrentitel für Martyrer und Heilige imchristlichen Altertum, AC 4 (1934), 73-76.

Döpp S./ Geerlings W. (ed.), *Lexikon der antiken christlichen Literatur*, Freiburg/Basel/Wien 21999.

Eltester F-W., *Eikon im Neuen Testamentum*, Berlin 1958.

Festugière A. J., *Contemplation et vie contemplative selon Platon*, Paris 1936.

——, *La révélation d'Hermès Trismégiste*, Paris 1944.

——, L'Ideal religieux des grecs et l'évangile, Paris 1932.

Finlan S./ Kharlamov V., *Theosis:Deification in Christian Theology (Princeton Theological Monograph vol. 1)* Wipf & Stock Pub, 2006.

Funk F.X. (ed.), Die apostolischen Konstitutionen, 1891.

Gersh S., Middle *Platonism and Neoplatonism. The Latin Tradition I*, Notre Dame 1986.

Goodenough, E., By Light, Light. *The Mystik Gospel of Hellenistic Judaism*, NewHaven 1935.

Gougaud L., Les conceptions du martyre chez les Irladais, Rben 24 (1907), 360-373.

Gross J., *La divinisation du chrétien d'après les pères grecs*. Paris, 1938.

Grün A., *Der Umgang mit dem Bösen. Der Dämonenkampf im alten Mönchtum (Münsterschwarzacher Kleinschriften 6)*, Münsterschwarzach 1980.

Guillaumont A., *Aux origines du monachisme chrétien. Pour une phénomenologie du monachisme (Collection spiritualité orientale et vie monastique 30)*, Abbay de Bellefontaine 1979.

Guilloux P., L'ascétisme de Clément d'Alexanrie, RAM 3 (1922), 284-286.

Harnack A., *Mission und Ausbreitung des Christentums in den ersten dreiJahrhunderten I*, Tübungen 1924.

Hausherr I., *Hésycasme et prière (OrCheA 176)*, Rome 1966.

——, "L'erreur fondamentale et la logique du Messalianisme", OrCHrP 1 (1935), 328-360.

——, *Nom du Christ et voies d'oraison (OrChrA 157)*, Rome 1960, 180-187.

——, *Pentos. La doctrine de la componction dans l'Orient chrétien (OrChrA 132)*, Rome 1944.

Hendrikx E., Augustins Verhältnis zur Mystik, Würzburg 1936.

Horn G., Le "miroir", la „nuée „„ deux manières de voir Dieu d'après S. Grégoire de Nysse, RAM 8 (1927), 114-122.

Ichise H., Eucharistie und Martyrium. Untersuchung zur Eucharistie beiIgnatius von Antiochien im Licht des Martyriums, Nanzan Journal of TheologicalStudies. Supplement 5 (1986), 239-351.

Jaeger W., *Humanismus und Theologie*, Heidelberg 1960.

Judge E. A., The Earliest Use of Monachos for《Monk》(P. Coll. Youtie 77) and the Origines of Monasticism, in: JAC 20 (1977), 72-89.

Kharlamov V., *Theōsis: Deification in Christian Theology, Vol. II*, (James Clarke & Co. Cambridge 2012).

Koch H., *Virgines Christi. Die Gelübde der gottgeweihten Jungfrauen in denersten drei Jahrhunderten (TU 31)*, Leipzig 1907.

Larsson E., *Christus als Vorbild*, Upsala 1962.

Lefort Th. (ed.), Les vies coptes de saint Pachôme et de ses premiers successeurs, Louvain 1943.

Levasti, A., Clemente Alessandrino, iniziatore della Mistica cristiana, in: Rivista di Ascetica e Mystica 12 (1967), 127-47.

Lewy H., SOBRIA EBRIETAS. Untersuchungen zur Geschichte der Antiken Mystik,Beiheft zur ZNW 9 (1929), 3-41.

Lieske A., *Die Theologie der Logosmystik bei Origenes*, Münster 1938.

Lilienfeld F. v., Art. Mönchtum II. II.Chrislich, TRE 23 (1994), 157-160K. Onasch, Kunst und Liturgie der Ostkirche in Stichworten, Wien/Köln/Graz 1981.

Louth A., Art. Mystik II. Kirchengeschichtlich, TRE 23 (1994), 548.

M. F, Le martyre et l'ascèse, RAM 6 (1925), 107-109.

Mach M., Art. Philo von Alexandiren, TRE 26 (1996), 526.

Marrou H.- I., *Geschichte der Erziehung im klassischen Altertum*, München 1957.

Maskîne M. E-, *Saint Antoine ascète selon l'Évengile, suivi de Les vingt Lettres de saint Antoine selon la tradition arabe (Spiritualité orientale 57)*, Abbaye de Bellefontaine 1993.

McClear E. V., The Fall of Man and Original Sin in the Theology of Gregory of Nyssa, in: ThSt 9 (1948), 199-201.

McGinn B., *The Presence of God. History of Western Christian Mysticism I. The Foundations of Mysticism*, London 1992.

McLaughlin J. B., *St. Antony of the Desert by St. Athanasius*, Illinois 1995.

Merki H., *Homoiosis Theou. Von der platonischen Angleichung an Gott zur Gottähnlichkeit bei Gregor von Nyssa*, Freiburg (Schw.) 1952.

Musurillo H., *The Acts of the Christian Martyrs*, Oxford 1972.

Mühlenberg E., *Die Unendlichkeit Gottes bei Gregor von Nyssa. Gregos Kritik am Gottesbegriff der klassischen Metaphysik*, Göttingen 1965.

Nikiprowetzky V., Art. Philon d'Alexandrie I, La personne et l'œuvre, DS 12,1352-1366.

Normann F., *Teilhabe. Ein Schlüsselwort der Vätertheologie*, Münster 1978.

O'Neill J. C., The Origins of monasticism. The Making of Orthodoxy, FS. Henry Chadwick, Cambridge 1989, 270-287.

Peuch H.-Ch., *En quete de la Gnose I*, Paris 1978,

Prümm K., Göttliche Planung und menschliche Entwicklung nach Ireaeus, in: Schol 13 (1938), 213-348.

Puech A., Histoire de la littérature grecque chrétiene I, Paris 1928.

Quasten J., *Musik und Gesang in den Kulten der heidnischen Antike und derchristlichen Frühzeit*, Münster 1930.

Rahner K., Le début d'une doctrin des cinq sens spirituels chez Origène, in: RAM 13 (1932), 113-145.

Resch P., *La doctine ascétique des premiers maîtres égyptiens du quartième siècle*, Paris 1931.

Ruppert F., *Das pachomianische Mönchtum und die Anfänge des klösterlichen Gehorsams*, Münsterschwarzach 1971.

Russell N., *The Doctrine of Deification in the Greek Patristic Tradition* (Oxford: Oxford University Press 2004).

Schlagenhaufen F., Der geistige Charakter der jüdischen "Reichs"-Erwartung,ZKT 51 (1927), 523-524.

Schwietz St., *Das morgenländische Mönchtum I. Das Aszetentum der drei ersten Jahrhunderte un das ägyptische Mönchtum im 4. Jahrhundert*, Mainz 1904.

Spidlik Th., La spiritualité de l'Orient chrétien I. Manuel systématique (OrChrA 206), Rome 1978.

Switek G.,Wüstenväter und Dämonen. Beitrag zur Geschichte des "Geistlichen Kampfes", in: GuL 37 (1964), 340-358.

Szekely St., *Bibliotheca Apocrypha I*, Freiburg im Bresgau 1913.

Viller M. / Rahner K., *Aszese und Mystik in der Väterzeit*, Freiburgim Bresgau 1939.

Völker W., *Das Vollkommenheitsideal des Origenes*, Tübingen 1931.

——, *Der wahre Gnostiker nach Clemens Alexandrinus (TU 57)*, Berlin1952.

——, *Gregor von Nyssa als Mystiker*, Wiesbaden 1955.

Vööbus A., *History of Asceticism in the Syrian Orient II. Early Monasticism in Mesopotamia in Syria*, Louvain 1960.

Wiles M. F., Eunomius: hair-splitting dialectician or defender of the accessibility of salvation, in: Rowan Williams (ed.), *The Making of Orthodoxy: Essays in Honour of Henry Chadwick*, Cambridge 1989.

Willms H., *Eikon. Eine begriffsgeschichtliche Untersuchung zum Platonismus*, München 1935.

Wilpert J., *Die gottgeweihten Jungfrauen in den ersten Jahrhunderten der Kirche*, Freiburg im Bresgau 1892.

Windslow D.-F., *The Dynamics of Salvation: A Study in Gregory of Nazianzus,* Cambridge, Mass.: Philadelphia Patristic Foundation 1979.

——, *Logos and Mystical Theology in Philo of Alexandria*, Cincinnati 1985.

——, Green A. (ed.) *Jewish Spirituality. From the Bible through the Middle Ages (World Spirituality 13)*, New York 1986, 198-231.

Wingston D., Was Philo a Mystic?, J. Dan / F. Talmadge (ed.), *Studies in Jewish Mysticism*, Cambridge 1982, 15-41.

Winslow D. F., *The Dynamics of Salvation: A Study in Gregory of Nazianzus* Cambridge, MA, 1979.

初出一覧

［第一章］
「初代キリスト教霊性史（一）　新約聖書および使徒教父における霊性」『エイコーン』第一八号（一九九七年）一九－三四頁。
［第二章］
「初代キリスト教霊性史（二）　殉教と純潔の霊性」『エイコーン』第一九号（一九九八年）一三－三一頁。
［第三章］
「初代キリスト教霊性史（三）　キリスト教神秘思想の起源――新約聖書、プラトン、フィロン、アレクサンドレイアのクレメンス」『エイコーン』第二〇号（一九九九年）六八－一〇三頁。
［第四章］
「初代キリスト教霊性史（四）　オリゲネスの神秘思想」『エイコーン』第二一号（一九九九年）六一－七三頁。
［第五章］
「初代キリスト教霊性史（五）　修道制の始まり――エジプトの修道運動の開始」『エイコーン』第二二号（二〇〇〇年）三二－五三頁。
［第六章］
「『砂漠の師父の言葉』における修道精神」『南山神学』第二一号（一九九八年）九七－一一四頁。

［第七章］
「カッパドキア三教父の霊性（その一）――カエサレイアのバシレイオスとナジアンゾスのグレゴリオス」『神戸海星女子学院大学研究紀要』第四五号（二〇〇七年）一〇一－一二三頁。
［第八章］
「カッパドキア三教父の霊性（その二）――神秘思想の父ニュッサのグレゴリオス」『神戸海星女子学院大学研究紀要』第四六号（二〇〇八年）一二九－一五九頁。
［第九章］
「初代キリスト教霊性史（六）修道的神秘思想の始まり――ポントスのエウアグリオスおよび擬マカリオス」『エイコーン』第二三号（二〇〇一年）四二－六七頁。
［第一〇章］
「いわゆる「マカリオス文書集」における霊性」『南山神学』第二二号（一九九九年）一三七－一六二頁。
［第一一章及び第一二章］
「ギリシア教父における神化思想」『中世思想研究』第五八号（二〇一六年）一一三－一三〇頁。

※本書に収録するに際し、適宜、加筆・修正を行った。とくに、最後に挙げた論文は数頁にわたる大幅な書き加えを施したうえで、二章に分けて掲載した。

あとがき

ウィーン大学で神学の学位（Doctor theologiae）を取得し、帰国したのが一九九三年三月。あれからちょうど二五年の歳月が流れた。この四半世紀の間に、積み上げてきた東方キリスト教初期の霊性に関わる研究の成果が本書である。

筆者の専門は東方正教会の神学と霊性の最盛期を画した一四世紀ビザンツの「ヘシュカズム」（静寂主義）の研究であり、ウィーン大学に提出した学位請求論文は、この霊性運動の推進者である聖山アトスの修道師父グレゴリオス・シナイテスについて検討したものである。その成果は、Gregorios Sinaites als Lehrer des Gebetes（祈りの師グレゴリオス・シナイテス）という表題のもと、ドイツのミュンスター大学が編集発行している神学研究叢書 Münsteraner Theologische Abhandlungen（ミュンスター神学論集）の第三四巻として翌九四年に出版された。オーストリアのウィーン大学に提出・受理された博論が、行ったこともないドイツのミュンスター大学から出版された経緯が少し面白いのでご紹介したい。

ウィーン大学の神学博士課程で研究していた当時の生活拠点は、ウィーン郊外ののどかな町メーデリングにある「神言会」というカトリックの修道会のオーストリア管区本部であるザンクト・ガブリエル神学院であった。当時、私は留学生としてここで生活し、大学に通っていた。ところで、ここには宣教師養成のための神学専門学校があり、授業科目の中にイスラーム学に関するものがあった。担当していたのは、当時ミュンスター大学でイスラーム学を講じていたアデル・クーリー（Adel Theodor Khoury）教授で、非常勤講師として毎年決まった時期に集中講義の形で開講していた。講義は聴いたことがないが、頻繁に食事などをとりながら宗教談議に花を咲かせた。その彼から完成したばかりの博士論文を読ませてほしいと言われ、A4五〇〇ページほどの博論のコピーをお渡しした。一週間後に彼から「この博論はどこから出版するのか」と唐突に尋ねられたので、「決めていない」と返答すると、「それなら、ぜひうちの大学の神学シリーズから出さないか。私が編集部と交渉する」と、淡々と話された。よその大学の博論を出版することが通常あるのかどうかわからなかったが、カール・バルトも教えたことがある神学の分野でトップクラスのミュンスター大学のシリーズに入れていただけるのは確かに名誉なことなので、クーリー教授には失礼ながらダメモトでその冒険的試みに乗せていただいた。すると、相談を持ち掛けられて数日も経ないうちに、ミュンスター側から正式なシリーズへの採用許可が出た。

教授によると、私の博論で明らかになった、それまで体系的に示されていなかったヘシュカズムの心身技法の思想と実践は、イスラーム神秘主義と驚くほど近似しており、イスラームとキリスト教の対話研究に新たな展望を開く研究である、というふうに編集部に説明したそうである。だが、編集部が許可した理由は私の研究ゆえではない、と今でも思っている。編集部と掛け合ったのがまさにクーリー教授だったからである。今年八八歳になる教授は、当時すでにドイツ語圏ではイスラーム学の最高権威の一人として知られており、彼の手による全一二巻からなるクルアーンの膨大なコメンタリーはイスラーム世界でも高く評価され、のちに出版されたクルアーンのドイツ語訳とテーマ別コンコーダンスは、イランにおいて二〇〇九年度の「ブック・オブ・ザ・イヤー」に選ばれている。そんな彼が推薦した、というのが名も知れぬ極東出身者の博論の出版受け入れの真相だった、と筆者は確信している。出版から二四年が経ったが、教授への感謝の思いはいささかも減じていない。

ヘシュカズムについては、帰国後も研究を継続したが、英国のオックスフォードや豪州メルボルンなど、主として海外の国際学会で定期的に成果を発表した。オックスフォード大学での国際教父学学会で口頭発表したことがきっかけで、オーディエンスの一人であったロシア人学者と知己を得、彼の仲介でサンクトペテルブルクにあるロシア科学アカデミーが発行している正教神学専門誌に論文（ドイツ語）が掲載されるといった幸運にも恵まれた。そのようにして国内外で発表したヘシュカズム研究の成果は、その後『祈りの心身技法――一四世紀ビザンツのアトス静寂主義』（京都大学学術出版会、二〇〇九年）としてまとめた。

一方、我が国ではヘシュカズムどころか東方教会自体の研究が進んでおらず、同教会の歴史や思想の基本に立ち返っての基礎研究として初代教会の霊性思想にも取り組んだ。それらの成果の一部は、国内の専門の学会等でも発表したが、本書はそれらの研究成果を踏まえ、その後に検討した内容を盛り込んで整理し、体系化したものである。

一読してお気づきのように、ここに提示されている初期東方キリスト教の霊性思想は、我々の世界観とはかけ離れている。何よりも神を求めるその意志と方法のラディカルな様相は、ほとんど理解の範疇を超えている。だが、宗教の歴史を紐解くと、その伝統草創期というのは、ほぼラディカルな運動に彩られている。キリスト教がまさにそうだ。キリスト教信仰の決定的な契機となったイエスの十字架死も、彼のユダヤ教改革運動があまりにもラディカルすぎたことによる。仏教の開祖ガウタマ・シッダールタの説く「四諦・八正道」も、絶命寸前の過酷な断食を含むラディカルな苦行を経て、初めてその苦行そのものの否定へと行きついた結果の着想であった。イスラームもまた然り。この宗教の始まりはヒラーの洞窟におけるムハンマドの劇的すぎる神秘体験であったし、またメッカ時代のムハンマドの布教はおとなしい性格のものであったが、メディナへのヒジュラ（聖遷）以降は、彼の擁する信徒共同体（ウンマ）は猛々しい戦闘集団さながらに次々とアラブの多神教部族を征服し、あっというまにアラビア半島全土をイスラーム化した。その教勢拡大の様相もまたラディカルそのものである。

しかし、宗教というものは、それが組織として維持・運営の対象となってしまうと、草創期にみなぎっていたある意味非合理的なラディカル性が次第に失われ、おとなしくお行儀のよい伝統と化する、つまり既成宗教化していく。そのような既成宗教に本来宗教が含み持っていた「迫力」を見出すことができなくなった人々が新たなラディカル性を求めるようになる。これが新宗教を生み出す根本要因ではなかろうか。

そうであるならば、既成宗教に属する者の課題は、新宗教が続々発生する事態をただ傍観することに満足せず、当該宗教に新たな内的エネルギーを注入して、真の意味での宗教的活性化を図ることであろう。そのためにも、草創期に存在したあのラディカルな激しさをもう一度見つめなおし、現代に即応した「根底的なるもの」を模索することが肝要である。本書がそのためのささやかな一助になれば幸いである。

さて、私事になるが、親鸞の精神を建学の精神とする仏教系総合大学である龍谷大学に比較宗教思想の担当者として採用されて八年が経過した。学内外で挙行される仏教儀式に親しむようになり、『真宗宗歌』や親鸞作の『恩徳讃』をそらんじ、『四弘誓願』という仏教讃歌のチャイムを日に何度も耳にすることで、そのメロディーが体に染み付くようになった。学内の優れた仏教学者や真宗学者と親交を深めることで、仏教学への関心もおのずから高まった。こうして、キリスト教と仏教との対話というずっと以前から抱いていた関心事が本格的に筆者の研究動機を触発することとなった。そのような筆者の仏教への積極的アプローチが認められたのかどうかは知らないが、二〇一八年度から、龍大の建学の精神に直結する研究組織である「世界仏教文化研究センター」のセンター長を任される事態になった。仏教系大学としては異例の人事措置だが、期待に応えられる仕事をするつもりだ。

さらに前出のクーリー教授が筆者の博論を『ミュンスター神学論集』の編集部に推薦した際に述べられたヘシュカズムの神秘思想とイスラーム神秘主義との近似性という興味深い指摘がきっかけとなって、神秘思想を基軸としたキリスト教とイスラームの比較研究にも足を踏み入れるようになり、本務校の研究資金を用いて、同じ学部のイスラーム研究者と研究プロジェクトを立ち上げ、全国の関連分野研究者仲間と同テーマに沿った研究会やシンポジウム等を企画・実施する運びとなった。

そのようなわけで、学位取得二五周年という節目の年は、筆者の研究が、期せずして、キリスト教、仏教、イスラームという世界三大宗教の対話研究という方向に本格始動した記念の年となった。こうした筆者の研究人生の節目を迎えるにあたって、ウィーン大学在学中の指導教授だったエルンスト・スットナー教授（ウィーン大学名誉教授）、前出のアデル・クーリー教授（ミュンスター大学名誉教授）、また筆者の最大の恩人であり友人であるハンス＝ユーゲン・マルクス教授（前南山大学教授・学長・理事長、現藤女子大学学長）、そして何より、突発性難聴で右耳の聴覚を失ったのち、臨床心理士の資格を得て、現在カウンセラーとして多忙を極めつつ家庭を守り、筆者の研究生活を支援してくれている妻に心から感謝したい。

最後に、この四半世紀の筆者の研究の締め括りのような本書の企画を手厚くサポートしていただいた教文館出版部の髙橋真人氏、編集の森本直樹氏に深謝すると共に、本書出版を「出版助成規程」に基づき、助成対象に選定していただいた龍谷大学にも心より感謝する。

二〇一八年一〇月

久松英二

項目索引

あ行

か行

さ行

た行

な行

は行

ま行

や行

ら行

人名索引

あ行

か行

さ行

た行

な行

は行

ま行

や行

ら行

《著者紹介》

久松英二（ひさまつ・えいじ）

1957年、長崎県生まれ。
1985年、南山大学大学院文学研究科神学専攻博士前期課程修了（神学修士）
1993年、ウィーン大学大学院神学専攻博士課程修了（Dr. Theol.: 神学博士）
南山大学、神戸海星女子学院大学で教鞭をとり、2010年に龍谷大学国際文化学部（2015年に「国際学部」に改組）教授に就任、現在に至る。

【専門分野】
東方教会神秘主義思想、比較宗教思想。

【著書】
著訳書（単著）：Gregorios Sinaites als Lehrer des Gebetes（Münsteraner Theologische Abhandlungen 34）, Oros-Verlag、『祈りの心身技法——14世紀ビザンツのアトス静寂主義』（京都大学学術出版会、キリスト教史学会学術奨励賞）、『ギリシア正教——東方の智』（講談社選書メチエ）、ルードルフ・オットー『聖なるもの』（岩波文庫）
編著：『多文化時代の宗教論入門』（ミネルヴァ書房）

古代《こだい》ギリシア教父《きょうふ》の霊性《れいせい》
——東方《とうほう》キリスト教修道制《きょうしゅうどうせい》と神秘思想《しんぴしそう》の成立《せいりつ》

2018年11月30日　初版発行

著　者　久松英二
発行者　渡部　満
発行所　株式会社　教 文 館
〒104-0061　東京都中央区銀座4-5-1
電話 03(3561)5549　FAX 03(5250)5107
URL http://www.kyobunkwan.co.jp/publishing/
印刷所　株式会社　三秀舎

配給元　日キ販　〒162-0814　東京都新宿区新小川町9-1
電話 03(3260)5670　FAX 03(3260)5637

ISBN 978-4-7642-7427-3　Printed in Japan